KB202526

좁은 문
영생의 길

"사탄이 이미 삼켰을지 모르는
당신의 영혼 구원을 점검하라"

좁은 문
영생의 길

Narrow Gate, the Way to Eternal Life

김영렬 지음

좋은땅

들어가는 말

독자에게 양해를 구할 것은 필자가 개혁파 신학과 신앙 입장에서 기록하였다는 것이다. 이 책을 저술한 목적은 신학적인 논쟁을 하기 위한 것이 아니고 하나님 나라와 하나님의 교회를 위한 목회적 입장에서 기술했음을 밝힌다. 다만 독자들의 신앙의 입장에서 우리가 어디를 향하여 가야 할 것인가를 제시하기 위해서 기술한 것이다. 다른 신앙의 노선에서 볼 때, 이 내용이 본인의 신앙과 상반된다고 여겨질 수 있다. 그러한 입장에 있는 분은 참고하기를 권고하며 성령께서 도와주시기를 기도한다. 이 책을 통해서 여러분의 신앙에 진보가 있으며, 구원에 이르는 신앙을 소유하며, 하나님의 은혜가 함께하기를 기도한다.

바울은 고린도 교회 성도들에게 "너희가 믿음에 있는가 너희 자신을 시험하고 너희 자신을 확증하라"고 말한다(고후 13:5). 이 말씀은 우리에게도 적용되는 것으로 받아야 한다. 그렇다면 '나는 구원에 이르는 믿음을 가지고 있다'라고 하는 것을 다시 한번 시험해 보고 자신의 구원을 확인할 필요가 있다. 많은 사람이 자신이 믿음이 있다고 말한다. 그래서 마땅히 자신은 천국에 갈 수 있다고 말한다. 성경의 말씀에 비춰 보면 많은 사람이 이처럼 자신의 믿음을 확신하는데 그들 가운데 천국에 들어가지 못할 사람이 많다고 말한다. 예수님은 "나더러 주여, 주여 하는 자마다 다 천국에 들어갈 것이 아니요 다만 하늘에 계신 내 아버지의 뜻대로 행하는 자라야 들어가리라, 그 날에 많은 사람 나더러 이르되 주여 주여 우리가 주의 이름으로 선지자 노릇하며 주의 이름으로 귀신을 쫓아내며 주의 이름으로 많은 권능을 행치 아니하였나이까 하리니 그 때에 내가 저희에게 밝히 말하되 내가 너희를 도무지 알지 못하니 불법을 행하는 자들아 내게서 떠나가라 하리라"(마 7:21-23), 이 말씀은 참된 구원에 이르는 믿음이 있는 반면에 구원에 이르지 못하는 거짓 믿음도 있다고 하는 것이다. 다시 말해서 '너희는 믿음 안에 있는가 자신을 시험하라'는 말씀은 자신이 과연 구원을 얻을 만한 믿음이 있는가 살펴보라고 하는 것이다.

이 책에서 강조하는 것은 위와 같은 문제를 깊이 생각하고 자신의 구원을 점검하게 하고, 나아가서 올바른 신앙의 길의 방향을 제안하는 것이다. 17개의 주제로 나누어서 그동안 수집한 자료를 정리한 것인데 모두가 소홀히 할 수 없는 중요한 내용을 담고 있다. 이것을 이해한다면 영적인 시야가 열리고 자신의 영적인 현주소를 돌아볼 수 있으며 나아가야 할 방향을 수정할 수 있을 것이다.

오늘날 교회 강단에서 흘러나오는 설교는 모세 시대부터 내려오는 하나님 말씀이 아니고 세상의 교훈과 교양과 사회정의와 종교적 신념을 말하고 있다. 그 결과 대부분의 교회가 암흑기에 빠져 있다. 그러면 하나님 말씀이 무엇인가? 일반적으로 지침서 정도의 교훈, 도덕적 교양을 떠올

리게 되는데, 그것보다 하나님의 속성인 거룩하심에서 나오는 영적인 경건에 관한 하나님의 뜻을 드러내는 것으로 거룩하심과 무한한 영광스러운 광체와 같은 계시(啓示)를 말한다. 오늘날 이러한 말씀이 강단 설교에서, 혹은 개인이 묵상하는 현장에서 나타나지 않고 있다. 삼상 3:1에 '말씀이 희귀하다'라는 말이 나온다. 이 단어는 성경 전체에서 이곳 한 군데 나온다. '희귀하다'는 히브리어로 יָקָר, 영어 성경에는 rare라고 번역이 되어 있다. 이 말은 '드물다', '희귀하다', '희박하다'라는 의미이다. 사사기의 마지막 시대에는 하나님의 계시가 나타나지 아니함으로 영적으로 암흑 시기였다. 종교개혁 시대 이전도 그랬다. 지금 이 시대도 그때와 비슷하다. 주일 예배 강단에서 설교를 교양적으로 멋지게 한다. 그 안에는 하나님도 없고, 하나님의 영광이 나타나지 않고, 하나님의 계시의 말씀을 찾아보기 힘들다. 말씀이 희귀한 시대에 우리가 살고 있다. 숫자적으로 부흥하는 교회는 지식을 자랑하는 스콜라적인 설교를 하든지 축복을 강조하는 기복적인 설교를 하는 교회이다. 이와 같은 환경에서 대부분의 기독교인들이 헛된 신앙에 머물러 있고 소경으로 전락되고 말았다. 그럼에도 불구하고 자신의 구원문제에 대해서 안일하게 생각하면서도 구원을 받아서 천국에 갈 것이라고 믿고 있다. 설교자나 신자는 여기서 탈출해서 하나님 말씀을 회복해야 한다.

일반적으로 신앙과 신념(종교심)을 혼동한다. 교회에 출석하는 자신이 신자라고 말하는 사람들은 미신과 같은 막연한 신앙을 가지고 있다. 예를 들면 신앙생활이 기독교라는 카테고리 안에서 도덕성과 진정성을 가지고 살면 하나님이 복을 주신다고 믿는다. 그리고 그 복을 받기 위해서 교회에 출석하는 경우가 있다. 또 어떤 사람은 교회에 출석하여 매 주일 주일 성수를 하고, 주의 종을 잘 받들며, 성경을 열심히 읽고, 기도 모임을 새벽 기도부터 시작해서 금요 철야 집회에 열심히 참석하고, 교회 조직 안에서 어느 부서, 어느 직책을 잘 수행하고 봉사를 잘하면 그 보상으로 구원을 받고 복을 받는다고 믿고 기독교라는 종교의 신자생활을 하는 사람이 있다. 이러한 신앙생활을 하는 사람을 폄하하는 것은 아니지만 이러한 신앙은 기독교가 아닌 일반 종교에서도 가능한 그야말로 종교생활을 하는 것에 불과하다. 이러한 형태는 신앙생활을 하는 것이 아니라 자기 신념(종교심)에 붙들려서 종교생활을 하는 것이다. 본서에서 이러한 것이 무엇이 잘못되었는가를 알려 주고 있다. 끝까지 읽는다면 참신앙의 그림이 그려질 것이다. 참신앙이란 하나님의 은혜를 발견하고 하나님 은혜 안에 들어와서 누리는 것이다. 성경에 나타난 옛 언약(구약)과 새 언약(신약)이 나 개인과 어떤 관계가 있는가를 발견한 사람은 복음을 발견한 사람이다. 그저 "예수 믿으면 복을 받는다"가 아니다. 사람들은 복에 대해서 알기를 지상에서 잘되는 것이다. 성경에서 말하는 복은 신령한 복으로 하나님 나라를 소유하며, 하나님의 언약백성이 되는 것이다. 언약백성으로서 시편 1편과 23편처럼 하나님을 사랑하고, 하나님을 즐거워하고, 하나님과 함께 동행하는 것이 참신앙이다. 강조하고 싶은 것은 내 자신이 언약백성 안에 들어 있는가를 확인하는 것이 먼저라고 말하고 싶다. 이러한 신앙 상태에서 언젠가 주님이 부르시면 본향으로 떠나가야 하는 순례자로서 소망을 가지고 사는 것이 참신앙이다.

신앙생활의 최고의 목표는 구원을 받는 것이다. 만약 구원을 받지 못했다면 그 신앙 자체가 헛된 신앙이다. 이에 대해서 애정을 가지고 성도들에게 권하고 싶은 말이 있다. 어떤 사람이 구원을 받는가에 대해서 우리는 흔히 "예수님을 마음에 구주로 영접하면 구원을 받는다", 그리고 "영접한 후에 구원의 확신이 있으면 구원을 받은 것이다"란 말을 많이 듣는다. 그리고 많은 사람들이 그렇게 알고 있다. 이와 같은 구원에 대한 확증은 위험하다. 복음주의 선교단체나 알미니안주의 교회에서 그렇게 말한다. 영접했으니까 구원을 받았고, 구원의 확신이 있으니까 구원을 받았다고 하는 것은 구원을 자기가 결정하는 것이 된다. 이런 분들에게 권하고 싶은 것은 먼저 "개혁주의 신앙에서 말하는 하나님의 은혜가 무엇인가를 알라"이다. 하나님의 은혜를 구속사적으로 아는 것이 중요하다. 그리고 각자가 아브라함과 맺은 하나님의 언약을 알고 그 언약 안에 나 자신이 있음을 아는 것이 중요하다. 이 책을 끝까지 읽어 가는 도중에 개혁주의 입장에서 강조하는 하나님 은혜가 무엇인가를 발견하게 될 것이다.

이 책은 교회 지도자들과 평신도들을 대상으로 만들어졌다. 평신도라고 할지라도 자신의 영혼과 현재 기독교의 흐름에 관심을 가지고 있다면 자신의 신앙을 돌아보고 미래의 교회 방향을 이해하는 데 도움이 될 것이다.

이 책에 담은 중요한 내용은 좁은 문이 무엇이며 어느 길이 좁은 길이며 좁은 문으로 가는 길인가를 말하고, 심판 때에 심판을 받게 되는 양과 염소는 어떻게 구별되는가에 대해서 설명했으며, 사탄이 세계 기독교를 어떻게 흔들고 있는가와 기독교 신학과 신앙의 흐름을 이해하며, 어느 노선의 신앙이 성경에서 말하는 하나님 나라에 합당하는가를 설명하고 있다.

그리고 기독교 2,000년 역사에서 나타난 이단은 무엇이며, 마 13:24-30의 가라지 비유에서 우리 시대에 나타난 가라지는 무엇을 말하는가에 대해서 생각해 보게 하고 있다. 그리고 사탄이 하나님의 대적자로서 영적인 존재이므로 형상을 볼 수 없지만 이 책을 통해서 오늘날 교회 안에 사탄이 침투해 있음을 발견한 독자분들은 복을 받은 사람임에 틀림없다. 앞으로 오는 세대 안에서 계속 사탄이 어떻게 역사하는가를 신령한 눈으로 분별하기를 바란다. 영적인 안목이 형성되며 영세전부터 하나님이 역사하시는 구속사에 여러분이 주인공이 되시기를 기도한다. 이 글이 독자들에게 유용하게 전달되기를 기도한다. 특히 개혁주의 신앙(개혁신앙)이 무엇이며, 밭에 감추어진 보화의 가치를 알고 밭을 샀던 농부처럼 하나님 나라를 발견하고, 소중한 구원에 이르기를 바랄 뿐이다.

목차

* 다음 글은 우리 신앙의 현주소를 생각해 보기 위해서 작성한 것입니다. 개혁주의
신앙의 중요함을 설명하고 있습니다. 끝까지 읽으시고 판단하시기를 바랍니다.

1장
좁은 문을 찾는 자에 관한 단상(斷想)

개혁주의 신앙(장로교와 개혁파 교회; 칼빈주의 계통)은 좁은 문이라고 전제한다. 주님께서 "좁은 문으로 들어가라 멸망으로 인도하는 문은 크고 그 길이 넓어 그리로 들어가는 자가 많고, 생명으로 인도하는 문은 좁고 그 길이 협착하여 찾는 이가 적음이니라"(마태 7:13-14)라고 말씀하셨다. 전 세계 인구는 U.N 자료에 의하면 2024년에 **8,200,000,000(82억 명)**이다. 주님이 말씀하신 좁은 문에 대해서 생각해 보면서 좁은 문 혹은 좁은 길을 개혁주의 신앙으로 제한할 때, 지상 82억의 사람 중에서 **개혁주의 신앙**을 가진 사람이 얼마나 될까?

세계인들의 종교 분포를 보면 **Christianity**(31.5%), **Islam**(23.2%), **Irreligion** 무신앙(16.3%), **Hinduism**(15.0%), **Buddhism**(7.1%), **Folk religions** 토속 종교(5.9%), Other religions 기타(1%)으로 본다. 아래에 조사된 통계는 2017년 기준이다.

기독교(**Christianity**) 중에서 분포를 보면 **Christianity - 2.42 billion(24억 2천만)**에서 Catholic Church(천주교) - 1.285 billion(12억 8천 5백

만). Protestantism(개신교) - 920 million(9억 2천만). Eastern Orthodox Church(정교회: 그리스정교회, 러시아 정교회) - 270 million(2억 7천만). Oriental Orthodoxy(동방교회: 아르메니아, 에티오피아, 인도, 이집트정교회) - 86 million(8천 6백만). Restorationism and Non trinitarianism - 35 million(3천 5백만). Independent Catholicism - 18 million(1천 8백만). Minor branches(소수기독교종파) - 1 million(1백만)이다. 우리는 개신교에 속하므로 지구상 75억 인구 중에서 9억 2천만 명 안에 들어 있다.

미국에서 개신교 교파별 분포를 보면 **Baptist**(침례교) 38,662,000, 25.3% / **Pentecostal**(오순절, 순복음) 13,673,000, 13.9% / **Lutheran**(루터교) 7,860,000, 5.1% / **Presbyterian & Reformed**(장로교, 개혁파) 5,844,683, 3.8% / **Methodist**(감리교) 5,473,000, 3.6% / **Anglican**(성공회) 2,323,000, 1.5% / **Adventist**(안식교) 2,203,000, 1.4% / **Holiness**(성결교) 2,135,600, 1.4% / Other(기타 교파) 1,366,000, 0.9%이다.

미국의 장로교와 개혁파 교회는 개신교로 분류된 인구 중에서 5,844,683명인데, 이것은 미국 인구의 3.8%이다. 2023년 기준으로 지구상 80억 중에서 미국을 포함하여 한국, 영국 스코틀랜드, 네덜란드, 벨기에 등 장로교와 개혁파 교회, 칼빈주의 계통의 신자는 대략 30,000,000명이 되지 않을까 추측된다.

우리는 많은 기독교 신자 중에서 개혁신앙을 지향하는 장로교와 개혁파 교회에 속한다고 볼 때, 개혁신앙을 신앙하는 기독교인은 매우 적은 무리인 것은 틀림없다. 그런데 그중에서도 실제 개혁신앙을 따르는 사람이 몇 명이나 될까? 장로교 안에서만 보더라도 무늬만 개혁주의이지 실제는 알미니안주의 신앙에 젖은 사람이 태반이다. 이 말은 개혁파 교회 안에 개혁신앙을 따르지 않고 알미니안주의 신앙을 따르는 장로교와 개혁파 신자가 많이 있다는 것이다. 그리고 자유주의 신학에 바탕을 두고 인본주의 신앙으로 세속 신앙에 편향되어 있다. 종교다원주의를 지지하는 사람들은 모든 종교(기독교 외의 타 종교)에도 구원이 있다고 말한다(WCC). 기독교 안에서 모든 교파를 인정하면서 모든 기독교인은 구원을 받는다고 하는 복음주의 신앙이 있다(WEA). 복음주의 신앙은 순복음도, 감리교도, 성결교도 구원으로 향하는 한 기독교로 본다. 그 결과 장로교 신자가 침례교나 오순절 계통의 교회로 옮겨 가도 구원에 있어서 문제를 삼지 않고 용인하고 있다. 그러나 개혁주의 입장에서 엄밀히 볼 때 복음주의는 매우 위험하다. 장로교를 표방하는 사람들 가운데 서슴없이 복음주의 입장에서 타 교파와 연합하여 자연스럽게 어울리는 것에 한 번쯤 숙고를 해 보아야 하지 않겠나 생각해 본다. 1618-1619년 네덜란드 돌트 총회에서 알미니안주의를 이단으로 정죄하고 돌트신경을 채택하였고, 돌트신경을 개혁주의 표준문서로 받아들였다. 돌트신경의 기준으로 본다면 우리 장로교 안에서도 하나님께 속한 사람이 많지 않다.

우리는 강단에서 설교를 통해서 개혁주의 신학에서 강조하는 언약 신앙과 구원론을 규정하는 개혁주의 5대 교리(TULIP)를 얼마나 반영하고 있는가, 그리고 세상 나라보다 하나님 나라를 얼마나 선포하는가를 돌아볼 필요가 있다. 그리고 서두에 주님이 말씀하신 좁은 문이 어떤 것인가를 다시 한번 확인하고 우리가 가는 방향을 점검할 필요를 함께 생각해 보고자 한다.

주님께서 "좁은 문으로 들어가라 멸망으로 인도하는 문은 크고 그 길이 넓어 그리로 들어가는 자가 많고, 생명으로 인도하는 문은 좁고 그 길이 협착하여 찾는 이가 적음이니라"(마태 7:13-14)라고 말씀하신 의미를 정리하는 의미에서 '개혁주의 노선에 있어 개혁신앙을 가지고 신앙생활을 하는 것이 〈좁은 문이고 좁은 길〉이다'라고 단정해 본다. 그 이유는 2017년 기준으로 세계 인구 75억 명 중에서 개신교가 920 million(9억 2천만)이고, 그중에서 개혁주의(장로교와 개혁파)의 노선이 약 1억 명(**세계 개혁교회연맹**(The World Alliance of Reformed Churches; WARC)의 통계)이라고 한다. 이것은 전 세계 인구에서 1.3%에 해당한다. 정확한 숫자가 중요하기보다는 우리는 대략 이 범위에 있는 것이다. 이 중에서 철저한 바른 신앙을 따르는 사람은 얼마나 될까? 하는 것이다.

세계 개혁교회연맹(The World Alliance of Reformed Churches 또는 WARC)은 2010년 6월 18-26일 미국 **그랜드 래피즈 캘빈 칼러지**에서 모임을 갖고 **세계 개혁교회 연맹**(WARC)과 개혁교회연합회(**Reformed Ecumenical Council**; REC)의 합병으로 **세계개혁교회협의회**(World Communion of Reformed Churches, WCRC)가 탄생되었다. WCRC는 110개국에서 233개 회원교회가 참여하고 1억 명의 신도를 가지고 있는 최대의 개혁교회 연합 기구이다. WARC는 1875년에 창립됐으며, REC는 1946년 WARC에서 분리돼 현재 25개국 41개 회원교회를 보유하고 있다. 양 기구는 모두 성경과 개혁주의 신앙에 입각한 헌신을 중요시하지만, WARC가 인종 간의 정의, 환경 보전, 경제정의 등에 주목하는 반면, REC는 영적인 각성과 교회의 고백에 대한 신실함을 강조해 왔다. **세계개혁교회협의회**(World Communion of Reformed Churches, WCRC)에 우리나라에서는 기장, 예장(통합), 예장(백석), 예장(대신)이 회원으로 가입이 돼 있다.

그와 별도로 **국제개혁교회회의**[The International Conference of Reformed Churches(ICRC)]가 있다. 이 단체는 WCRC와 별개 단체로 WCRC가 복음주의 방향으로 되어 가자 ICRC가 철저한 개혁주의 연합체로 1982년 Netherlands에서 첫 예비모임이 있었고, 1985년 Scotland, 1989년 Canada, 1993년 Netherlands, 1997년 한국, 2001년 미국, 2005년 South Africa, 2009년 New Zealand, 2013년 영국 Wales, 2017년 Canada Ontario에서 모였으며, 매 4년마다 모이고 있다. 본부는 캐나다(c/o The Rev. Dr. James Visscher. 5734 - 191A Street, Surrey, BC, V3S 7M8 Canada)에 있으며, 웹주소는 **https://www.icrconline.com**이다. 현재 전 세계 38개 교단이 회원이며, 우리나라는 예장(고신)과 독립 개신교회가 가입되어 있다. 눈에 띄는 교단은 미국의 정통장로교회(OPC), 개혁장로교회(ARPC), Christian Reformed Church(CRC)에서 분리된 연합개혁교회(United Reformed Churches; URC)와 Heritage Reformed Congregations(HRC)이다. 참고로 CRC는 여성 사역자를 인정했다. URC는 그 외 다른 문제가 있었겠지만 CRC에서 분리되어 개혁주의 노선을 지키고 있다. ICRC에 소속이 된 이들 38개 교단 교회는 주님께서 기뻐하시는 개혁신앙을 지키기 위해서 좁은 길을 가는 교회들이 아닌가 단정해 본다. 우리 개혁주의 노선에 조속히 이 단체에 가입하고 교류가 교단 간에 이뤄졌으면 하는 바람이다. 그 이유는 주님 재림하실 때까지 바른 신앙(개혁신앙)을 가지고 주님이 기뻐하시는 좁은 문(좁은 길)을 가기 위해서이다. 요즘 흔히 말하는 복음주의 교회들은 알미니안주의 노선을 수용하고 있으므로 순수한 개혁주의 노선을 지킬 수가 없다. 아쉽게도 요즘 많은 장로교회가 복음주의 노선을 따라가고 있다. 예장 합동교단은 최근 WEA에 정회원에 들기 위해서 긍정적인 신호를 보내고 있다. 이 상황에서 당신은 개혁주의 신앙이 좁은 길, 좁은 문이라고 규정하는 것에 대해서 어떻게 생각하는가? 그리고 ICRC 노선은 이 시대에서 좁은 문에 해당한다고 보는데 어떻게 생각하는가?

[38개 회원교단]

1. Africa Evangelical Presbyterian Church(AEPC)
2. Anugraha Reformed Presbyterian Church of Bangalore, India
3. Associate Reformed Presbyterian Church
4. Canadian Reformed Churches
5. Calvinist Reformed churches in Indonesia
6. Christian Reformed Churches in The Netherlands
7. Christian Reformed Churches of Australia
8. Evangelical Presbyterian Church in England and Wales
9. Evangelical Presbyterian Church(Ireland)
10. Evangelical Reformed Church in India
11. Free Church of Scotland

12. Free Church of Scotland(Continuing)

13. Free Church in Southern Africa

14. Free Reformed Churches of North America

15. Free Reformed Churches in South Africa

16. Heritage Reformed Congregations(Canada Ontario)

17. Independent Reformed church of Korea(독립개신교회)

18. Kosin Presbyterian Church in Korea(고신)

19. Orthodox Presbyterian Church(미국 정통장로교회)

20. Presbyterian Church of Eastern Australia

21. Presbyterian Church in Uganda

22. Presbyterian Free Church

23. Reformed Church in the United States

24. Reformed Churches of Brazil

25. Reformed Churches in Indonesia

26. Reformed Churches of Spain

27. Reformed Churches of New Zealand

28. Reformed Churches in South Africa

29. Reformed Churches The Netherlands

30. Reformed Presbyterian Church of Central and Eastern Europe

31. Reformed Presbyterian Church of India

32. Reformed Presbyterian Church of Ireland

33. Reformed Presbyterian Church of North America

34. Reformed Presbyterian Church North-East India Synod

35. Reformed Presbyterian Church of Africa(Uganda)

36. Sudanese Reformed Churches

37. United Reformed Churches in North America

38. United Reformed Church in Congo

2장

양과 염소의 구분

마태복음 25:31-46에 양과 염소의 비유로 심판할 때 왕이신 예수께서 보좌에 앉으시고 모든 민족을 그 앞에 모으고 목자가 양과 염소를 구분하는 것처럼 해서 오른편에는 양, 왼편에는 염소를 두고 심판한다. 오른편에 있는 자들에게 "내 아버지께 복 받을 자여 나아와 창세로부터 너희를 위하여 예비된 나라를 상속받으라", 왼편에 있는 자들에게 "저주를 받을 자들아 나를 떠나 마귀와 그 사자들을 위하여 예비된 영원한 불에 들어가라" 선고를 내린다. 마태복음 25장의 열 처녀 비유, 달란트 비유, 지금 보는 양과 염소의 비유는 모두가 종말에 있는 심판에 대해서 말하고 있다. 혼인자리에 갈 자가 정해졌으며(제한 속죄), 언약 안에 있는 백성(양)과 언약 밖의 백성(염소)을 구분하여 언약백성은 하나님이 예비하신 영원한 나라를 유업으로 상속받게 하는 장면이다.

마지막이 가까운 시점에 처한 지금, 전 세계에 기독교(Christianity) 간판을 걸고 활동하는 헤아릴 수 없이 많은 교회와 교파가 있다. 이 가운데는 알곡이 있고 쭉정이가 있으며, 양에 속한 교회가 있고 염소에 속한 교회가 있다. 모든 교회와 교파들이 이 둘로 나누어질 것이다. WCC에 들어 있는 교회들은 배도(배교)집단으로 무늬만 기독교이면서 이방종교처럼 되어서 구원 밖에 있을 것이며, WEA에 들어 있는 교회들은 버가모 교회의 발람의 교훈과 니골라당의 교훈을 따르는 일, 두아디라 교회처럼 이세벨을 용납함으로 기독교 신앙이 거짓과의 혼합으로 개혁신앙과 거리가 먼 괴물과 같은 거짓교회가 되어서 역시 구원 밖에 처할 것이다.

이제 우리는 다 같이 다시 한번 확인해야 할 위치에 서 있다. 그것은 우리가 민족복음화 운동을 전개함으로 초교파적으로 전도하여 기독교인의 숫자를 늘려 온 것이 과연 하나님 나라 확장이라고 볼 수 있는가? 모든 교파교회가 이름은 달라도 한 교회이며, 어느 교회이든 출석하면 구원을 얻을 수 있다고 보는가? 마지막으로 현재 세계 기독교의 동향을 볼 때, 그 안에 교회를 파괴하는 사탄의 음흉한 공작이 계속 진행하고 있는데, 그것이 'WCC, WEA와 같은 교회 연합운동을 통해서 왼편(염소)으로 짝짓기를 하고 있다고 보지 않는가?'이다. 겉으로는 화려하지만 교회의 실상은 사탄이 교회를 어둡게 만들어서 지도자들이 영적 분별력을 잃게 되고, 신앙의 본질을 복음 외적인 요소에서 찾게 함으로 결국은 하나님 나라와 하나님 은혜에서 관계가 먼 헛된 신앙에 머물게 된다. 우리 자신이 어디에 속했나를 점검하는 의미에서 마태 25장의 양과 염소의 비유를 현재 교회에 적용해 보고자 한다. 이 비유는 마태 13장에 나오는 알곡과 가라지의 비유와도 연결된다.

〈양에 속한 교회들〉: 개혁주의 신앙을 지키는 교회(ICRC)

1) 국제 개혁교회 협의회[The International Conference of Reformed

Churches(ICRC)]가 있다. 이 단체는 **세계개혁교회협의회**(WCRC)와 별개 단체로 WCRC가 복음주의 방향으로 되어 가자 ICRC가 철저한 개혁주의 연합체로 1982년 Netherlands에서 첫 예비모임이 있었고, 1985년 Scotland, 1989년 Canada, 1993년 Netherlands, 1997년 한국, 2001년 미국, 2005년 South Africa, 2009년 New Zealand, 2013년 영국 Wales, 2017년 Canada Ontario에서 모였으며, 매 4년마다 모인다. 대표자는 Rev. Dr. James Visscher. 본부는 5734 - 191A Street, Surrey, BC, V3S 7M8 Canada에 있으며, 현재 전 세계 38개 교단이 회원이다. 우리나라는 예장(고신)과 독립 개신교회가 가입되어 있다. 눈에 띄는 교단은 미국의 정통장로교회(OPC), 개혁장로교회(ARPC), Cristian Reformed Church에서 나온 연합개혁교회(URC)이다. https://www.icrconline.com

〈염소에 속한 교회들〉: 알미니안주의에 속하거나 배도(배교)집단에 속한 교회

1) **세계개혁교회협의회**(World Communion of Reformed Churches, WCRC)에 소속된 교단들이다. 여기에 속한 교회는 명목상 개혁주의 신앙을 표방하고 있으나 실제는 개혁주의 신앙에서 이탈하고 WCC와 WEA에 소속된 교회와 관계를 가지고 교류하고 있다. 세계 개혁교회연맹(The World Alliance of Reformed Churches; WARC)은 2010년 6월 18-26일 미국 **그랜드 래피즈 캘빈 칼러지**에서 모임을 갖고 **세계 개혁교회 연맹**(WARC)과 개혁교회연합회(**Reformed Ecumenical Council**; REC)의 합병으로 **세계개혁교회협의회**(World Communion of Reformed Churches;

WCRC)가 탄생되었다. WCRC는 110개국에서 233개 회원교회가 참여하고 1억 명의 신도를 가지고 있는 최대의 개혁교회 연합기구이다. WARC는 1875년에 창립됐으며, REC는 1946년 WARC에서 분리돼 현재 25개국 41개 회원교회를 보유하고 있다. 양 기구는 모두 성경과 개혁주의 신앙에 입각한 헌신을 중요시하지만, WARC가 인종 간의 정의, 환경 보전, 경제 정의 등에 주목하는 반면, REC는 영적인 각성과 교회의 고백에 대한 신실함을 강조해 왔다. **세계개혁교회협의회**(World Communion of Reformed Churches, WCRC)에 우리나라에서는 기장, 예장(통합), 예장(백석), 예장(대신)이 회원으로 있다. 미국에서 대표적인 교단인 미국장로교(PCUSA)는 이 연맹 안에 있는 교단이며 배도(배교)집단인 WCC(World Council of Churches)에도 소속하고 있다. http://wcrc.ch/

2) 최대의 배도(배교)집단인 **세계교회 협의회 WCC(World Council of Churches)**이다. 여기에 가입된 각국 교단들은 현재 352개의 각국 교단이 회원으로 있다. 미국은 연합장로교(PCUSA)가 장로교로서 대표 교단이다. 한국은 NCCK(한국 기독교 교회 협의회; The National Council of Churches in Korea)에 소속된 교단으로 대한성공회, 하나님의 성회(순복음), 루터교회, 대한 복음교회, 대한 기독교 감리회, 구세군, 대한예수교장로회(통합), 한국기독교장로회(기장), 한국정교회 9개 교단이 있다. https://www.oikoumene.org/

3) 세계복음주의 연맹 WEA(World Evangelical Alliance)에 속한 각국 교단들이다. 이 단체는 보수 기독교단이 주를 이루고 있다.

WEA(World Evangelical Alliance)는 1846년에 설립된 국제 사역연합으로 전 세계의 복음주의 교회를 강화하여 예수 그리스도의 기쁜 소식을 전파하고 거룩함과 정의와 모든 차원의 갱신을 추구하는 것을 목표로 한다. WEA는 129개국의 교회를 네트워크로 연결했으며 6억 명 이상의 복음주의 기독교인을 대표한다. WEA는 복음주의적 관점에서 종교의 자유와 사회정의와 같은 특정한 문제를 다룬다. WEA는 복음주의자에게 중요한 문제를 발전시키고 소외된 사람들의 관심사를 해결한다. WEA는 정부 외교, UN 참여, 언론 매체를 통해 목소리를 높인다. WEA는 요한복음 17장에 나오는 예수님의 대제사장의 기도를 인용하면서 복음전도에서 기독교인의 연합을 촉진한다. 세계복음주의연맹의 교리적 진술은 철저하게 복음주의적이다. WEA 신앙 선언문에 전적으로 동의할 수 있는 4가지 유형의 조직에 회원 자격이 열려 있다. 1. 지역 복음주의 펠로우십과 국가 펠로우십 연맹. 2. WEA 구조와 조화롭게 작동하고 WEA 구성원을 지원하는 독립적으로 통합된 조직. 3. 자체적인 특정 사역과 책임, 국제적인 사역 범위, WEA 커뮤니티 안팎에서 봉사할 수 있는 역량과 권한을 가진 독립적으로 통합된 조직. 4. 세계 복음주의 연맹의 신앙 선언과 목표에 동의하는 교회 네트워크와 교단. 신학적으로 자유주의적인 WCC(World Council of Churches)에 대응하는 복음주의 단체로 세계복음주의연맹(WEA)이 결성되었다.

Regional Evangelical Alliances(지역별 복음주의 연맹)
Africa - Association of Evangelicals in Africa
Asia - Asia Evangelical Alliance(아시아 복음주의 연맹)

Caribbean - Evangelical Association of the Caribbean

Central Asia - Central Asia Evangelical Alliance

Europe - European Evangelical Alliance

Latin America - Alianza Evangélica Latina(Latin Evangelical Alliance)

Middle East - Middle East & North Africa Evangelical Alliance

North America - North American Evangelical Alliance

South Pacific - South Pacific Evangelical Alliance

이상 9개의 지역권으로 나누어져 있고, 각 지역권에는 국가별로 조직된 국가복음주의 연맹이 있다. 그렇게 함으로 전 세계적으로 모든 교회가 참여하도록 되어 있다. 복음주의 연맹은 6억 명의 기독교인을 대표하는 단체이다.

현재 한국은 보수적 개신교 목사 협의체인 한국복음주의협의회(Korea Evangelical Fellowship)가 아시아 지역별 복음주의 연맹(Asia Evangelical Alliance) 회원으로 참여 단체로 남아 있다. **한국기독교총연합회**(한기총)가 **2009년 6월 9일** 가입했으나 명단에 없는 상태이고, 한국 교회연합(The Communion of Churches in Korea; 46개 교단 가입)이 회원이다. 예장(합동) 2021년 총회에서 가입을 결의했다. 최근 2024년 9월 22일-28일 인천 송도에서 개최했던 로잔운동(Lausanne movement)은 빌리 그래함(Billy Graham)과 존 스토트(John Stott)에 의해서 1974년에 시작되었던 복음주의 선교 운동이다. 이 운동은 WEA와 같은 선상에 있다.

WCC는 종교다원주의, 동성애 인정, 로마 천주교와 밀착, 사회참여, 해방운동 등으로 배도(배교)집단으로 변질된 기독교 집단이라면, WEA는 복음주의 이름으로 보수교단들이 교파를 초월해서 연합하는 것이다. WEA는 복음주의 신앙으로 전 세계 기독교인이 하나가 되는 면모를 가지고 있지만 개혁주의 신앙의 관점에서 볼 때, 각 교파의 이단적 요소와 알미니안주의 신앙을 포용하므로 신앙의 변질을 가져오고 있는 것이다. **https://www.worldea.org/**

4) **로마 가톨릭 교회**는 최대의 배도(배교)집단이다. 1054년 로마 Catholic에서 분리된 **Orthodox(정교회)**도 같은 뿌리이다.

5) 개인적으로 개혁신앙을 따르지 않고 **알미니안주의(또는 반펠라기우스주의)** 신앙을 살아가는 사람은 개혁신앙과는 거리가 먼 다른 질(質)의 신앙을 가지고 있다. 다른 복음에 해당하는 것으로 아직 복음의 본질을 발견하지 못한 사람이다. 알미니안주의 특징은 하나님의 계시된 말씀보다 인간의 자유 의지와 방법을 따르며, 행함의 신앙을 강조하고, 종교적인 열매가 있어야 하며, 그 공로로 구원된다고 믿는 사람들이다. 이들은 하나님의 온전한 은혜를 발견 못했기 때문에 일반적인 종교처럼 열정과 열심을 요구한다.

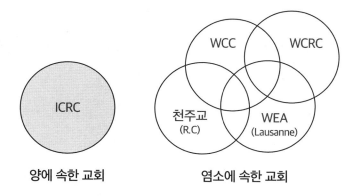

양에 속한 교회   염소에 속한 교회

* Roman Catholic Church(천주교)는 WCC와 교집합을 이루고, WEA와 교집합을 이루고 있다. 역시 WCC와 WEA와 교집합을 이루고 있다. 머지않아서 R.C, WCC, WEA는 하나의 연합체로 통합할 가능성이 높다.

* WCC와 WEA, WCC와 WCRC, WCRC와 WEA가 각각 교집합을 이루고 있다. WCRC는 아직 R.C와는 교집합을 이루지 않고 있지만 주님 재림 직전에 4개의 그룹이 하나의 연합체가 될 것으로 전망한다.

3장

WCC, WEA, R.C는 연합(Unity)을 위해서 무엇을 추구하면서 진행하고 있는가?

전 세계의 Christianity(기독교)는 어디로 가고 있는가에 대해서 생각해 보자. 지난 2,000년 동안 오순절(AD30. 06. 03 이후 1995년 동안) 교회시대가 사도들에 의해서 복음전파가 오순절부터 시작되고 우리가 사는 현시대까지 긴 역사를 이루면서 온 것이다. 그동안 교회는 박해를 받아 왔고, 하나님은 성령을 통해서 택한 백성을 모으는 추수의 일을 해 오셨다. 그 가운데 나와 여러분이 있게 된 것이다. 어떤 사람은 하나님 나라가 지상에 임한다고 믿고 기독교의 이름으로 세상을 통일시키므로 하나님 나라를 이 땅에 세우고자 했다. 그러는 가운데 사탄은 교회가 세워지는 곳마다 각종 이단을 일으키므로 하나님 나라를 방해해 왔다. 사탄에게 붙들려서 신학의 변질과 하나님 나라와 상관이 없는 그들의 방법에 대해서 일일이 설명하기에는 부족하다. 다만 지금까지 교회가 이어져 내려오면서 마지막 시대를 맞이한 오늘날에 있어서 사탄이 어떻게 일하는가를 살펴볼 필요가 있다. 여기서 다루는 주제는 WCC, WEA, R.C(천주교)는 연합(Unity)을 위해서 무엇을 추구하고 어떻게 진행하고 있는가이다. 우리가 유의해서 눈여겨볼 것은 WCC, WEA, R.C(천주교)가 추구하는 것이다. 단 한 가지만 합의가 되면 그들이 원하는 통합이 이루어지는 것이다.

그 단 한 가지는 신앙직제 일치를 말한다. 현재 이 일은 진도가 많이 나아 갔다고 본다. 그날이 언제일지 모르지만 억지로라도 음녀 로마 가톨릭(R.C)이 원하는 방향으로 가게 될 것이다. 그다음에는 지역 교회는 폐쇄하고 천주교(R.C)로 통합해서 미사를 드릴 것이 아니겠는가? 모든 개신교는 사라지고 미신이 가득한 바벨론 종교인 로마 가톨릭(R.C)이 천하 통일하는 것이다. 이것이 계시록이 말하는 음녀일 것이다. 이미 개신교 안에서 배도(배교)가 일어났고, 그 주역들을 아래 사진으로 볼 수 있다.

잠시 이 주제로 마음을 환기하는 차원에서 현재 처한 영적인 세계의 동향을 보기를 바란다. 어떻게 보면 어떤 목사는 현재 우리가 하는 방법으로 하면 되지, 굳이 시간을 낭비할 필요가 있느냐라고 말할 수 있다. 점점 영적인 암흑이 교회 안에 깊이 침투해 들어오고 있다는 것을 기억하길 바란다.

1. WCC와 WEA와 Roman Catholic 교회와 밀착된 관계

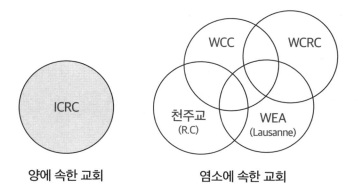

양에 속한 교회　　　　　　염소에 속한 교회

* Roman Catholic Church(천주교)는 WCC와 교집합을 이루고, WEA와 교집합을 이루고 있다. 역시 WCC와 WEA와 교집합을 이루고 있다. 머지않아서 R.C, WCC, WEA는 하나의 연합체로 통합할 가능성이 높다.
* WCC와 WEA, WCC와 WCRC, WCRC와 WEA가 각각 교집합을 이루고 있다. WCRC는 아직 R.C와는 교집합을 이루지 않고 있지만 주님 재림 직전에 4개의 그룹이 하나의 연합체가 될 것으로 전망한다.

2. WCC와 Roman Catholic과의 관계 - WCC 홈페이지 https://www.oikoumene.org/ 안에 Joint Working Group with the Roman Catholic Church에서 인용

About :

50년 이상 동안 WCC 회원교회와 로마 가톨릭 교회는 연합, 신학적 성찰, 봉사의 연대를 공동으로 육성해 왔다. 로마 가톨릭 교회는 WCC의 회원이 아닌 교회 중에서 지금까지 가장 큰 교회이다. 특히 2018년 6월 프란치스코 교황의 WCC 방문 이후, 로마 가톨릭 교회와 WCC 간의 협력은 공통된 기독교 증언과 봉사를 위한 WCC 작업의 모든 측면에서 계속 성장하고 있다. WCC와 로마 가톨릭 교회는 이러한 협력을 강화하는 효과적인 도구다. 제2차 바티칸 공의회 직후인 1965년에 창설된 이 그룹은 매년 20명의 회원을 소집한다. 임원 그룹은 그사이에 두 번 만났다. 이 그룹의 두 공동 서기, 즉 교황청 기독교 일치 촉진 평의회와 WCC 대표는 WCC와 바티칸 부서 간의 연락을 조정하는 데 도움을 주고 있다.

What we do :

공동 워킹 그룹 Joint Working Group(JWG)은 상위 기관이 그들의 관계에 영향을 미치는 중요한 주제를 논의하는 공간을 제공한다. 연구는 그룹 구성원 또는 그룹이 초청한 모체의 전문가가 수행한다. 그룹의 의제는 정의와 평화의 순례, 교리적 문제, 선교, 정의, 평화와 화해, 에큐메니칼 교육 및 청소년과 관련된 문제를 포함하여 WCC 프로그램 활동의 거의 모든 영역을 다룬다.

Membership :

공동 워킹 그룹(JWG)은 지역 및 현지 정보를 제공하는 세계적인 그룹이다. WCC의 참여는 WCC 선거구를 대표하는 10명의 회원과 컨설턴트로 구성된다(다른 교회 전통, 신앙고백, 지역, 안수 받은 여성과 남성, 평신도, 청소년 출신). 교황청 그리스도인 일치 촉진 평의회 Pontifical Council for Promoting Christian Unity(PCPCU)는 동수의 위원을 지명한다.

The Roman Catholic Church(R.C) and The WCC :

로마 가톨릭 교회는 WCC의 회원은 아니지만 신앙과 직제 위원회의 정회원이다. 세계 선교 및 전도 위원회에는 로마 가톨릭 회원이 있다. 바티칸은 Bossey Ecumenical Institute의 교수 임명과 영적 지원을 후원한다. 교황청 종교 간 대화 촉진 평의회를 통해 가톨릭 교회는 또한 종교 간 대화와 협력에 관해 WCC와 협력하고 있다.

회합과 공동성명 발표

WCC와 로마 교황청은 2006. 2. 14부터 2021. 11. 05까지 25차례 공동 성명문을 발표했다. 1-24차까지 회의 내용은 지면상 생략하고, 최근에 발표했던 2021. 11. 05 공동 성명문을 아래 게재하고자 한다.

2021년 11월 4일부터 5일까지 스위스 Bossey에서 2명의 공동 총회장 Târgoviște(루마니아 정교회)의 저명한 대주교 겸 메트로폴리탄 Nifon과 더블린의 가톨릭 명예 대주교인 Diarmuid Martin의 지도 아래 에큐메니칼 연구소에서 WCC와 교황청 그리스도인 일치 촉진 평의회(PCPCU)의 최근 활동에 대해 협의를 하고 공동성명을 발표했다.

이 성명문에서 논의한 주제는 오래전부터 계속 논의해 온 것이다. 이것은 WCC 와 R. C가 단일 교회로 완전 통합을 위한 WCC 회원교단과 R. C(천주교)교회의 신앙 일치를 하기 위한 노력으로 만든 제도 개혁이라고 볼 수 있다. 예를 들면 R. C의 직제는 교황, 추기경, 지역 관구 대주교, 주교, 신부, 수사가 있고, 개신교는 총회장, 대회장, 노회장, 시찰장, 당회장이 있는데 이 직제를 어떻게 통일할 것인가를 논의하는 것이다. 한국에서는 2014년 6월 2일 신앙직제협의회 회원교단인 한국정교회, 한국천주교, 대한예수교장로회(통합), 기독교대한감리회, 한국기독교장로회, 한국구세군, 대한성공회, 기독교대한복음교회, 기독교대한하나님의성회(순복음), 기독교한국루터회에서 파송된 총회원들이 정관과 조직, 사업계획, 예산을 통과시키고 창립선언문도 채택했다(뒤에 나오는 자료 참고).

제25차 공동 성명문(WCC와 R.C의 합동실무 위원 집행위원회)

세계교회협의회(WCC)와 로마 가톨릭 교회(R.C) 간 합동실무위원회 집행위원회는 11월 4~5일 WCC Bossey Ecumenical Institute(Bossey 에큐메니칼 연구소)에서 covid-19 팬데믹으로 인해 온라인 회의가 된 이후 첫 대면 회의를 가졌다.

공동 워킹 그룹(JWG) 2021년 11월 5일 WCC-로마 가톨릭 교회 합동 워킹 그룹이 문서 공유. 로마 가톨릭 교회(R.C)와의 합동 워킹 그룹 교회와 에큐메니칼 관계 신앙과 직제 위원회 파일.

JWG 임원 서명   Bossey 2021

COVID-19 팬데믹으로 인해 여러 회의가 온라인으로 개최된 후 세계교회협의회(WCC)와 가톨릭 교회(R.C)의 공동 워킹 그룹(JWG) 집행위원회가 11월 4일부터 5일까지 스위스 Bossey에서 직접 만났다. 2021년, 2명의 공동 총회장 Târgoviște(루마니아 정교회)의 저명한 대주교 겸 메트로폴리탄 Nifon과 더블린의 가톨릭 명예 대주교인 Diarmuid Martin 각하의 지도 아래. 에큐메니칼 연구소에서 모임을 가졌을 때 이 그룹의 이사이자 전 JWG 회원이자 WCC 사무총장 대행인 이오안 사우카 목사의 환영을 받았다. 2022년 9월 독일 카를스루에에서 마틴 대주교의 개회 기도 후 WCC와 교황청 그리스도인 일치 촉진 평의회(PCPCU)의 최근 활동에 대해 나누는 시간이 주어졌다. PCPCU를 대표하여 다른 주제들 중에서 PCPCU의 비서인 Brian Farrell 주교는 2019년 10월 1일 열린 "신앙

과 과학: COP26을 향하여" 종교 지도자들과 전 세계의 저명한 과학자들의 회의에 초점을 맞췄다. 10월 4일 바티칸. 행사 참가자들은 필요한 변화와 지구에 대한 책임감 있는 보살핌에 대한 더 큰 책임을 세계 정부에 촉구하도록 호소했다. 그는 또한 최근 프란치스코 교황이 시작한 시노드 과정과 그 다양한 차원에 대해서 말했다. 특히 그는 주교 시노드 사무총장인 Mario Grech 추기경과 PCPCU 회장인 Kurt Koch 추기경의 공동 서한을 참석자들에게 소개했다. 동방 가톨릭 교회의 교구 주교회의 대회에서 공유의 첫 번째 부분에서 WCC 부사무장인 Odair Pedroso Mateus 목사는 전염병이 WCC 사무총장 및 총회 선거 연기를 포함하여 WCC의 삶과 governance에 미치는 영향에 초점을 맞췄다. WCC의 최고 관리 기구는 예상치 못한 상황에도 불구하고 WCC 친교와 에큐메니칼 파트너들은 그리스도인 일치를 추구하는 데 전념하고 있으며 다가오는 총회를 희망으로 바라본다. 그런 다음 에큐메니칼 운동의 현재 상태와 관련하여 건전한 사회학적, 목회적, 신학적 분석을 요구하는 세계 기독교의 몇 가지 경향을 확인했다. 특히 그는 세계 기독교의 분열이 심화되고 가시적 일치에 대한 의지가 약화되는 현재의 두 가지 과제에 직면하면서 에큐메니칼 목표의 전통적인 비전에 충실하면서 에큐메니칼 운동의 미래에 대한 성찰이 필요하다고 지적했다. 그것은 성찬의 친교로 표현되는 완전한 가시적 일치이다. 집행 위원회는 "함께 걷고, 기도하고, 일하기"라는 제목으로 개발된 JWG의 10차 보고서의 텍스트와 교회에 권고하는 두 개의 학습 문서인 평화는 모두를 위한 보물이다. 분쟁과 폭력, 이민자와 난민 상황에서 평화구축에 대한 에큐메니칼 성찰과 에큐메니칼 도전과 기회 모임은 Metropolitan Nifon이 이끄는 기도 시간으로 마쳤다.

JWG Executive는 Bossey Ecumenical Institute의 관대한 환대에 감사를 표했다.

3. WEA와 가톨릭(R.C)과의 관계

세계복음주의연맹(WEA; World Evangelical Alliance) 지도자대회가 2016년 2월 29일부터 3월 5일까지 한국기독교총연합회 주관으로 개최되었다. **WEA대회가 한국에서 열린다.** 2025 **WEA** 서울**총회**는 내년 10월 27~31일 열리며 장소는 여의도순복음교회와 사랑의교회 등지에서 진행한다. WEA는 세계 128개국에 속한 복음주의협회들과 104개의 국제적 기관들이 가입된 큰 조직이다. 그 뿌리는 1846년이라고 하지만, 1951년에 26개국의 NAE(복음주의협회)의 연합체로 WEF(World Evangelical Fellowship, 세계복음주의친교회)가 조직되었고 그 단체가 2001년에 명칭을 WEA로 변경한 것이다. WEA가 R.C(로마 가톨릭), WCC와 관계를 갖기 위해서 대화를 시작한 것이다. 앞으로 이 세 단체가 어떻게 협력하고 발전해 갈 것인가를 주목해야 한다. 앞으로 점점 배도(배교)의 길을 향하고 있는 것이다.

4. WCC, Evangelicals, Catholics have historic agreement(WCC, WEA, 가톨릭(R.C)의 역사적 협약)

https://www.thefigtree.org/dec13/2013weawcccatholic.html
세계복음주의연맹(WEA)을 대표해 부산에서 열린 세계교회협의회

(WCC) 10차 총회(10.30.-11.08. 2013)에서 독일 본(Bonn)의 토마스 쉬르마허(Thomas Schirrmacher) WEA 신학위원회 집행위원장은 2011년 WCC, WEA, R.C(로마 가톨릭 교회)의 종교 간 대화를 위한 교황청 평의회의 선교와 전도에 관한 공동성명에 동의했다.

Thomas 회견문 :

2011년 6월에 교회가 사명 선언문을 개발하기 위한 기초로 "다종교 세계에서의 기독교 증인: 행동 권장 사항"이 채택되었다. 이것은 WEA가 1846년에 설립되었을 때의 네 가지 관심사인 기독교 연합, 인권, 세계 전도, 모두를 위한 종교의 자유는 "WEA, WCC 및 바티칸(R.C)이 서명한 최초의 공동 문서보다 더 명확하게 결합된 적이 없다"라고 토마스(Thomas)가 말했다. 이 문서는 인간의 존엄성과 권리를 부정하는 비윤리적인 형태의 복음 증거에 도전한다. 그는 복음 증거가 인간의 존엄성과 타인의 인권을 무시하는 방식으로 행해져서는 안 된다고 말했다. 5년 과정에 참여한 Thomas는 128개국의 6억 기독교인을 대표하는 WEA를 포함시키는 WCC의 유연성에 감사했다. "선교는 교회의 존재 자체에 속한다. 그러므로 하나님의 말씀을 선포하고 세상에 증거하는 것은 모든 그리스도인에게 필수적이다. 그러나 복음 원리에 따라 모든 인간에 대한 완전한 존경과 사랑을 가지고 그렇게 하는 것이 필요하다."라고 Thomas는 인용했다. "세계 기독교의 95%를 대표하는 세 개의 글로벌 기독교 단체가 처음으로 한목소리로 말했다. 이제 이 문서는 기독교 연합을 촉진하면서 국가에서 국가로 전달된다."라고 그는 말했다. 토마스는 그 문서와 세계 에큐메니칼 공동체에 속하지 않은 로마 가톨릭(R.C)과 교회를 포함하는 세계 기독교 포럼을 통해 WCC와 WEA는 그들 자신의 조직을 발전시키는 것보다 전 세계 기독교 연합에 더 높은 우선순위를 부여하고 있다고 말했다. '복음주의'가 많은 그룹을 설명하는 점을 감안할 때 Thomas는 "우리는 글로벌 커뮤니티로서 우리가 말하고 행하는 것에 대해 책임을 지지만 회원 외부에서 일어나는 일에 영향을 미칠 수는 없다. 종종 우리는 공격의 대상이 된다. 전도는 예수 그리스도의 십자가와 부활을 통한 구원 사역을 말과 행위와 그리스도인의 성품으로 선포하는 것이다. 그분만이 죄를 이기셨고 죄를 용서하고 이기실 수 있다."라고 말했다. 그리고 그는 "우리 교회는 복음이 모든 나라에서 선포되고 입증되는 것을 보는 데 전념하고 있다. WEA가 "전인적 전도와 온전한 선교"를 의미하며 "말로 좋은 소식을 선포하는 것과 행동으로 실천하는 것 사이의 연결을 강조한다. 우리는 복음의 온전함을 위해 둘 다 필요하다. WEA는 개인의 회개가 그리스도인의 성품과 증거의 성장을 가져온다고 믿는다. 과오를 저질렀던 때가 있었고, 복음주의자들은 복음 선포를 정의와 평화의 행위와 연결시키기 위해 고군분투했다. 그러나 우리 역사에는 전도의 전체론적 본질을 보여 주는 많은 사람들이 있었다."라고 말했다. WEA는 증가하는 성경 문맹에 대응하기 위해 최선을 다하고 있다고 Thomas는 말했다. 그는 성경을 읽는 것뿐만 아니라 전체론적 선교를 위해 필요한 뒷받침으로 성경을 따를 것을 다시 약속할 것을 강조했다. 억압받는 사람들을 대변하고 부패나 인종차별과 같은 사회의 구조적 악에 대항하는 우리의 예언적 목소리를 내십시오"라고 말했다. 1800년대 자유노예를 위한 활동을 시작으로 인권에 대한 WEA의 헌신을 감안할 때 그는 한국의 통일을 위해 일하는 이들과의 연대를 표명했다. 기자 회견에서 Thomas는 이 문서가 WEA에서 수용할 수 있는 용어와 기독론을 포함하고 있다고 말했다. "그것은 우리가 서명하지 않을 어떤 문장도 포함하지 않는다"고 그는 말했다. "WCC처럼 우리는 세계가 화해해야 한다고 믿는다"

한 기자가 WEA 회원인 한국 기독교교회협의회(National Council of Churches in Korea; NCCK)가 WCC 총회에 항의하는 것에 대해 묻자 토마스는 WEA가 그들의 시위에 반대한다고 말했다. "항의하고 다른 기독교인을 비난하는 것은 좋은 소식을 선포하는 방법이 아니다."라고 그는 말했다. 한 기자가 지구상의 모든 사람이 기독교인이 되어야 하는지 물었을 때 토마스는 "우리는 말과 행동으로만 우리의 믿음을 증거할 수 있다."라고 말했다. "다종교 세계에서의 기독교 증인: 행동에 대한 권장 사항"은 신학적 진술이 아니라 다종교 세계에서 기독교 증인과 관련된 실제적인 문제를 다룬다. 목표는 교회, 교회 협의회 및 선교 기관이 문서를 연구하고 그들의 실천을 반영하며 말과 행동 모두에서 증거와 선교를 위한 지침을 준비하는 것이다. 이 문서는 기독교인들이 자신의 믿음을 증거하면서 왕국을 선포하고 이웃을 섬기며 자신을 희생적으로 바침으로써 "온유와 존경심으로" 자신의 희망을 설명한다고 제안한다. 예수 그리스도와 초대교회의 모범과 가르침은 기독교 선교의 지침이 되어야 한다. 복음을 전하고 생활하는 것이 어렵거나 금지된 곳에서 그리스도인은 신실하게 살아야 한다. 그리스도인이 속임수나 강압에 의지한다면 그들은 복음을 배반하고 다른 사람들에게 고통을 줄 수 있다. 기독교인들은 그리스도를 증거할 책임이 있지만, 이 문서는 "회심은 궁극적으로 성령의 일"이라고 인정한다.

이 문서는 특히 종교 간 상황에서 그리스도인이 따라야 할 원칙을 제시한다. 그들은 1) 하나님의 사랑 안에서 행동해야 한다. 2) 예수 그리스도를 본받는다. 3) 그리스도인의 미덕으로 행동한다. 4) 봉사와 정의의 행위를 한다. 5) 치유의 사역을 할 때 분별력을 발휘한다. 6) 모든 형태의 폭력 사용을 거부한다. 7) 종교의 자유를 증진한다. 8) 상호 존중과 연대 속에서 사람들과 함께 일한다. 9) 다른 문화권의 사람들을 존중한다. 10) 거짓 증언을 포기한다. 11) 개인의 분별력을 확보하고, 12) 종교 간 관계를 구축한다. 가톨릭, 정교회, 개신교, 복음주의 및 오순절파 참가자들은 "에큐메니컬 협력 정신으로" 문서를 준비하면서 교회, 국가 및 지역 고백 단체 및 선교 단체가 문제를 연구하고 지침을 형성하며 존중과 신뢰의 관계를 구축할 것을 촉구한다. 갈등을 해결하고, 정의를 회복하고, 기억을 치유하고, 화해하고, 평화를 구축하기 위한 새로운 기회를 제공하기 위해 모든 종교의 사람들과 함께한다. 그들은 기독교인들이 다른 종교에 대해 배우고 정의와 공동선을 향한 종교 간 옹호에 참여하는 다른 종교 공동체와 협력하면서 자신의 종교적 정체성과 신앙을 강화하도록 격려한다. 자세한 내용은 chair_tc@worldwea.org로 이메일을 보내거나 http://www.oikoumene.org/en/resources/documents/wcc-programmes/interreligious-dialogue-and-cooperation/christian-identity-in-pluralistic-society/christian을 방문하기를 바란다.

5. WEA and the Vatican release consultation statement, highlighting challenges and opportunities(WEA와 바티칸과 도전과 기회를 강조하는 협의 성명서 발표)

WEA와 바티칸(R.C), 도전과 기회를 강조하는 협의 성명서 발표
2020년 1월 15일 수요일 기사

복음주의 세계복음주의연맹과 로마 가톨릭 교회는 6년간의 대화를 바탕으로 획기적인 성명을 공동으로 발표했다. 점점 더 세속화되고 양극화되는 세상의 영적 필요 가독성이 뛰어난 16,000단어의 이 성명은 전 세계 WEA 에큐메니칼 사무국장이었던 Rolf Hille 교수가 이끄는 복음주의 대표단과 바티칸의 후안 우스마 고메즈(Msgr Juan Usma Gómez)가 이끄는 가톨릭 대표단이 전 세계에서 6차례에 걸친 회의에서 나온 것이다.

교황청 Pontifical Council for Promoting Christian Unity(그리스도인 일치 촉진 평의회; PCPCU) 의장인 코흐(Kurt) 추기경은 WEA에 보낸 서한에서 바티칸의 문서 승인을 확인하면서 다음과 같이 말했다. "가톨릭 관할 당국은… 연구와 토론을 위해 가톨릭 대중에게 제공되는 것이 귀중한 성찰이라고 생각했다." 바티칸 주재 WEA 대사인 Thomas K. Johnson 목사는 이렇게 말했다. 이 문서는 미래의 복음주의-가톨릭 상호 작용을 위한 기준을 설정하는 매우 중요한 문서이며, 기독교계의 다른 부분에 관심이 있는 기독교인이라면 무시할 수 없는 문서이다. "이 문서에 나타난 상호 사랑과 존경은 양측이 동의하는 부분과 동의하지 않는 부분을 명확하

게 명시하면서 모든 복음주의-가톨릭 상호 작용에서 따라야 하는 패턴을 확립한다. 우리 시대의 기독교인에 대한 격렬한 박해." 이 문서의 신학적 내용은 복음주의와 가톨릭 사이의 역사적 차이점 중 가장 중요한 두 영역인 성경과 전통의 관계와 구원에 있어서 교회의 역할을 다루고 있다. 그 것은 신학적 합의 및 격려 영역의 개요와 함께 각 측이 테이블을 가로질러 동료 토론자들에게 제기한 주요 질문을 재생산하기 때문에 지역 수준의 대화와 연구를 촉진하도록 이상적으로 구성되어 있다. 예를 들어, "교회 안의 구원" 부분에서 복음주의자들이 가톨릭 신자들에게 던진 첫 번째 질문은 "양심에 가책을 느끼거나 영원한 운명에 대해 두려움을 갖고 있는 사람들에게 어떤 실제적인 희망과 위로를 줄 수 있는가?"이다. 일련의 성경 참조와 함께. 반대로 가톨릭 신자들은 복음주의자들에게 구원의 확신을 느끼지 못하는 사람들을 목회적으로 어떻게 대하는지, 겉보기에 신자가 믿음에서 돌아선 사람들을 어떻게 대하는지, 히브리서 6장 4-6절에 있는 "하나님의 말씀의 선하심을 맛보았으나 돌아선 사람들", 전체적으로 이 문서에는 그러한 질문으로 가득 찬 30개의 단락이 포함되어 있다. 놀랍도록 솔직하게 이 문서는 전 세계적으로 가톨릭과 복음주의자 사이의 "양자 관계의 폭이 광범위하다"고 인정한다. "때때로 관계는 개종, 박해, 불평등, 우상숭배 또는 상대방의 기독교적 정체성 인정 거부에 대한 고발과 반고발로 훼손된 선교 분야에서의 노골적인 경쟁과 반대에 의해 특징지어진다"(문단 6). 이러한 상호 불신 대신 참석자들은 기독교 신자들이 세속주의, 윤리적 방향 감각 상실, 종교적 다원주의 및 양극화로 인한 심각한 위협에 연합하여 대응할 수 있도록 가능한 한 협력의 노력을 촉구했다. "전 세계의 복음주의자들과 가톨릭 신자들이 이 문서를 읽고 상호 대

화의 기초로 사용하여 두 그룹이 과거의 오해와 힘든 감정을 넘어 그리스
도와 더 깊은 동행을 향해 서로를 격려할 수 있기를 바란다"라고 존슨은
말했다.

Thomas Schirrmacher(WEA 신학위원회 집행위원장)와 Thomas K.
Johnson(바티칸 주재 WEA 대사)이 작성한 이 기사는 World Reformed
Fellowship(세계개혁연합; WRF)에서 처음 출판되었다. 저자는 WEA의
로마 가톨릭에 대한 접근 방식(그중에는 스페인 복음주의 연맹)을 비판하
는 목소리에 응답한다. 우리는 때때로 세계복음주의연맹을 대표하여 고
위 로마 가톨릭 지도자들과 우호적으로 교류하는 것에 대해 복음주의 기
독교인들로부터 강한 비판을 받는다.

1) 우리의 신학적 확신을 바꾸거나 약화시키지 않으면서 로마 가톨릭
   및 타 종교인들과 정중한 방식으로 교류하고 적절한 경우 협력하는
   것이 가능하다.
2) 우리는 로마 가톨릭 교회와 세계 복음주의 선교 운동의 필요에 대해
   우리를 비판하는 일부 사람들과 다른 인식을 가지고 있다.
3) 많은 로마 가톨릭 지도자들은 많은 신학적 주제(이신칭의 포함)와 대
   부분의 사회적, 윤리적 문제에 대해 우리의 동맹이다.

Thomas Schirrmacher는 WEA(World Evangelical Alliance)에서 Theo-
logical Concerns 부사무총장으로 섬기고 있다. Thomas K. Johnson은 바
티칸의 종교 자유 대사로 WEA를 섬기고 있다. 둘 다 World Reformed

Fellowship(세계개혁연합)의 회원이다.

Wednesday, January 15th, 2020 / Articles, Evangelicals, Catholic Church

Sorin Muresan(WEA), Msgr Juan Usma Gómez(PCPCU), Thomas K. Johnson(WEA), Bishop Efraim Tendero(WEA), Kurt Cardinal Koch(PCPCU), Thomas Schirrmacher(WEA) © Thomas Schirrmacher

* 교황청 Pontifical Council for Promoting Christian Unity(그리스도인 일치 촉진 평의회; PCPCU)- R. C

6. WEA·WCC·교황청, 공동 선교 문서 발표!

2011-07-29(22:53:03)

▲ WCC와 WEA, 로마교황청의 대표들이 선교에 관한 하나의 행동강령을 담은 '다종교 세계에서 기독교인의 증거'를 발표한 뒤에 환하게 웃고 있다. 사진/WCC 제공

지난 6월 28일 스위스 제네바 WCC 본부에서 **교황청 종교간대화평의회 (PCID)** 회장 장 루이 토랑 추기경과 올라프 트비트 **세계교회협의회(WCC)** 총무, 제프 터니클리프 **세계복음주의연맹(WEA)** 대표가 공동의 선교 문서를 발표했다.

'**다종교 세계에서의 기독교 증거**(Christian Witness in a Multi-Religious World)'가 그것으로, 이는 기독교 역사상 최초로 복음주의와 에큐메니칼 진영, 그리고 로마 가톨릭이 공동으로 집필하고 채택한 문서다.

WEA는 6억여 회원을, **WCC**는 5억 6천여 회원을 전 세계에 두고 있으며 현재 **로마 가톨릭**교도 수는 11억에 이른다. 세 기구가 함께 대표하는 교인 수는 **기독교 전체의 90%**에 달한다. 이들은 방대한 교인 수를 힘입어 자신들의 문서를 모든 기독교인들의 선교에 관한 **"하나의 행동 규범"**으로 제시했다.

세계 단일 종교를 만들려는 로마 가톨릭

가톨릭과 WCC는 오랫동안 **"하나의 세계, 하나의 교회"**를 외쳐 왔다. 그뿐만 아니라 종교다원주의를 주장하면서 **"세계 단일 종교"**를 만들고 있다.

WCC는 이미 1968년 스웨덴 웁살라 총회에서 "그리스도 외에도 하나님께로 갈 수 있는 길이 타 종교에도 있다."라고 인정한 바 있다. 성경은 예수 그리스도 외에 다른 이에게는 구원이 없다고 말하지만(행 4:16), 이처럼 사탄은 자기 종들을 시켜서 다른 구원을 말하는 세상 종교들을 연합하여 세계적인 종교통합을 이룰 것이다. 그 통합된 세계종교의 머리는 다름 아닌 **적그리스도**이다.

교회라고 다 같은 교회가 아니다. 진리가 아닌 악한 마음으로 하나 된 세계 교회들은 우상숭배를 조장하는 사탄의 교회들뿐이다.

〈고후 11:13~15〉

13 그런 사람들은 거짓 사도요 속이는 일꾼이니 자기를 그리스도의 사도로 가장하는 자들이니라 14 이것은 이상한 일이 아니니라 사탄도 자기를 광명의 천사로 가장하나니 15 그러므로 사탄의 일꾼들도 자기를 의의 일꾼으로 가장하는 것이 또한 대단한 일이 아니니라 그들의 마지막은 그

행위대로 되리라

이제 소위 **복음주의**라고 말하는 자들까지 여기에 동참하면서, 가라지
가 단으로 묶여 불살라질 "**마지막 때**"가 가까웠다는 것을 알려 주고 있다
(마 13:30).

"**하나의 행동 규범**"에 참여한 자들은 모두가 한통속이 된 로마 가톨릭의
종들이지 하나님의 종들이 아니다. 그들은 세계 기독교계를 로마 가톨릭
밑으로 모아들이려는 피리 부는 사나이들에 불과하다.

종교 통합을 향한 교회연합의 길은 이제 막바지에 다다른 것이다. 그들
은 결국 적그리스도를 맞이하여 그와 함께 심판을 받을 것이다. 진리로
주님을 섬기고자 하는 사람들은 그들로부터 속히 빠져나와야 한다.

『나의 백성들아, 그녀에게서 나오라. 그리하여 그녀의 죄들에 동참자가
되지 말고 그녀의 재앙들도 받지 말라』(계 18:4).

7. 한국에서 천주교, 개신교, 정교회 한 역사를 쓴다…

'신앙직제협의회' 출범

입력: 2014-06-02 09:22:43 수정: 2014-06-02 09:22:43

▲ 신앙직제협의회 회원교단인 한국정교회, 한국천주교, 대한예수교장로회(통합), 기독교대한감리회, 한국기독교장로회, 한국구세군, 대한성공회, 기독교대한복음교회, 기독교대한하나님의성회(순복음), 기독교한국루터회에서 파송된 총회원들이 정관과 조직, 사업계획, 예산을 통과시키고 창립선언문도 채택했다.

그리스도교의 신앙 일치와 확장을 위한 전담기구가 출범했다.

천주교, 정교회, 개신교계 주요 지도자들은 지난 5월 22일 서울 정동 대한성공회 서울대성당에서 '한국 그리스도교 신앙과 직제협의회'(신앙직제협의회) 창립총회를 열고 주요 협력 사항을 통과시켰다.

이 자리에는 천주교, 정교회, 한국기독교교회협의회(NCCK)와 NCCK 회원 교단인 대한예수교장로회 통합, 기독교대한감리회, 한국기독교장로회, 한국구세군, 대한성공회, 기독교대한복음교회, 기독교대한하나님의성회, 기독교한국루터회가 참여했다.

이날 신앙직제협의회는 정교회인, 천주교인, 개신교인이라는 전통적 자긍심 위에 그리스도 안에서 이미 이뤄진 일치를 그리스도인이라는 이름을 통해서 증언하는 동시에 역사적, 사회적 책임을 실천할 것을 다짐한다는 창립 선언문을 발표했다. 이 선언은 그동안 다른 신앙전통을 가지고 각기 다른 역사를 써왔던 한국 교회의 각 교파가 앞으로 한 역사를 쓰겠다는 선언으로 풀이된다.

이에 따라 신앙직제협의회는 앞으로 공동의 사무실을 두고, 한국 그리스도인의 일치와 재건, 교파 상호 간의 신앙적 친교를 통한 그리스도인의 복음적 삶을 증거하는 사업을 해 나갈 방침이다. 현재는 한국기독교교회협의회 사무실에 마련하기로 했다.

조직은 공동의장 NCCK 박종덕 회장(구세군사령관) CBCK 김희중 대주교, 공동운영위원장은 성공회 김광준 신부와 CBCK 신정훈 신부, 사무국장은 NCCK 김태현 목사와 CBCK 양덕창 위원이 각각 임명됐다. 사무국장의 임기는 4년이다.

신앙직제협의회는 또 그리스도인들의 일치와 교파 간의 신앙적 친교

증진을 위해 세계교회협의회(WCC) 신앙과 직제위원회를 본보기로 가깝게 사귀기, 함께 공부하기, 함께 행동하기, 함께 기도하기 등 사업을 벌이기로 했다.

이에 앞서 열린 기자간담회에서 김희중 천주교주교회의 교회일치와 종교간대화위원장(대주교)는 "그리스도교가 같은 신앙을 갖고도 그동안 마치 다른 종교처럼 서로 무관심하고 배타적이었던 것은 신앙의 오류라기보다는 집단이기주의였다"고 지적하고, "신앙이 혼이라면 직제는 혼을 끌어내고 열매를 맺게 하는 가시적 행위인 만큼 앞으로는 예수님의 지상명령인 일치 안의 사랑, 진리 안의 사랑으로 울타리 밖의 사람들까지 함께 나가자"고 말했다.

김영주 NCCK 총무(목사)는 "공격적인 쇄국정책에 따른 고난과 순교를 이겨낸 천주교의 선교의 몸짓은 개신교의 교훈과 바탕이 됐다"며 "한국신앙직제는 독특한 신앙 전통을 가진 천주교, 개신교, 정교회, 성공회가 한 역사를 쓰는 계기가 될 것"이라고 밝혔다.

정성수 종교전문기자 **tols@segye.com** [ⓒ 세계일보 & Segye.com] Relations with the World Council of Churches[**edit**]

8. 한국에서 기독교계, 일치기도회서 '하나' 모색 [연합]

▲ 교단 초월 '그리스도인 일치 기도회'

　(서울=연합뉴스) 이상학 기자 = 가톨릭, 개신교, 성공회, 정교회 등으로 나뉘어진 한국 기독교가 교단을 초월해 18일 오후 서울 올림픽공원 올림 픽홀에서'그리스도인 일치 기도회'를 개최했다. 그리스도인 일치 기도회 는 기독교 여러 교단이 공동 주최하는 형식으로 치르며 사회는 천주교 쪽 이, 설교는 NCCK가, 축도는 정교회가 각각 맡는다. 천주교 정진석 추기 경과 한국기독교교회협의회 김삼환 회장 등 주요 참석자들이 인사를 하 고 있다. 2009. 1. 18 leesh@yna.co.kr

　이 글을 마치면서 한마디 한다면 우리가 쉽게 접촉하는 초교파 연합활 동, 모든 교파는 한 가족이라는 교회관을 가질 때 자신도 모르게 이단에 속할 수 있다. 성령께서 분별하는 지혜를 주시며 역사하도록 기도하면서 깨어 있는 신앙생활, 깨어 있는 사역자의 목회가 필요하다. 바울은 주님 재림 전에 배도(背道; 배교)가 있을 것을 말하고 있다(살후 2:3). WCC, WEA, 로잔(Lausanne Movement)대회와 같은 연합운동의 등장은 재림 전의 배도(배교)를 노골적으로 실현하기 위한 과정이라고 볼 수 있다. 우리가 그 시대에 살고 있다. 배도(배교)(ἀποστασία)의 뜻은 '반역', '변절'을 말한다. WCC는 바티칸을 중심으로 세계 모든 종교를 하나로 통합하여 적그리스도를 섬기고 하나님을 대적하는 배도(배교)를 주도한 핵심 단체이다. 구약성경 민수기 25:1-18에 나오는 사건으로 가짜 선지자 발람이 모압왕 발락과 결탁하여 모압의 신 바알브올에게 제물을 드리고 하고 모압 여인들과 음행을 하게 함으로 이스라엘 백성이 바알브올에게 속한 백성이 되게 했다 그 결과 이스라엘 백성이 전염병으로 24,000명이 죽었던 사건이 있다. 하나님의 백성 이스라엘이 '여호와'를 버리고 바알브올 백성이 되게 한 것이다. 이 사건이 성경에 나오는 최초의 배도(배교)사건이다. 그 다음 배도(배교)는 솔로몬 이후에 느밧의 아들 여로보암이 10개 지파를 모아서 북 왕국 이스라엘을 통치하기 시작부터 우상 숭배에 빠진다. 호세아왕을 제외한 왕들이 우상숭배를 함으로 하나님 앞에 가증한 일을 행한다. 기원전 722년에 앗수르에 의해서 멸망한다. 남 왕국 유다는 거짓 선지자들의 출현, 우상 숭배로 하나님 명령을 저버렸다. 유다왕국은 기원전 586년에 바벨론에 의해서 멸망한다. WCC를 통한 로마 가톨릭과 통합운동, WEA를 통한 로마 가톨릭과 관계 모색은 배도(배교)의 길을 가는 바알브올 사건과 같고, 아합왕의 바알과 아세라, 실월성신을 섬기는 사건과 같다고 볼 수 있다. WCC, WEA, 로마 가톨릭과 관계 개선과 직체와 신앙일치는 예수님 재림전에 있을 배도(배교) 행위로 보아야 한다.

4장

왜 ICRC(The International Conference of Reformed Churches; 국제개혁교회회의)에 연합되거나 그 노선에 있는 교회가 오른편 양인가?

앞에서 좁은 문 좁은 길을 설명할 때 ICRC가 좁은 문이라고 조심스럽게 추측해 보았고, 양과 염소의 구분에서 ICRC가 오른 편에 있는 양의 집단이라고 설명했다.

지금부터 ICRC가 왜 좁은 문으로 가는 유일한 길이며, 마지막 심판 때 양에 속한 교회 연합인가를 설명하고자 한다. 아직 이에 동의하지 않는 분들이 이것은 어디까지나 편견이라고 말할지 모르겠다.

이 주제에 들어가기 전에 왜 WCC, WEA, WCRC가 왼편에 있는 염소의 무리에 속하는가를 정리하면 다음과 같다. 지금 세계 교회들은 염소의 무리로 짝짓기 하듯이 모여들고 있다. 이들은 창세 이전에 유기(遺棄)되도록 작정되어 있는 자들이다. 이들은 바벨론 종교가 된 음녀인 Roman Catholic 교회를 용납함으로 배도(배교)에 가담하고 있다. 마지막 시대에는 Roman Catholic 교회가 전 세계 교회를 하나로 통일할 것이라고 본다. 그 근거는 Roman Catholic 교회가 WCC와 직제와 신앙 일치를 위해서 25차례 회의를 해 왔고 앞으로 계속 회의를 진행할 것이다. 가장 최근에 2021년 11월 04-05일 WCC-로마 가톨릭 교회 공동 워킹 그룹이 회합을 갖고 25차 성명문을 발표했다. 한국에도 이미 이 위원회가 조직되어 협의하고 있다. 2014년 5월 22일 그리스도교의 신앙 일치와 확장을 위한 전담 기구가 출범했다. 이 앞에 보내 드린 3번째 문서에 한 예로 25차 회의 합의문을 게재한 바 있으므로 참고하기를 바란다. WCC와는 이미 직제와 신앙 일치의 합의를 끝내고, 현재는 어떻게 직제를 통일하고, 신앙고백을 새로이 작성하여 고백할 것인가를 협의하는 중에 있다. 이것만 합의되면 WCC에 가입된 전 세계 각국 교회들은 로마 교황청에 예속되어야 하며, 직제를 Roman Catholic과 통일해야 한다. 그러면 목사라는 말이 어느 순간에 신부로 바뀌어서 불리게 되고, 총회나 노회란 명칭을 없애고 그 지역 천주교 조직으로 합병되어 들어가게 될 것이다. 그리고 신앙고백을 위원을 선정해서 새로 작성해야 하는데 대부분이 천주교의 것을 그대로 받아들이게 되며, 그것을 고백할 것이다. Roman Catholic(천주교)은 현재 WEA와도 계속 접촉하고 있다. WCC와 접촉하는 성격이 다르다. 일단 친숙하게 지내자는 형식을 취한다. 어느 마당에 각종 새들이 사이좋게 모여서 같이 먹이를 먹고 논다고 생각해 보자. 거기에는 비둘기, 참새, 갈매기, 노랑부리 멧새, 종달새 등등으로 설명할 수 있는 여러 종류의 새들 모임처럼 각종 복음주의 노선의 교파들이 모여 있는데, 갑자기 낯선 까마귀(천주교)가 끼어들어서 같이 사귀면서 지내자고 하는 것과 같다. 처음에는 거부감이 있고 싫지만 언젠가는 자연스럽게 여러 종류의 새들이 까마귀와 함께 어울리게 될 것이다. 그 이후 시간이 지나면서 까마귀가 이 모임에서 왕초가 되어서 지배하게 될 것이다. 이것이 WEA에 접근하는 천주교의 전술이다. WCRC는 개혁파 연합체이지만 여기에 소속되어 있는 교단들이 WCC, WEA와 같은 연합체에도 소속되어 있으므로 별도로 설명하지 않는다.

좀 더 구체적으로 WCC, WEA, WCRC의 성격을 간단히 설명하면 다음과 같다.

WCC는 Roman Catholic 교회와 일치 운동을 펴 오므로 이미 배교 단체로 증명이 되었다. 1900년대 자유주의 신학과 1960년대에 기독교 사회참여로 우리가 아는 해방신학, 여성신학, 흑인신학을 외치면서 약자와 소수자들의 인권 운동을 전개했던 집단교회 체제이다. 심지어 종교다원주의를 받아들이므로 기독교가 아닌 다른 종교에도 구원이 있다고 말한다. 북왕국 이스라엘이 이세벨을 끌어들이므로 바알과 아세라를 섬기는 것과 같다.

WEA는 같은 주(主)로 고백하는 교회는 모두 구원이 있고 신학의 차이가 있을지라도 한 교회이고 형제라는 전제 아래서 연합을 추구한다. 또한 근본주의적 복음주의를 강조하므로 개혁파 돌트 총회에서 이단으로 정죄한 알미니안주의를 용납하는 결과를 초래했을 뿐만 아니라 사탄의 집단인 음녀 Roman Catholic과 접촉하면서 배도(배교)의 길로 가고 있다.

WCRC(세계 개혁교회 협의회)는 순수한 개혁주의의 신앙에서 변질된 Calvin 파 교회들의 연합이다. 우리가 추구하는 ICRC와 구별된다. 한 예로 가장 큰 미국 장로교 교단인 미국 장로교 PCUSA(Presbyterian Church

In U.S.A)가 동성애자들을 목사로 안수하고, 장로를 세우고 있다. 또 한 예로 미국에서 개혁파로서 보수 교단으로 잘 알려져 왔던 CRC(Cristian Reformed Church in North America; 북미기독개혁교회) 교단은 역시 여성 목사와 장로를 세우므로 좌편향으로 기울어진다. 그 결과 URCNA(북미주 연합 개혁파 교회)가 분리되어 나오게 되었고 ICRC 회원이 되었다. PCUSA(미국장로교)는 장로교라는 간판에서 WCC와 깊은 관계를 가지고 있는 교단이다. 넓은 길로 가고자 하는 장로교파와 개혁파 교회들이 여기에 가담하고 있고, 순수한 개혁주의 신앙보다 알미니안주의 신앙에 가까운 교회들이다. WCRC는 철저한 개혁주의 신앙을 유지하기보다 세상과 타협하는 형태로 변화하고 있다. PCUSA와 CRC 교단은 북미주 교회의 대표적인 개혁주의 교단이다. 이와 같이 한국에도 대부분의 장로교단들이 WCRC에 관계를 가지고 있다. WCRC가 개혁파를 대표한 연합체이지만 이 안에는 WCC와 WEA에 가담하는 교단이 있으므로 이에 더 이상 머물 수 없게 되었다. 보다 철저하게 개혁신앙을 지키고자 하는 개혁파 교회들이 모여서 연합체로서 ICRC가 자연스럽게 형성된 것이다.

이상에서 WCC, WEA, WCRC의 미래적인 전망과 특징을 통해서 종합하면 세 집단이 교집합을 이루면서 공통점이 있다면 개혁주의 신앙을 벗어나서 배교의 길을 가고 있는 형식적인 기독교 집단이라는 것이다. 이들은 심판날에 왼편 염소의 무리에 서 있어 영원한 불 못으로 들어가는 판결을 받을 것이다.

그러면 ICRC에 들어 있거나 이 노선에 있는 교회들, 그리고 엘리야 시대에 바알에게 무릎을 꿇지 않은 7,000명처럼 개혁주의 신앙을 지키는 성도들이 왜 양인가를 설명하고자 한다.

* ICRC는 현재 기준으로 볼 때, 지상에서 가장 복음적인 개혁주의 신앙 노선에 있고, 마지막 시대에 거룩한 교회를 향해서 가고자 하는 그리스도의 신부로서의 순수성을 유지하는 개혁교회 연합체이기 때문이다.

* ICRC는 개혁신앙의 전통에서 배도(배교)집단과 연합을 거부하기 때문이다. 여기에 소속된 교회와 신자들은 이것 때문에 마지막 시대가 되면 박해를 받을 수도 있다. 현재 이러한 현상으로 동성애를 거부하고 동성결혼에 대해서 비판하거나 주례를 거부할 때 고소를 당하며 처벌하는 일이 발생하기도 한다. 학교에서도 똑같은 현상이 나타난다. 동성애, 성전환 교육을 거부할 때 처벌하는 것이다. 다행히도 미연방 대법원에서 신앙의 양심상 거부할 수 있다고 판결했다. 이는 현재 대법관의 구성이 보수적인 우위에 있기 때문이다. 그러나 언젠가 법관의 성향에 따라서 뒤바뀔 수 있다. 언젠가는 배도(배교)집단과 연합을 거부한 이유로 ICRC에 소속된 교회와 신자들이 종교적 박해를 받을 수 있을 것이다. 주님은 서머나 교회에 주셨던 말씀(계2:20)과 같이 환난을 당하지만 죽기까지 충성하면 생명의 면류관을 주실 것을 기대한다. 마25:34의 "창세로부터 예비된 나라를 상속하라" 약속대로 천국(하나님 나라)을 상속받을 것이다. 타협하는 신자가 아니라 끝까지 견디며 이긴 신자에게 주어진 축복이다.

우리는 각 교파를 초월해서 교단을 중심으로 형성된 교회 연합체의 4개

그룹을 살펴보았다. 현재 지상에 존재하는 가장 영향력을 끼치는 집단들이다. 그중에서 3개 집단은 배도(배교)집단으로 얼굴은 기독교라는 간판을 걸고 있지만 내용은 사탄의 조종을 받는 거짓 교회라고 볼 수 있다. 이들은 연합을 강조하지만 바른 복음에는 관심이 없다. 지상의 대부분의 교회가 넓은 문을 찾고 넓은 길을 찾고 있다. 그러므로 이들이 가는 문과 길은 넓은 문이며 넓은 길이라고 볼 수 있다. 나머지 1개 연합체인 ICRC(국제 개혁교회회의)는 개혁주의 신앙을 굳게 지키고 세워 나가는 유일한 개혁교회 연합체이다. 주님이 재림하시고 보좌에 앉으셔서 심판하실 때를 상상해 보면 오른편에는 바알(사탄)에게 무릎을 꿇지 않은 성도들이 서 있을 것이다. 현재로서는 ICRC가 오른편 양에 가장 가까운 연합체이다. 그리고 신앙 노선에 있어서 좁은 문이며 좁은 길이다. 개인적으로 ICRC 회원교단에 들지 않았다 할지라도 ICRC와 같은 개혁주의 신앙을 가졌다면 동일한 좁은 문, 좁은 길을 가는 성도이다.

** 다음 장에서는 개혁신앙이 무엇이며, 왜 개혁신앙이 참복음인가를 설명하고자 한다. 우리는 지금까지 신앙을 구분하는 데 있어서, 보수주의와 진보주의로, 보수주의는 개혁주의와 복음주의로, 진보주의는 자유주의로서 인본주의와 사회복음주의(복음의 사회적 적용)로 구분해 왔다. 우리는 여기서 복음주의보다 더 보수주의인 개혁주의 신앙을 설명하고자 한다.

5장

왜 개혁주의 신앙이 복음이고 가장 성경적인 바른 신앙인가?

1. 개혁신앙의 의미와 개혁신앙이 나타나게 된 배경

1) 개혁신앙과 개혁신학이란 용어는 개혁주의 신앙을 고백하는 장로파와 개혁파 교회에서 사용한다. 개혁주의 신앙은 여러 종류의 다른 신앙과 신학과의 구별되는 의미가 크다. 개혁이란 용어는 Reformed(개혁된)을 우리말로 옮길 때, 다양한 신학에서 다른 신학과 구별하기 위해서 고유명사로 정한 것이다. Reform이란 본래의 어떤 원형의 사물이 파괴되고 흐트러진 상태에서 이것을 다시 원형으로 만드는 것(복구)을 말한다. 개혁신학에서 개혁은 '성경으로 돌아가자', '하나님 말씀을 회복하자'라는 의미를 갖는다. 종교개혁 이전에 하나님의 말씀이 사라진 영적 암흑시기에서 종교개혁과 함께 하나님 말씀이 회복되고 가장 성경적인 바른 신앙을 되찾는 것을 말한다. Reform의 수동태형 Reformed로 개혁된 신앙이란 면이 있다. 우리의 선배들은 칼빈주의 신학에 기초한 신앙이 가장 개혁된 신앙이라고 여기고 칼빈주의 신학을 개혁신학이라고 이름하였으며, 이 신학에 기초한 신앙을 개혁신앙(Reformed Faith)이라고 말한다. 신학에서 개혁주의는 칼빈주의를 말한다.

2) 기독교사에서 볼 때, 오순절을 기점으로 예루살렘으로부터 시작된 교회가 약 2,000년 동안 복음 전파를 통해서 전 세계에서 현재 진행형으로 세워지고 있다. 사탄의 교회를 향한 공격은 쉬지 않고 계속되어 왔다. 사탄이 계획하는 목표가 무엇이겠는가? 벧전 5:8처럼 우는 사자와 같이 두루 다니며 삼킬 자를 찾는 것이다. 한마디로 말하면 가능한 대로 메시아이시며 왕이신 예수님을 만나지 못하게 함으로 하나님 나라에 이르지 못하게 하고 구원을 받지 못하게 하기 위해서이다. 초대교회 영지주의는 골로새서 2:8의 말씀처럼 철학과 헛된 속임수로 교회 안에 침투하여 종교 다원주의 형태로 변형시키려고 했으나 교부 이레니우스의 이단 논박에서 영지주의의 그릇됨을 밝히므로 교회를 지켜 왔다. 그리고 기독론으로 공격한 아리우스파는 당시 교부 아타나시우스와 그를 따르는 지도자들과 삼위일체 논쟁을 한다. 아리우스는 예수님의 신성을 부정하고 인성을 강조하며, 성자도 창조되었다고 주장하였다. 이에 대해서 소집된 AD 325년 니케아 회의에서 아리우파는 이단으로 정죄되었고 니케아 신경이 채택되었다. 기독교 신앙의 최대 위기는 펠라기우스 논쟁이다. 이 논쟁의 주요 쟁점은 펠라기우스가 주장하는 하나님의 은혜와 상관없이 자유 의지로 인간의 선행으로 구원을 받는다고 하는 것이다. 이에 대해서 어거스틴은 구원에 있어서 100% 하나님 은혜로만 주어진다는 것을 주장한다. 펠라기우스 이단은 AD 431년 에베소 회의에서 이단으로 정죄되었다. 이 논쟁은 개혁신앙의 선구자였던 어거스틴 교부와의 구원론에 관한 논쟁인데 어거스틴이 주장하는 구원은 오직 하나님의 은혜로 구원을 받는다고 하는 은총론과 펠라기우스 자유 의지론의 충돌이다. 펠라기우스가 이단으로 정죄된 이후 어거스틴의 은총론과 자유 의지를 결합시킨 반(半)펠라기우스

주의는 하나님의 은혜와 협동할 수 있는 인간의 의지의 능력을 강조하는 견해이다. 이 이론은 구원을 받기 위해서는 하나님의 은혜가 주어지면서 자유 의지에 따라서 노력하고 공로를 세워야 한다고 하는 것이다. 이 이론은 칼빈의 후예들이 교회 개혁을 전개하는 과정에서 반작용으로 일어났던 알미니안주의와 연결이 된다. 네덜란드 라이덴 대학교 교수인 야코부스 알미니우스가 칼빈주의에 대항하기 위해서 이론을 전개한다. 반(半)펠라기우스 이론과 거의 흡사한 구원론이다. 이 이론 역시 인간의 자유 의지와 하나님의 은혜를 말한다. 그렇지만 이 이론은 하나님의 주권을 배제한 결과 자유 의지와 인간의 공로, 선행이 구원의 조건이 된다. 알미니안주의는 1619년 5월 9일 돌트 회의에서 이단으로 정죄되었고, 총회는 돌트 신경을 채택한다. 이상 몇 가지 사례를 통해서 본 것처럼 하나님은 이단들이 출현할 때마다 개혁자들을 보내어 교회를 악으로부터 지켜 오셨다. 종교개혁 이후 알미니안주의는 개혁주의와 계속 충돌해 왔으며, 지금 우리 시대에 기독교 신앙의 주류를 이루고 있다. 지상에 존재하는 개신교회는 알미니안주의 교회와 개혁주의 교회로 양분되어 있다.

3) 알미니안주의는 현대 기독교의 주류를 이루고 있는 신학적 기초가 되고 있다. 그런 면에서 개혁주의 신앙과 상반된다. 이에 대해서 다음 기회에 구체적으로 설명하고자 한다. 지금도 각종 이단들이 계속 나타나고 있는데 교회들이 무분별하게 수용하므로 현대 교회의 대부분이 영적인 암흑기에 들어 있다고 보는 것이다. 외형적으로 나타난 현상을 보면 역사상 가장 부흥된 것처럼 보일 수 있다. 그러나 개혁신앙의 측면에서 보면 영적인 암흑기에 놓여 있다. 역사상 종교 암흑기를 말한다면 여호수아 이

후 사사시대에서 사무엘의 직전까지이고, 유다 왕국이 바벨론 포로기 직전 예레미아 선지자 시대를 들 수가 있으며, 신약 시대는 기독교가 로마 제국의 국교로 공인된 이후 종교개혁 이전까지이고, 종교 개혁 이후로는 우리가 살고 있는 현재가 암흑기라고 말할 수 있다.

2. 개혁신학의 위치

1) 신학의 정점(頂点)은 개혁주의와 알미나안주의로 대별할 수 있다. 기독교(Christianity) 안에 존재하는 교파마다 핵심 교리를 정리한 교의학이 있다. 장로교는 장로파 교회의 교의학이 있고, 웨슬리파에 속한 교파들에는 웨슬리파 교의학이 있으며, 오순절파 교회는 오순절 교리를 담은 교의학이 있다. 이러한 교의학을 결정하는 배경이 있다면 그것은 곧 개혁주의 신학과 알미니안 신학이다. 각 교파별로 교의를 설정할 때, 학자들의 신학적인 기초가 개혁주의 신학이냐 혹은 알미니안주의 신학이냐에 따라서 교의가 만들어진다고 본다. 이렇게 만들어진 교의에 의해서 그 교파 교회 신앙이 가르쳐지고 생활로 표현된다. 지상에 있는 모든 교회는 이 두 종류의 신학적 배경 안에 들어 있다고 보는 것이다. 복음주의 협의회 또는 복음주의 연맹으로 분류되는 단체에 가입된 대부분의 교파와 교회는 알미니안주의 신앙에 속한다. 예수님께서 말씀하신 마태 7:16에 "그의 열매로 그들을 알지니 가시나무에서 포도를, 엉겅퀴 나무에서 무화과를 따겠느냐"는 나무는 열매를 보아서 알 수 있다고 하는 것을 말해 준다. 신앙의 열매와 행위로 그 신앙이 개혁신앙인가 혹은 알미니안 신앙인가를 분별할 수 있다.

2) 복음주의는 예수를 구주로 영접하고 믿으면 구원을 얻는다는 근본 교리를 가진 모든 교파 교회를 한 형제로 인정하고 연합하는 신앙 형태를 말한다. 개혁주의 신앙도 복음주의 안에 포함될 수 있지만 개혁주의 본연의 신학의 범위와 한계의 특징을 본다면 복음주의와 구별된다. 복음주의는 알미니안주의 교회를 포함하지만 개혁주의는 철저히 알미니안주의를 배격한다. 이 시대의 현상 중의 하나는 장로교회와 개혁파 교회에 속한 교회들 중에서 개혁주의 신앙을 가르치는 것이 아니라 알미니안 신앙에 가까운 설교와 신앙 훈련을 하고 있는 것을 종종 본다. 그 결과 장로교가 침례교와 성결교와 오순절 교회 등등 다른 교파와 차별이 없고, 신자들도 교회를 교파를 따지지 않고 옮겨 다니면서 출석한다. 그러면서 주일을 지켰다고 만족한다. 종교적인 의무를 했다고 만족하는 것이다. 그 이유는 무엇인가? 바른 복음인 개혁신앙을 설교하지 않고 신앙의 질보다 교인의 수를 의식하고 알미니안 교회에서 행하는 이벤트를 하게 된다. 이러한 이벤트를 반복하다 보면 개혁신앙에서 멀어지게 된다. 마치 열심히 농사를 하지만 추수 때 쭉정이만 거둬들이는 결과를 가져오는 것과 같다. 교회에 출석하는 숫자가 열매가 아니라 택한 백성이 몇 명인가가 열매인 것이다.

3. 개혁주의 신앙이 무엇인가?

개혁주의 신앙은 칼빈주의 신학에 기초한 신앙이다. 칼빈주의 신학과 17세기의 웨스트민스터 신앙고백을 신학적 뿌리로 삼고, 웨스트민스터 신앙고백서와 대, 소 요리문답, 벨직신앙고백서, 도르트신조, 하이델베르크 요리문답 등을 기초로 하고 있다. 교의학으로는 루이스 벌코프의 조직신학, 헤르만 바빙크의 조직신학이 있다. 칼빈주의를 발전시킨 많은 학자들이 있지만 그중에 대표적인 학자는 아브라함 카이퍼, 헤르만 바빙크, 미국의 벤자민 B. 워필드이다. 벤자민 B. 워필드(Benjamin B. Warfield, 1851-1921)는 프린스턴 신학교가 웨스트민스터신학교로 분열되기 전까지 미국 장로교 신학을 대표하는 중요한 인물이며, 장로교회 표준 신앙고백서인 웨스트민스터신앙고백서에 충실한 신학을 추구했다. A. A. 하지 후임으로 1887년부터 프린스턴 신학교에서 가르치기 시작하여 33년간 조직신학과 변증학을 가르쳤다. 우리는 개혁주의 신학을 발전시킨 학자들과 개혁신앙의 기초를 놓았던 인물의 신앙과 삶에 대한 연구가 필요하다.

칼빈주의(개혁주의)의 근본 원칙

벤자민 B. 워필드는 칼빈주의의 근본 원칙에 대해 1) "하나님의 장엄하심을 깊이 이해하는 것과 이것에 필연적으로 수반되는 것, 곧 죄에 물든 피조물과 하나님의 관계에 나타나는 본성을 깨닫는 것", 2) "경건한 교제, 삶의 모든 영역에서 하나님을 전적으로 의지하는 것" 등을 꼽고 있다.

워필드의 말을 다시 한번 정리한다면 칼빈주의(개혁신앙)의 근본 원칙의 첫 번째가 '장엄하신 하나님을 이해하는 것'인데 이것은 하나님을 얼마나 존귀하고, 모든 피조물로부터 예배를 받으시는 대상으로서의 하나님으로 아느냐를 말한다. 그리고 이에 수반된 하나님과의 관계에서 인간의 죄의 본성을 깨닫고 죄인임을 깊이 인정하는 것이고, 둘째는 하나님과의 교제, 개인의 삶의 모든 영역에서 하나님을 전적으로 의지하며 하나님의 통치를 받는 자세와 순종, 양과 목자의 관계를 회복하는 것이다.

오늘날 개혁신앙을 말하는 교회의 현실은 하나님에 대해서 두려워하지 않고, 하나님과 깊은 교제가 없으며, 경건의 모양도 없고 경건도 없으며, 모든 일을 결정하고 진행할 때 하나님을 의지하는 것이 아니라 내가 결정하고 인간의 지혜와 수단과 방법을 동원하여 성취하고자 한다. 자세히 파헤쳐 보면 겉은 장로교이면서 실제의 신앙은 알미니안적인 신앙관을 가지고 있다.

개혁주의에서 말하는 중심 사상은 무엇인가?

이 말은 개혁주의가 복음주의와 다른 점이 무엇인가라는 질문과 같다. 이것은 알미니안주의와 신앙의 차이를 말하는 것이다. 현재 복음주의 신앙에 익숙한 사람이라면 매우 거부감이 있을 것이다. 그러나 성경을 반복해서 읽고 또 읽고서 깊이 묵상하면 할수록 하나님의 은혜가 보이며, 개혁주의에서 강조하는 중심 사상이 가장 분명한 복음이라는 것을 확신하게 될 것이다. 그리고 이것을 복음으로 확신한 다음부터 하나님의 위로와 평안함과 안식을 누리며 기뻐하는 삶을 경험하게 된다. 이러한 은혜가 여러분에게 주어지기를 기도한다.

(a) 영원한 선택 교리이다(기독교 강요 3권 21).

우리가 말하는 예정론에 해당하는 교리이다. 하나님께서 구원할 자와 구원을 받지 못할 자를 예정하신 것이다. 많은 사람들이 동의하지 않고 거부하지만 거부할 수 없는 교리이며 하나님의 주권과 고유 권한에 속한 것으로 이에 항의할 수 없다(롬 9:19-21; 토기장이의 비유 참고).

이것은 '하나님께서 선택하신 어떤 사람은 구원에 이르고, 또 어떤 사람은 멸망에 처하도록 예정하셨다'고 하는 것이다. 이 내용은 웨스트민스터 고백서 3장 5, 6항, 웨스트민스터 대요리문답 13문에서 설명되어 있다. 우리가 잘 아는 에베소서 1:3-5에서 '창세 전에 신령한 복을 주시기 위해서 우리를 택하셨다', 로마서 8:29에 '하나님이 미리 아신 자', 8:30에 '미리 정하신 그들'이라고 구원을 받을 자를 한정했으며, 사도행전 13:48에 '영생을 주시기로 작정된 자는 다 믿더라', 그리고 요한복음 17장의 예수님의 대제사장 기도에서 '내게 주신 자'라고 언급하신 것은 그 기도가 만인을 위한 기도가 아니라 선택하신 자를 위한 기도임을 나타내고 있다. 그리고 Dort Canon(돌트신경)에서 채택된 칼빈주의 5대교리(T.U.L.I.P)가 선택 교리를 잘 설명하고 있다. 즉 전적부패 - Total Depravity, 무조건적 선택 - Unconditional Election, 제한된 속죄 - Limited Atonement, 불가항력적 은혜 - Irresistible Grace, 성도의 견인 - Perseverance of Saints이다. 이것을 요약하여 설명한다면 1) 인간은 타락으로 죄로 인해서 완전 부패하여 영적으로 죽어 있어서 하나님 나라를 볼 수도 없고 들어갈 수 없는 전적으로 부패한 죄인이며, 2) 하나님은 영원 전에 구원할 자를 조건 없이 은혜로 선택하셨으며, 3) 예수님은 십자가에서 보혈로 선택된 자만을 위해서 속죄하셨고, 4) 선택해서 구원하기로 작정된 자들에게 하나님의 은혜가 거부할 수 없을 정도로 강력하게 주어지며, 5) 하나님이 선택하시고, 거부할 수 없는 은혜와 속죄를 받은 자들은 성령께서 하나님 나라에 들어갈 때까지 끝까지 지키고 보호하시므로 궁극적으로 구원에 이르게 하신다는 교리이다.

(b) 언약 사상이다.

언약 사상의 중심 사상은 하나님 나라 건설과 완성에 관한 것으로 구속사에 관한 것이다. 언약 사상은 개혁신학의 기초이다. 다윗 언약은 메시아가 다윗의 왕위를 계승하여 오시며, 그가 통치하시는 왕국이 무궁할 것을 언약으로 말씀하신 것이다. 우리가 주목할 것은 많은 언약 가운데서 특별히 아브라함과 다윗과의 맺은 메시아가 통치하는 하나님 나라에 관한 언약이다. 아브라함과의 언약에서 하나님 나라가 어떻게 이루어지는가를 보여 준다(창세기 12장, 15장, 17장). 그리고 다윗과 언약에서는 다윗의 후손 가운데서 메시아가 오셔서 다스리며, 그 나라가 영원히 굳게 설 것을 보여 준다(사무엘하 7장). 그리고 예레미야를 통해서 새 언약을 보여 주신다. 그 내용은 택한 백성을 모으시고 그들을 향하여 "내가 나의 법을 그들 속에 두며 그 마음에 기록하여 나는 그들의 하나님이 되고 그들은 내 백성이 될 것이라"(렘 31:31, 33)이다. 이것은 영원 전에 선택하신 자기 백성을 모으시고 그들 안에 하나님의 법을 두며, 완성된 하나님 나라에서 하나님이 그들의 하나님이 되시고 그들은 하나님의 백성이 되어 영원하게 될 것을 미리 말씀하신 것이다. 하나님은 미래의 왕국의 모습을 미리 보여 주시는 것이다. 예수님은 새 언약에 의해서 구원하기 위해서 오신 것이다. 우리 각자는 나의 이름이 새 언약 안에 포함되어 있음을 감사해야 한다.

〈하나님의 언약과 마태복음의 위치〉

구약의 메시아와 메시아 왕국에 관한 언약을 마태복음이 구체적으로 설명하고 있다. 물론 신약 성경 전체가 하나님 나라와 메시아에 관한 언약을 설명하고 있다. 신약 성경 첫 번째 편집된 마태복음을 이해한다면 구약에서 아브라함과 다윗에게 언약하신 것이 어떻게 전개되며, 하나님 나라가 어떻게 이뤄지는가를 알 수 있다. 마태복음은 전체가 메시야 왕국 (하나님 나라)을 말하고 있다. 마태복음에서 우리가 알고 있는 핵심 메시지는 1) 예수님의 족보는 아브라함과 다윗의 언약에서 메시아가 나심을 보여 주고, 2) 산상보훈은 하나님 나라의 특징을 보여 주며, 3) 13장에서 7 개의 비유는 하나님 나라(천국)가 어떻게 형성되는가를 보여 주며, 4) 16 장에서 베드로의 신앙고백은 교회가 무엇이며 무엇이 하나님 나라인가를 보여 주며, 5) 28:18-20은 모든 족속에게 하나님 나라를 전파할 것을 명령 하신다. 그러므로 마태복음은 하나님 나라를 잘 설명하는 복음서이다. 다른 표현으로 마태복음은 마태가 기록한 신국론(하나님 나라 이론)이라고 말할 수 있다. 마태복음에서 세상을 살아가는 생활의 지혜를 보는 것이 아니라 세상에 있는 우리가 언약에 기초한 하나님 나라를 발견하고 하나님 나라를 전파함으로 하나님 나라(천국)를 확장하는 제자의 삶을 보아야 한다.

(c) 하나님 은혜를 강조한다.

알미니안은 종교적 열심과 행위를 신앙의 기준으로 삼고 있다. 그러나 개혁주의에서는 하나님의 은혜를 신앙의 기준으로 삼는다. 특히 구원론에서 알미니안주의자들은 자유 의지를 가지고 행하는 선행이나 업적을 강조한다. 그러나 개혁주의는 하나님의 자녀로 부름을 받은 사람은 선택부터 시작해서 장차 하나님 나라에 들어갈 때까지 하나님의 은혜가 주어졌기 때문에 구원된다는 것을 강조한다. 웨스트민스터 대요리문답 31

문-36문은 은혜언약에 대해서 설명한다. 그리고 4세기의 최대 이단인 펠라기우스와 논쟁했던 어거스틴의 '은총론'은 하나님의 은혜로 구원됨을 말한다. 택함을 받은 백성에게는 불가항력적인 은혜가 주어지며, 그 은혜를 거부할 수 없다. 그 은혜로 구원을 받는다(엡 2:5, 8-9). 그리고 그 은혜는 지극히 풍성한 은혜다(엡 2:6). 알미니안주의는 행함(행위)으로 구원을 받는 것이라면, 개혁주의는 하나님 은혜 안에 들어와서 누리는 삶 자체가 이미 구원을 받았다는 것을 말해 준다.

4. 개혁주의 목회는 어떻게 할 것인가?

사역자인 우리는 지상에 머물러 살면서 주님이 불러 가실 때까지 아브라함과 다윗의 언약을 성취하시는 하나님 나라(메시아 왕국)의 역사관을 가지고 하나님 나라의 목회를 해야 한다. 이것이 개혁주의 신앙인의 삶이고 목회이다.

아래는 율법을 미간에 새기듯이 목회자들이 교회에서 사역할 때, 특히 설교할 때와 신앙 교육을 할 때에 마음 중심에 새겨 두고 적용하면 좋을 것 같아서 올려 본다. 교회로 하여금 알미니안주의 신앙을 대항하고 개혁 신앙을 훈련하기 위해서 계속 강조할 필요가 있다.

5. 오늘날 교회의 설교 양상은 어떤가?

여기서는 알미니안주의 교파에 대해서 말하지 않겠다. 개혁주의 노선의 장로교와 개혁파의 흐름에 대해서 말하고자 한다. 마틴 로이드 존스 목사님이 지적한 것은 개혁교회들이 하나님 나라와 하나님의 은혜에 관한 설교보다 스콜라주의적 설교를 한다는 것이다. 스콜라주의적 설교는 무엇을 말하는가? 9세기에서 15세기에 걸쳐 신학에 바탕을 둔 철학적 사상을 일컫는다. 때문에 철학사에서는 이 시기의 철학을 통틀어 흔히 스콜라주의라 부르고 있다. 스콜라철학은 기독교의 신학에 바탕을 두기 때문에 일반 철학이 추구하는 진리 탐구, 인식의 문제를 신앙과 결부해서 생각하였으며, 인간이 지닌 이성 역시 신의 계시 아래에서 성경과 결부시켜서 이해하였다. 이것이 스콜라주의라면 로이드 목사님은 이러한 형태의 설교 양상을 지적한 것이다. 목회자들이 하나님 말씀을 생활 규범이나 기독교적 윤리와 도덕에 적용하므로 신앙생활의 한 면만 강조한다. 설교자는 성경 말씀을 자기 철학과 결합해서 기독교 칼라의 생활 철학을 설교하는 경향이 많다. 기껏해서 하나님 말씀을 계시로 전하는 것이 아니라 성경 지식으로만 전하는 경우가 있다. 장르로 표현한다면 문학적 설교, 철학적 설교, 윤리 도덕적 설교, 교리적 설교에 자기 생각을 첨가하는 것이다. 개혁주의 설교는 하나님 나라와 하나님의 은혜와 소망에 관한 것이어야 한다. 다시 말하면 하나님의 계시의 말씀을 청중들이 이해를 할 수 있도록 쉽게 설명하여 심령에 임한 하나님 나라가 풍성해지며 하나님 나라 백성으로서 견고히 서고 자라 가도록 해야 한다고 말하고 싶다.

6. 개혁주의 신앙을 깨닫는 것 자체가 복받은 증거이다.

개혁주의 신앙은 하나님의 백성으로 부름을 받은 사람에게는 최고의 하나님의 선물이라고 생각한다. 이 선물은 하나님의 은혜를 입은 자에게 주어진 것이다. 이 비밀은 처음에는 알 수 없지만 후에 개혁주의 신앙이 무엇인가를 아는 사람에게는 최대의 복이다. 그러므로 어떤 사람은 하나님께서 주신 최고의 선물은 우리에게 은혜의 통로로 주신 칼빈이라고 말할 정도이다. 칼빈은 영적 암흑 시기이던 16세기 중반에 신약교회 복음을 발견하고 교회 개혁을 이루었던 개혁자이다. 어떤 사람이 밭을 갈다가 보화를 발견하매 자기 소유를 팔아서 그 밭을 사서 보화를 캐는 것과 같고, 진주를 구하는 장사가 값진 진주를 만나매 자기 소유를 팔아서 사는 것과 같이 개혁주의 신앙을 발견하는 사람은 가장 값진 보화와 진주를 소유하는 것과 같다. 개혁신앙은 바울- 어거스틴- 칼빈- 나 자신으로 내려오는 생명의 line으로 이어지는 신앙이다. 지구상에 기독교 이름으로 수 많은 교파 교회가 있다. 그 중에서 알미니안주의 신앙을 수용하는 교회들은 복음주의에 속한 교파 교회들이다. 복음주의에 들어 있는 교파 교회들은 WCC 와WEA에 관계함으로 결국 배도(배교)의 길을 가고 있다. 장로교나 개혁파 교회에 속한 교회들 가운데 많은 교회들이 알미니안주의 신앙으로 오염되어 있음은 안타까운 일이다. 내가 속한 교회가 WCC, 혹은WEA를 지지하는 교단에 소속하고 있는가? 그렇다면 배도(배교)의 노선에 있다고 보아야 한다. 개혁주의 개혁신앙이 무엇인가를 깨닫게 되기를 기도한다.

7. 개혁주의와 개혁신앙은 무엇을 말하는가?

기독교 안에는 역사상 내려오는 과정에서 여러 교파로 분열을 가져왔고 그 결과로 수많은 교파 교회가 지상에 존재한다. 외부에서 보기에 하나의 기독교로 보이지만 내부적으로는 교파 수만큼 다른 종교로 존재한다. 만약 교파가 230개라면 기독교라는 종교 안에 230개 다른 종교가 있는 것이다. 구원 문제에 있어서 말할 때, 230개라는 아무 교파에 소속된 교회에 출석해서 세례를 받고 정기적으로 예배를 드리면 교파에 상관없이 모든 기독교인이 구원을 받을 것인가, 아니면 구원을 받지 못할 것인가에 대해서 생각하지 않을 수 없다. 필자 본인은 선교단체에서 사역할 때는 누구든지 예수님을 주님과 구주로 영접하였으면, 그리고 교파에 상관없이 출석해서 신앙생활을 잘하면 구원을 받게 되고 한 형제로 여겨 왔었다. 그러나 신학을 공부하는 과정에서부터 개혁주의 신학과 개혁주의 신앙이 가장 복음을 분명히 나타내며, 성경적이라는 확신을 갖게 되었다. 본서에서는 개혁주의 신앙을 정리해서 소개하고자 한다. 누구든지 개혁주의 신앙을 발견한다면 더할 나위 없이 하나님의 은혜를 입은 자라고 말하고 싶다. 개혁주의 신앙은 좁은 문에 해당하는 신앙 노선이며 영생하는 길이라고 말하고 싶다.

신학 사상의 구분

우리는 '-주의'란 말을 자주 사용한다. 이 말은 철학적인 용어로서 사상의 갈래를 구분하기 위해서 사용한다. 마찬가지로 신학에서도 신학적 갈래를 나누기 위해서 이 용어를 사용한다. 일반 신자들은 기독교 신앙 안에서 구별되는 신학 사상에 대해서는 별로 관심을 두지 않고 기독교라는 종교 안에서 같은 신앙으로 받아들인다. 그러나 기독교 신앙 안에는 신앙의 컬러를 구분하기 위해서 신학적인 구분을 나타내는 '-주의'를 사용한다. 그 이유는 신앙의 정체성을 확립하여 바른 신앙을 소유하게 하기 위해서이다. 어떤 컬러(주의)의 신앙을 따르느냐에 따라서 신앙의 노선이 결정된다. 그리고 그 결과에 의해서 신앙의 삶이 행동으로 표출이 되고 신앙 인격을 형성하게 된다. 자주 사용하는 신학 사상은 1) 보수주의 신학과 진보주의 신학, 2) 개혁주의 신학과 알미니안주의 신학이다. 그 외 구체적으로 사용되는 입장에서 복음주의, 신복음주의, 자유주의, 인본주의, 신본주의, 세대주의가 있다. 각 교파별로 혹은 교단의 신앙 노선을 정하는 입장에서 위에서 언급한 신학 사상을 받아들인다. 주요 교파별로 보면 장로교파는 칼빈주의, 침례교파와 감리교파는 복음주의, 루터파는 루터주의, 순복음 교회는 오순절주의를 따르고 있다. 이러한 신학 사상을 다시 크게 이분법으로 나눈다면 개혁주의 신학과 알미니안주의 신학으로 나눈다. 개혁주의는 장로교파와 개혁파와 영국 국교에 속한 마틴 로이드 존스 목사와 영국계 침례교 찰스 H스펄전 목사가 해당이 되며, 그 외 교파는 모두 알미니안주의 노선을 따르고 있다. 한마디로 정리한다면 장로교회(Presbyterian Church)와 개혁파 교회(Reformed Church)가 개혁주의 교회이며 그 나머지 대부분 교파 교회는 알미니안주의 교회이다.

개혁주의 특징
(a) 개혁주의 신앙은 철저한 하나님 중심주의(신본주의) 신앙이다.

이와 반대는 인간중심주의(인본주의) 신앙이다. 지상의 대부분의 종교는 인간중심주의 신앙이다. 하나님께서 사람을 창조하신 목적은 하나님께서 영광을 받으시기 위해서이다. 웨스트민스터 소요리문답 1항 문 "사람의 제일 되는 목적은 무엇입니까?", 답 "하나님을 영화롭게 하고 그를 영원토록 즐거워하는 것입니다"에서 하나님이 사람을 창조하신 목적을 잘 말해 주고 있다. 각 민족마다 가지고 있는 토속신앙이 있다. 구약 성경에 나오는 암몬 족속은 그모스, 모압 족속은 밀곰, 시돈 사람은 아스다롯, 불레셋 족속은 다곤, 북 왕국 이스라엘이 하나님을 배반하고 섬겼던 바알과 아세라 신이 있다. 이러한 신들은 하나님 보시기에는 가증한 신이었다. 복을 추구하고 재앙과 질병에서 안전을 추구하는 신앙이다. 그들의 필요에서 신을 만들고, 신을 형상화를 해서 우상을 만들어 거기에 절을 하며 복을 비는 무속신앙에서 출발하여 인도의 힌두교와 일본의 신도(神道) 같은 종교가 자연스럽게 만들어져서 지구상에서 신앙하고 있다. 무속신앙(샤머니즘)은 가정 안에서 액운을 면하고 복을 받기 위해서 귀신을 달래는 원시적인 신앙이다. 하나님이 없는 사람은 하나님 대신 자기의 신을 두고 있는 것이다. 하나님 보시기에 악을 행하는 것이다. 이와 같은 신앙은 사탄이 하나님처럼 변장하고 사람을 지배하기 위해서 만들어 낸 것이다. 오늘날 기독교가 인본주의로 발전하는 것은 마지막 시대를 향해서 만들어 낸 사탄의 작품이다. 사탄은 우리의 신앙의 목표를 하나님의 영광이 아닌 나를 위한 축복으로 방향을 바꾸어 놓은 것은 거짓된 신앙으로 끌고 가기 위해서이다. 과거 1970년대 한국 교회 부흥사들이 예레미아 시대에 나타났던 거짓 선지자들처럼 한국 교회를 인본주의 신앙으로 하나님과 멀어져 가게 한 것이다. 그러므로 우리는 다시 개혁주의 신앙을 찾아 하나님께로 돌아와야 한다.

(b) 개혁주의 신앙과 반대되는 신앙은 알미니안주의이다.

알미니안주의 신앙은 펠라기우스파 신앙의 전통을 이어받은 인본주의 신앙이다. 우리는 먼저 펠라기우스 이론을 이해해야 할 필요가 있다. 펠라기우스는 4세기 말의 교부로서 어거스틴과의 논쟁을 했던 신학자이다. 구원에 있어서 인간은 자유 의지와 인간의 노력을 강조하고 선을 행함으로 구원받는다고 주장하고 하나님의 은혜를 부정하였다. 이와 반대로 어거스틴은 인간은 전적으로 부패하였기 때문에 하나님 앞에서 선을 행할 능력이 없으며 오직 하나님 은혜로만 구원을 받는다고 주장한다. 그 결과 교회는 418년 카르타고 회의에서 펠라기우스를 이단으로 정죄하였다. 그 후에 펠라기우스주의와 어거스틴주의 절충안으로 반(半)펠라기우스(Semi-Pelagianism)로 만들어진다. 반펠라기우스주의는 인간은 자기의 자유 의지로서 하나님께로 돌아설 수 있고, 그 후에 하나님이 그 생명에게 계속 살 수 있는 은혜를 계속해서 부어 주신다고 주장하였다. 이 이론은 어거스틴이 가르친 두 번째의 강조점과 상충된다. 어거스틴은 하나님의 은혜는 저항할 수 없는 것이므로 하나님이 예정하시고 부르신 사람은 멸망받을 수 없다〈참조: 성도의 견인교리〉고 주장한다. 알미니안주의는 펠라기우스파 이론과 같은 주장을 함으로써 펠라기우스 이론이 다시 나타난 것이 되었다. 이 이론에 반하여 1618-1619년 돌트(Dort) 회의에서 알미니안주의를 이단으로 정죄하고 개혁주의 신앙고백서의 하나인 돌트 신경이 돌트 총회 대표자 회의에서 채택되었다. 그러므로 지상의 교회를 알미니안 계통의 교회와 개혁주의 계통의 교회로 나눌 수 있다. 개혁주의 교회는 장로교와 개혁파 교회가 해당하며, 그 외 대부분의 교파는 알미니안주의 교회이다. 오늘날 기독교는 어떤가? 개혁파를 표방하는 장로교까지 대부분의 교회들이 행위로 구원을 받는 것처럼 종교적인 삶을 강조하고 있다. 성경에서 하나님의 은혜가 무엇인가를 발견하고 그 은혜 안에 거하는 여러분이기를 기도한다.

(c) 개혁주의 신앙에서 강조하는 것은 TULIP(칼빈주의 5대교리)이다.

모든 인간은 죄에 빠져 죽은 상태이고, 하나님은 구원할 자를 영원 전에 선택하셨고, 예수님은 십자가에서 아버지가 선택하신 자를 위해서 속죄하셨으며, 택하신 자는 하나님의 은혜를 거부할 수 없으며, 하나님은 택한 자를 끝까지 보호하고 지키시므로 궁극적으로 구원하신다는 구원론이다.

이러한 구원론은 구원받을 자를 선택하시고 예정했다는 예정론과 깊은 관계가 있다. 바울은 하나님이 미리 아신 자를 정하셨고, 정한 그들을 의롭게 하시므로 구원하시며(롬 8:29-30), 이에 대해서 피조물인 그 누구도 하나님께 항의할 수 없다(롬 9:19-21)고 하므로 하나님의 주권을 강조한다. 그러나 오늘날 많은 기독교인은 이것을 간과하고 다른 종교처럼 인간의 의로운 행위에 의해서 구원받는다고 믿고 있다. 알미니안주의 신앙을 가지고 있는 사람들이 여기에 해당한다. 개혁주의 신앙은 TULIP으로 요약이 되는 교리 즉, 하나님이 구원할 자를 미리 정하시고 제한속죄와 불가항력적 은혜와 성도를 끝까지 지키시고 궁극적으로 구원하심을 믿음으로 받아들이는 신앙이라면 알미니안주의 신앙은 인간의 자유 의지와 노력으로 최선을 다해서 구원을 이룬다는 행위를 강조하는 신앙이다. 그러므로 이 두 종류의 신앙은 겉으로는 같아 보이고 비슷하지만 큰 차이가 있다. 개혁주의 신앙은 하나님이 이미 이룬 은혜를 믿음으로 받아들이는 것이고(신앙), 알미니안주의는 행함과 노력으로 자신의 구원을 이룬다는 신념에 기초한 신앙이다(신념). 우리는 오직 하나님의 은혜(Sola Gratia)에 의해서 구원됨을 붙들어야 한다.

(d) 개혁주의 신앙에서 행함이란 무엇을 말하는가?

개혁주의 신앙에서 행함은 인간의 의지를 동원해서 종교적인 열심과 의식을 행하는 것이 아니다. 외형적 행위로서 기도를 열심히 하고, 성경을 필기하면서 몇 독을 하고, 봉사활동과 구제 사역을 얼마나 많이 하고, 새벽기도 모임과 주일 예배에 참석하고, 맡겨진 직분(목사, 장로, 권사, 집사, 교사, 성가대 등)을 잘 수행하는 것이 아니다. 개혁주의 신앙은 한마디로 주님 안에 거하는 삶이다. 바울이 고백했던 갈라디아서 2:20처럼 나 자신이 그리스도와 함께 죽었고, 이제는 그리스도께서 내 안에 사시는 것과 주님과 함께 동행하는 삶이 곧 행함이다. 하나님 은혜를 누리는 삶이 행함이며 하나님의 영광을 노래하는 것이 행함이다. 시와 찬미와 신령한 노래들로 서로 화답하며 마음으로 주께 노래하며 찬송하며 하나님께 감사하는 것이 행함이다(엡 5:19-20). 하나님 은혜 안에 거하는 삶이 행함이다(시 1편). 하나님은 자신이 무엇이 부족해서 요구하시는 것이 아니다. 하나님의 사랑 안에 거하는 것 자체가 행함이다.

6장

개혁주의(좁은 문) 입장에서 복음주의(넓은 문)를 어떻게 볼 것인가?

지난 세기 1900년대 복음주의는 존 스토트(John Stott; 1921-2011)가 주도하는 복음주의 로잔운동(Lausanne Movement)과 빌리 그래함(Billy Graham; 1918-2018)이 주도하는 신복음주의 운동으로 나누어진다. 로잔 대회는 세계선교를 이 시대에 어떻게 이룰 것인가를 목표로 열린다. 제4차 대회를 2024년 9월 한국에서 개최하였다. 이 두 운동(복음주의와 신복음주의)은 복음주의라는 큰 틀 안에서 WEA를 형성한다. 20세기는 복음주의 전성시대라고 볼 수 있다. 이러한 환경에서 개혁주의는 엄격해서 그들과 타협할 수 없었고 신앙 수호를 위해서 개혁신학을 강조할 수밖에 없었다. 한국에서는 장로교회가 개혁주의 신학을 표방하지만 분열로 인해서 교단이 나눠지므로 개혁신앙이 거의 사라지고 있는 형편이다. 그러면서 어느 순간부터 한국 장로교회는 알미니안 신앙으로 변모해 가고 있었다. 합동측을 중심으로 개혁주의 신학을 지켜 온 박형룡 교수, 박윤선 교수, 정성구 교수, 정규오 목사가 있었으나 그 세대가 지나고서 개혁주의 신앙이 힘을 잃고서 사라질 위기에 놓여 있다. 그나마 ICRC에 가입한 교단과 그 노선에 서 있는 목회자가 있어서 약간의 희망이 있어 보인다. 한 세대(20년-30년)가 지나면 어느 순간에 완전히 사라져서 개혁신앙을 찾아볼 수 없을 때 그때는 영적으로 암흑시기에 들어갈 것이다.

복음주의 교회를 말할 때, 웨슬리안주의를 따르는 감리교와 그리스도교와 나자렛교, 구세군, 성결교, 오순절 파를 말한다. 이들 교회는 영국 국교회(성공회) 신자인 요한 웨슬레의 복음운동으로 시작되어 국교회에서 분리하여 웨슬레파를 형성하고, 웨슬레파에서 분리되어 교파를 형성했다. 요한 웨슬레는 알미니안 신앙을 받아들였고, 그 후 분열된 교파는 알미니안의 신념을 강조한 신앙을 유지한다. 또한 미국에서의 남침례회 교단도 복음주의 안에 들어 있다. 현재는 철저한 개혁주의 교회를 제외한 대부분의 교파에 속한 교회를 복음주의 교회라고 말할 수 있다.

미국에서 부흥운동을 말하면 조나단 에드워드의 대각성운동과 찰스 피니의 2차 각성운동, D.L 무디의 부흥운동, 빌리 그래함의 전도집회를 들 수 있다. 조나단 에드워드는 개혁주의자였고, 피니와 무디는 알미니안이었고, 빌리 그래함은 신복음주의자였다. 이 부흥을 주도한 분이 성령이었을까? 알미니안에게도 성령이 역사를 하실까? 이 문제에 대해서 깊이 생각해 볼 필요가 있다.

다음은 개혁주의와 전혀 질이 다른 복음주의가 무엇인가를 설명하고자 한다. 개혁주의는 순종(純種)이라면 복음주의는 각양각색의 기독교가 혼합된 잡종(雜種)이라고 말할 수 있다. 개혁주의 입장에서 볼 때, 복음주의 신앙은 겉모양은 기독교이지만 속은 하나님 나라와 거리가 먼 기독교라는 인간 중심의 종교 집단을 이루고 있지 않나 여겨진다.

1. 복음주의와 신복음주의 구분

우리가 말하는 복음주의는 크게는 영미권 복음주의다. 이는 영국과 미국에서 18세기 초에 발생했던 복음주의를 말하며, 교회가 힘이 없을 때 교회를 갱신시키고 힘낼 수 있도록 하는 부흥운동이자 갱신운동이었다. 그리고 19세기가 되면서 계몽주의, 이성중심주의, 인간중심주의, 과학이 대두되면서 진보적인 운동에 대해 반대하는 입장의 운동으로서 복음주의가 있기도 했다. 이성적으로 이해하기 어려운 성경 무오설, 동정녀 탄생, 대속, 육체적 부활, 역사적 실재성 등을 강조하게 된 것이다. 요한 웨슬리의 부흥운동, 찰스 피니 부흥운동, D.L 무디의 부흥운동, R.A 토레이의 부흥운동이 대표적인 복음주의 운동이다.

복음주의 운동이 과도하게 합리적인 설명을 무시하다 보니, 이런 식으로는 전도하기도 변증하기도 어렵다는 입장이 신복음주의라는 새로운 부류로 20세기 중반에 태동했다. 1940-50년대 후기 근본주의적(Post funda-mentalism) 복음주의 신학 사조가 신복음주의이다. 이 사조를 이끈 신학자와 운동가들은 1942년 풀러신학교 초대 총장인 헤롤드 오켄가(Harold John Ockenga; 1904-1985)를 중심으로 '전국 복음주의 협회(NAE)'를 창설하면서 근본주의 얼굴에 새로운 이름을 부여하는 방식으로 개혁을 이끌어 갔다. 이것이 신복음주의이다. 복음주의의 특징은 초교파 운동이며, 어느 교파를 신앙하든지 모든 기독교는 구원이 있다고 말하는 신앙 스타일이다. 로잔운동(Lausanne Movement)은 세계복음화를 목표로 1974년에 결성된 복음주의 운동이다. 신복음주의의 특징은 구원초청에 응하고,

예수를 구주로 마음에 영접하고, 영접기도를 했으면 구원을 받았다고 선언하는 것이다. 그 대표적인 단체가 빌리 그래함 전도협회와 CCC 선교단체이다.

빌리 그래함 전도협회(BGEA)와 1947년 오켄가가 설립한 초교파 복음주의 신학교인 풀러신학교(Fuller), 그리고 그들의 생각을 알릴 잡지 '크리스차니티 투데이(Christianity Today)'는 이후 신복음주의의 구심점이 됐다. 이후 풀러신학교 창립 교수진의 일원이자 크리스차니티 투데이의 창립 편집자로서 '복음주의 신학자들의 학장'으로 불린 칼 헨리(Carl F. H. Henry, 1913-2003), 헨리의 동료이자 오켄가의 후임으로 풀러신학교 총장을 역임한 에드워드 카넬(Edward John Carnell, 1919-1967), 침례교 신학자 버나드 램(Bernard Ramm, 1916-1992), '중재하는 신학자'로 불린 진보적 인사 도널드 블로쉬(Donald G. Bloesch, 1928-2010), 캐나다의 클라크 피녹(Clark Pinnock, 1937-2010) 등 '후기근본주의적 복음주의' 중심인물들을 상세히 소개하고 있다. 1940년대 미국교회 근본주의 내부에서는 갈등과 분열이 일어났다. 근본주의 운동에 참여했던 사람 중에 그 신학과 교리에는 동의하지만 그것을 추구하는 방법과 태도에는 동의하지 않는 그룹이 형성되었다. 그들은 신근본주의의 논쟁 지향적이며 반지성주의적 경향과 사회문제에 대한 무관심에 반기를 들었다. 이들은 1941년에 미국복음주의협회(National Association of Evangelicals; NAE)를 만들었으며, 이것은 헤롤드 오켄가, 칼 헨리, 빌리 그래함 등의 지도하에 크게 성장했다. 이 새로운 운동이 신복음주의다. 신복음주의는 자유주의 신학에 반대하면서 역사적 개혁주의에 대하여 긍정적이고 적극적인 수용의 입장을 취했다. 신복음주의는 근본주의가 가진 긍정적인 가치(현대문화 속에서 기독교 정체성 정립)를 재정립하는 데 기여하였다. 빌리 그래함의 전도 단체에서와 침례교에서 행하는 구원초청으로 예수님을 영접하게 하는 것이 신복음주의의 특징이다.

세계복음주의연맹(World Evangelical Alliance; WEA)은 1846년 영국 런던에서 설립된 신복음주의 계열의 개신교 연합체이다. 세계복음주의연맹(WEA)은 교단 연합체가 아닌 128개 국가 내 복음주의 교파들로 구성된 연합체의 모임이다. 한국에서도 보수적 개신교 목사 협의체인 한국복음주의협의회(Korea Evangelical Fellowship)가 참여 단체이다. 세계복음주의연맹(WEA)은 1846년 설립된 175년의 역사를 지닌 미국장로교회(PCA) 교단과 세계개혁주의협의회(WRF)가 정회원으로 있는 역사 깊은 복음주의 국제 연합기구이다.

[합동측과 NAE와 관계]

박형룡은 1958년의 글에서는 WCC 운동에 대한 하나의 대응수단으로 보수주의 에큐메니칼 운동을 언급하였었다. 보수주의 에큐메니칼의 좋은 사례로 '국제기독교협의회'(ICCC)와 '복음주의연합'(NAE), '세계복음주의동맹'(WEF) 등을 언급하였다. 이 모든 국제기구들은 "성경 전부의 전적 권위를 참으로 수납하는 신자들 중에 보다 더 친밀한 협력을 격려하기를 욕망"하는 단체들이다.

물론 보수주의 에큐메니칼 운동들 사이에도 그 강도의 차이가 있어서

ICCC가 WCC에 대하여 적극적으로 '대적'(對敵)하는 것이라면 NAE나 WEF는 WCC와의 관계를 끊을 것을 요구하지는 않는다. 이러한 강도의 차이는 있지만 박형룡은 이 국제기구들을 정통적인 복음을 믿는 보수주의 단체들로서 인정하였었다.

그래서 1953년에는 신학적으로 이상이 없다고 해서 박형룡 박사의 찬성하에 '한국 NAE'가 조직되었다. 그래서 박형룡과 고락을 함께했고 추종했던 '51인 신앙동지회'를 NAE라고 했다. 이 NAE가 합동과 통합이 분열될 때는 합동의 별칭으로 사용되기도 했다. 그 이유는 에큐메니칼 운동을 반대한 대부분의 사람들이 NAE 측이었고 분열 당시 합동측에 소속되어 있었던 많은 목회자들이 NAE에 개인적으로 가입되어 있었기 때문이다.

그러나 1971년에 박형룡은 NAE를 신복음주의로 비판했다. 그 NAE가 신학적으로 잘못되었음을 비판하였는데, 1972년의 그의 글에서는 보수주의 에큐메니칼 운동에 대하여 과거의 평가와 전혀 달랐다. 그는 NAE나 WEF와 같은 보수주의 에큐메니칼 운동은 거부하고 ICCC만을 정당한 것으로 인정한다. 그 이유는 NAE나 WEF는 '신복음주의자'들의 집단으로, 또 그들 단체가 W.C.C.와 같은 운동을 거부하지 않기 때문이며, 칼 맥킨타이어의 '미국기독교협의회'(ACCC)를 거부하기 때문이라고 한다. 그리고 무엇보다도 NAE는 용공적이며 그 지도자들이 친공 활동을 하고 있기 때문이라 하여 비판하였다. 구체적으로 말하면 NAE는 "신복음주의자들을 중심으로 한 운동이라는 것, 이단을 묵인하고 선포한다는 것, 배도교단 안에 머무는 타협자들의 집단이라는 것, 세계 전도대회의 용공행위(容共

行爲), NAE 지도자들의 친공활동"이라는 문제로 비판하였다.

2. 빌리 그래함의 포용주의와 에큐메니칼에 관용에 의한 로마 가톨릭 포용주의

빌리 그래함은 가톨릭 지도자 추기경, 대주교들과 관계를 가지고 있었다. 닉슨 대통령 때 그래함은 백악관 예배에 설교자로 가톨릭 대주교인 카디랄레를 추천했으며, 그래함의 자서전을 보면 그는 이런 모임들을 자신의 '에큐메니칼 운동 전략'이라고 표현했다. 가톨릭 교회에 대한 이러한 태도 변화는 그래함의 가톨릭 지도자들과의 관계 속에서 이미 예견된 일이었다. 그래함은 노트르담 대학을 방문하기 전부터 "리처드 커싱 추기경과 친밀한 관계를 가지고 있었고 풀톤 쉰 주교와도 "좋은 친구가 됐으며 특별한 우정을 느낀다"고 말했다. 그리고 그는 "나는 가톨릭 교회와 아무런 갈등이 없다"고 말하고 다녔으며, "적어도 개인 구원 차원에서 그런 차이는 중요하지 않다". 그리고 "나는 성공회, 침례교회, 형제단 교회, 가톨릭 교회 모두 똑같이 내 집처럼 느낀다. 이제는 주교, 대주교, 추기경, 교황 할 것 없이 모두 우리의 친구다. 요한 2세는 멋진 교황이다"라고 말한 바 있다. (부흥과 개혁사, 분열된 복음주의에서 인용)

3. 빌리 그래함에 대한 평가

이러한 빌리 그래함은 일생동안 400번이 넘는 전도집회(Crusade)를 전세계 6개 대륙을 다니며 185개국이 넘는 나라에서 개최했다. 그의 첫 전도집회는 1947년 9월 미국 미시간주 그랜드 래피즈(Grand Rapids)에서 열었는데 6,000명의 청중이 모였다. 그때 그래함의 나이는 28세였다. 1954년 영국 런던에서는 12주동안 전도집회를 열었으며 뉴욕에서는 1957년 매디슨 스퀘어 가든에서 15주 동안 전도집회를 열어 최장기간의 집회가 되었다. 가장 많은 청중이 모인 집회는 1973년 서울 여의도광장에서 열린 집회로 110만명이 모였다. 그의 전도집회는 신학적으로는 보수적인 성향인 신복음주의를 배경으로 한다. 오직 예수 그리스도를 통해서만 구원을 받을 수 있으며, 성경은 하나님의 무오한 말씀임을 주장하여, 예수 그리스도의 대속(代贖)과 성경의 권위를 강조한 복음주의자이다. 또한 기독교 근본주의를 신복음주의운동을 통해 개혁하고자 하였다 다른 신복음주의자나 보수주의자와 달리 천주교회 및 진보적 개신교도들과도 기꺼이 대화를 하였다.. 이러한 전반적인 상황을 보면 빌리 그래함자신의 신조를 바꾼 것까지는 아니라도, 그리스도 안에서 구원의 경험을 나눌 수 있다면 신학적 차이는 중요하지 않다고 주장하는 에큐메니칼 운동의 사상을 받아들인 것처럼 보인다. 그래함은 "에큐메니칼 운동은 내 시야를 넓혀 주었다"라고 말했다.

빌리 그래함은 로마 가톨릭을 포용하고 에큐메니칼 운동을 관용하므로 배도(배교)의 길을 걸었다. 이것은 그의 실수라기보다는 하나님의 작정 안에서 이루어진 것이 아닐까?

4. 복음주의(신복음주의)가 개혁교회에 끼친 영향

한국 교회를 예로 들면 기독교 연합활동으로 부활절 연합예배, 빌리 그래함집회, 민족복음화를 위한 초교파 연합활동, 지역 교회 친선 모임 등 초교파 연합 행사로 인해서 신자들의 교회관과 교파에 대한 벽이 없어지고 기독교인으로 한 가족처럼 인식하게 되었다. 그 결과로 장로교회는 개혁주의 신앙이 무디어지고 희박하게 되었다. 그리고 알미니안 신앙으로 옮겨 가는 현상이 나타나게 되었다.

5. 21세기 기독교회의 동향 전망

종교개혁 이후에 기독교는 개혁신앙 노선과 알미니안 신앙 노선으로 분리되어 각각 신학적인 배경을 따라서 500여 년이 지났다. 그동안 기독교라는 이름으로 신학적인 입장에 따라 헤아릴 수 없는 많은 교파가 생겨났다. 이 교파 교회들 안에는 하나님 나라에 바탕을 둔 참교회와 하나님 나라와는 관계가 없는 거짓 복음을 따르는 거짓 교회가 존재한다. 앞으로 전망해 볼 때, 참교회는 점점 좁아질 것이며, 거짓 교회는 폭이 점점 넓어질 것이다. 이미 배도(배교)한 로마 천주교를 중심으로 거짓 교회는 거짓 교회들과 연합하는 방향으로 나아갈 것이며, 개혁신앙을 지향하는 참교회는 점점 찾는 이가 적어질 것이다. WCC와 WEA에 소속된 교회들이 기독교 이름으로 각각 하나로 모이며, 종국에 가서는 이 두 집단이 하나가 되어 소수가 된 참교회를 박해할 것이다. 그리고 신자들 가운데 하나님의 선택을 받은 자는 진리의 길을 가게 되지만 그 나머지는 소경이 되어서 하나님 나라와 관계가 없는 신앙을 참신앙인 줄로 착각한 가운데 맹목적인 교회 생활을 하게 될 것이다. 예수님 말씀 "인자가 올 때에 세상에서 믿음을 보겠느냐(눅18:8)"와 같은 영적인 암흑시대가 될 것이다. 지금이야말로 마지막을 향해서 양과 염소의 무리로 분리되면서 주님의 심판을 준비하는 과정에 있다고 본다.

6. 개혁주의 신앙이 복음주의를 수용할 수 없는 이유

1) 개혁주의는 개혁신앙의 단일 체제의 신앙으로 다른 신앙, 즉 복음주의와 구별되며 섞일 수가 없기 때문이다.

2) 복음주의는 기독교 내에서 기독교 다원주의로 모든 신앙을 인정하고 타협을 하기 때문이다. 개혁주의에서는 복음주의를 인정하지 않으며, 복음주의 교파와 신앙과 신학이 구별된다.

3) 복음주의는 성경에 나오는 용어인 예수, 그리스도, 하나님, 성령, 교회, 사랑 등을 같이 사용하면 약간의 신앙의 차이에 대해서 서로 존중하며 인정하는 것을 원칙으로 삼는다. 개혁주의에서는 개혁신앙의 관점에서 분명하게 고백된 예수, 하나님, 성령, 교회, 사랑…을 말한다.

4) 복음주의는 교파의 신앙에 따라서 나누어져 있지만 모두 하나이며 나누어져 있지 않았다고 보는 것이다. 교파의 다양성을 인정하고 성령 안에서 한 교회라는 인식을 가진다. 개혁주의에서는 복음주의 교회와 구별

하여 복음주의 교회를 알미니안으로 규정한다. 1618년 돌트 회의에서 알미니안을 이단으로 정죄하였다.

7장
사탄이 기획해서 성공한 거짓말 사건

교회 역사상 초대교회로부터 각종 이단들이 나타나서 사도적인 신앙을 파괴하는 작업을 해 왔다. 그 배후에 항상 사탄(Satan)이 개입함으로 발생하였다. 지난 2,000년 동안에 불행하게 사탄의 도구로 사용된 사람들은 반기독교적인 이단으로 정죄되어서 교회에서 추방되었다. 하나님 교회의 순수성(Purity)을 기하기 위해서이다. 구약적인 표현으로 말한다면 이들은 하나님 백성 안에 들어오지 못한 것이다. "내 백성에서 끊어지리다"(레위기 7:21-27). 사탄이 기획해서 성공한 거짓말 사건을 18개 제목을 나열했다.

1. 아담과 하와의 선악과로 타락시킨 사건

창세기 3장에 나오는 선악과 사건은 전 인류를 죄에 빠뜨리고 사망에 처하도록 만든 최초의 인간이자 인류의 조상인 아담과 하와를 타락시킨 최대의 거짓말 사건이다. 예수님은 요한복음 8:44에서 "저는(마귀; 사탄) 처음부터 살인한 자요 진리가 그 속에 없으므로 진리에 서지 못하고 거짓을 말할 때마다 제 것으로 말하나니 이는 저가 거짓말장이요 거짓의 아비가 되었음이로다"고 말씀하시면서 마귀 사탄은 모든 거짓의 근원이며 진리의 파괴자로 설명하셨다.

2. 영지주의 출현과 거짓교리

영지주의(Gnosticism)는 1세기 후반에 유대교와 초기 기독교와 엮이며 시작된 종교적 사상 및 체계를 말한다. 그리스 철학에 기원을 둔 영지주의 사상은 동방 종교들의 사상과 헬라 철학 이원론을 흡수하여 독특한 구원관을 전개시켰다. 영지주의는 여러 가지 종교와 다양한 철학에서 요소들을 끌어들여 혼합적인 사상운동으로 시작되었다. 교부들은 일반적으로 사도행전 8장에 나오는 마술사 시몬 마구스(Simon Magus)를 영지주의 이단의 시초로 보고 있다. 플라톤 철학의 신과 인간의 중개사상, 피타고라스 학파 철학의 자연 신비사상, 스토아 학파 철학의 개인의 가치와 윤리성, 여기에 그리스 신화, 유대교, 페르시아 종교, 그리고 헬레니즘을 통해 불교 등의 요소까지 두루 가미되었다. 이러한 사상이 교회 안에 들어오면서 하나님 나라에 관한 복음이 사라지고 신비주의적인 종교로 전락시킨 결과를 가져왔다. 십자가의 구속과 부활에 관한 복음은 없어지고 이방 종교의 신(神)사상과 철학을 혼합시킨 새로운 신적 지식을 가져야만 구원을 얻는다고 말한다. 우리 시대에 등장한 신비체험, 종교 다원주의 사상과 관상기도와 영성운동이 현대판 영지주의에 해당한다. 사도 요한의 제자 이레니우스는《이단 논박》저서로 영지주의를 이단으로 규정했다.

3. 아리우스파 출현과 예수님의 신성 부정

예수님의 신성을 파괴하고자 하는 사탄의 전략으로 알렉산드리아 지역의 아리우스 교부가 주장하는 이론으로 성자 예수님은 성부 하나님의 피조된 인간이라고 말하면서 인성만 강조하고 신성을 부정한 이단 사상이다. 만약 이것을 인정하면 예수님은 메시아가 될 수 없으며, 기껏해야 소크라테스 같은 위대한 스승으로만 남게 될 것이다. 그리고 우리가 고백하는 주 되심과 하나님이심이 헛된 신앙이 될 것이다. 아리우스를 추종하는 사람들은 325년 니케아 회의에서 이단으로 정죄되었다. 기독교 신앙의 중심에 있는 삼위일체 교리에 대한 사탄의 최대의 공격과 저항이었다.

4. 펠라기우스 교부의 자유 의지론

펠라기우스 논쟁은 대표적 신학자 히포의 어거스틴과 영국 출신 수도사 펠라기우스의 신학논쟁이다. 펠라기우스는 원죄를 인정하지 않았고 인간이 죄인으로 태어난다는 것을 부정하였다. 누구나 자유 의지로 죄를 지을 수 있고 선을 행할 수 있는 능력이 있다고 말한다. 인간은 자유 의지와 개인적 노력으로 구원에 이른다는 것이다. 이에 대해서 어거스틴은 구원은 하나님의 "전적인 은혜"이며, 이 은혜는 하나님께서 창조 전에 영생하도록 예정하신 자들에게만 베풀어진 것으로서 "불가항력적"이라는 것이다. 구원은 죄인의 자유 의지에서 오는 것이 아니라, 하나님의 선택을 받은 자에게만 베풀어지는 하나님의 값없는 은혜인 것이다. 펠라기우스는 그리스도의 십자가 구속을 부정하고 오직 인간의 선행을 강조함으로 사탄의 전략인 성자 예수를 배제시키려고 거짓 구원관을 교회 안에 심고자 했었다. 펠라기우스와 그 무리들은 카르타고회의(A. D. 418)에서 이단으로 정죄하였다. 오늘날 알미니우스주의 구원관은 펠라기우스주의 구원관과 비슷한 점이 많이 있다.

5. 알미니우스 자유 의지론

알미니안주의의 핵심은 구원문제에 있어서 인간의 부분적 타락(인간이 타락했지만 여전히 선을 행할 수 있는 능력이 남아 있다), 하나님의 조건적 선택(하나님께서 누가 믿을 것인가를 미리 아시고 선택했다), 그리스도의 무제한 속죄(예수님의 대속은 모든 사람을 위한 것이다), 거부할 수 있는 은혜(하나님 은혜는 강제적이 아니어서 거부할 수 있다), 조건적 견인(구원을 상실할 수 있다)을 주장하는 것이다. 이러한 것을 자세히 들여다보면 펠라기우스 자유 의지론을 교묘히 변형시킨 것이다. 칼빈주의(개혁주의)는 하나님의 주권에 의해서 선택한 자를 구원하며 그 구원은 취소할 수 없다고 주장한다. 알미니안주의는 인간이 구원을 선택할 수 있고 인간의 선행과 노력으로 구원을 받는다고 말한다. 은혜로 얻은 구원을 상실할 수 있다고 말한다. 한마디로 구원은 신인(神人) 협동에 의해서 된다고 말한다. 자유 의지를 강조하고 인간의 행위, 선행을 통해서 구원된다고 주장하는 반펠라기우스 주의와 일치한다. 사탄은 매우 교묘하게 구원문제에 하나님 전적 은혜를 흐리고 있다. 알미니안주의는 요한 웨슬레, 찰스 피니, D.L 무디, 빌리 그레함, 복음주의 침례회 교회가 지지한다.

6. 자유주의 신학 출현

슐라이어마허, 스트라우스(David Strauss), 릿츨(albert Ritschl), 슈바이처(Albert Schweitzer), 바이스(Johannes Weiss), 브레데(Wilhelm Wrede), 루돌프 불트만(Rudolf Bultmann), 디트르히 본회퍼(Ditrich Bonhoeffer), 폴 틸리히(Paul Tillich), 존 로빈슨(John A. T. Robinson), 하비 콕스(Harvey Cox), 토마스 알티저(Thomas J. J. Altizer), 밴 뷰렌(Paul Van Buren) 이들은 기독교 세속화를 이끌었다. 자유주의 신학은 사회 개혁에 초점을 맞추며, 윤리 실천과 사회참여를 주장한다. 자유주의 신학은 성경 중심에 흐르는 하나님 나라의 개념을 없애고, 사회 정의에 의한 평등한 사회와 교회의 사회참여로 정의로운 사회를 건설하는 것이 신자의 본연의 사명이라고 가르친다. WCC가 자유주의 신학 사상을 그대로 수용하고 있다. 해방신학(민중신학)은 1970년대 한국 사회는 약자를 위해서 얼마나 많은 투쟁을 했던가? 오늘날도 정의 사회 구현이란 명목으로 투쟁을 계속하고 있다. 자유주의 신학은 한편으로 기독교 내에서 예수님의 인간화와 성경의 비신화화에 집중함으로써 기독교의 신적 요소를 제거하는 데 기여했다. 한마디로 사탄은 영적인 하나님 나라의 임함을 제거하고 인본주의 사회를 발전시킴으로 미래의 하나님의 통치와 하나님 나라에 대한 소망에서 멀어지게 하고 있다. 사탄이 지배하는 사회가 되게 하는 것이다. 정통적인 프로테스탄트 교회(루터회, 개혁파)의 입장에서는 '자유주의 신학'은 이단사상 교리이다.

7. 공산주의의 거짓평화

공산주의는 기독교를 최대의 적으로 간주하고 박해를 해 왔다. 최근에 중국에서는 교회당의 십자가를 떼어 내고, 중국 내 선교를 금하면서 선교사를 추방하는 일이 있었다. 공산주의는 사탄이 이끄는 반기독교적인 사상으로 과거 공산주의 국가에서는 기독교인을 탄압하고 신앙생활 자체를 금지해 왔다. 그 내면에는 하나님을 추방하고 사탄이 지배하면서 거짓 평화를 약속한다. 1990년대에 이르러서는 공산주의 국가들이 몰락하고 공산주의가 허구임을 증명하였다. 공산주의는 칼 맑스와 엥겔스가 1848년 공산주의를 선언함으로써 시작됐었다. 공산주의 유령은 아직 소멸되지 않았으며, 인류 파멸이라는 목적을 이루기 위해 우리 사회 곳곳에 스며들고 있다. 중국을 비롯한 몇몇의 공산국가 외에도 미국과 유럽, 아시아, 남미 등 전 세계 대부분의 국가에 손을 뻗치고 있다. 공산주의는 진정한 평화를 약속하면서 오히려 평화를 앗아 간다. 그 배후에는 사탄이 정치 지도자들에게 거짓 평화를 약속하면서 기독교를 말살하고 있는 것이다. 사탄은 공산주의를 기독교를 탄압하는 도구로 사용한 것이다.

8. 진화론 출현

진화론은 하나님의 창조를 부정하기 위해서 사탄이 만들어 놓은 최고의 과학 사기극을 펼쳤다. 전 세계 과학 교육을 지배하고 있으며 과학 교과서는 진화론에 점령되어 있다. 지구의 탄생과 우주의 형성까지도 하나님의 창조를 부정한다. 하나님의 창조를 부정하는 것은 곧 하나님의 존재를 부정하는 것과 같다. 사탄은 이를 노리는 것이다. 오늘날, 우리의 자녀들과 현재 학교에서 과학을 공부하는 초, 중, 고등학교에 다니는 학생들은 진화론에 점령당했으며, 전 세계 모든 국가의 교육과정(커리큘럼)을 거쳤던 기성 세대의 사람들은 과학에서 진화론을 배웠기 때문에 잠재적으로 진화론 지식에 오염되어 있다. 하나님의 은혜를 입은 자만이 하나님의 창조를 받아들인다.

9. 아주사 성령의 사건(제2 오순절), 신오순절 주의, Vineyard 운동과 신사도 운동 - 가짜 성령운동

예수님이 제자들에게 "예루살렘을 떠나지 말고 내게 들은바 아버지의 약속하신 것을 기다리라 요한은 물로 세례를 베풀었으나 너희는 몇 날이 못되어 성령으로 세례를 받으리라"(행 1:4-5)고 약속하셨고, 주님이 승천하신 후 열흘 만에 사도들과 제자들이 모인 장소에 성령이 강림하시고 방언을 한 사건이 곧 오순절 성령 강림이다. 이때 방언은 오순절을 지키기 위해서 아프리카와 유럽과 심지어 메소포다미아(지금의 이라크 지역)에서 온 유대인들이 사용하는 언어이다. 제자들에게 방언을 주신 목적은 각 지역에서 온 사람들에게 복음을 전하기 위해서, 그리고 듣는 사람들로 하여금 복음을 알게 하시기 위해서 초자연적인 하나님의 특별한 능력을 부여하신 것이다. 개혁주의 입장에서는 성령 강림은 AD 29년에 있었던 단회적으로 한 번의 사건으로 본다. 제자들에게 임한 성령은 복음을 받아들인 성도들에게 자동으로 임하게 된다. 그 이유는 성령이 함께하지 않으면 생명의 복음을 깨달을 수 없고 영적으로 성장할 수 없기 때문에 복음이 전파될 때 성령이 임하시는 것이다. 그 원리로 오늘날 하나님이 선택하시어 구원을 받은 성도들에게 임하시고 함께하시는 것이다.

교회사 가운데 몬타누스(AD 160) 이단이 출현하여 성령 체험을 했다는 이유로 정죄를 받았다. 몬타누스파들은 현대의 오순절주의와 비슷한 면이 많은데, 특히 직통계시와 성령의 사역을 중시한다는 점에서 그렇다. 오늘날 1906년 4월 6일 아주사에서 있었던 제2 오순절성령 사건과 1960년 4월 3일 성 마가 에피스코팔(성공회) 교회 목사 데니스 베넷 목사에 의해서 시작된 신오순절 운동, 풀러 신학교의 존 웜버 교수와 피터 와그너 교수에 의해서 시작된 제3의 성령 은사운동으로 빈야드(Vineyard) 운동, 베니 힌 목사의 성령 집회, 한국에서의 신사도 운동은 개혁주의 입장에서 가짜 성령이 역사하는 이단이다. 여기서 말하는 방언은 분명히 영적인 현상이다. 그러나 초대교회에 있었던 방언과 다르다. 초대교회 방언은 순수한 복음을 전하는 지방 언어를 말한다. 그러나 소위 말하는 오순절 운동에서 말하는 방언은 교회를 혼잡케 하는 사탄이 주도해서 주어진 것이다. 그로 인해서 많은 기독교인들이 미혹이 되었고, 이 방언을 받기 위해서 기도원으로 찾아가 안수를 받고자 했던 것이다. 주의 이름으로 능력을 행하고 선지자 행세를 하지만 가짜 성령운동은 불법이다.

예수님이 약속하신 성령은 보혜사로 오시고, 우리를 진리 가운데로 인도하시므로 구약과 신약에서 하나님이 말씀하신 계시를 깨닫게 하신다. 이러한 가짜 성령 운동은 알미니안주의 교회에서 나타난다. 그러므로 개혁주의 신앙을 갖는다는 것은 영적인 현상과 성경 안에 계시된 하나님의 역사를 바르게 분별하는 데 능력을 소유하는 것과 같다.

10. 세대주의 출현 - 가짜 종말론

세대주의 기원

세대주의 신학은 영국의 배타적이고 폐쇄적인 형제교회(Separatist Plym-
outh Brethren) 지도자 다비(John Nelson Darby; 1800-1882)에 의해서 시
작되었다.

세대주의 종말론(전천년설)은 대환란과 천년왕국을 교회가 아니라 이
스라엘 국가에 대한 하나님의 목적이 실현되는 장으로서 본다. 교회시대
의 정점은 휴거이며, 이때 예수 그리스도는 자신의 신실한 제자들을 공중
에서 만나서 천국으로 데리고 가서 어린 양의 혼인잔치를 여실 것이다.
이렇게 참된 교회가 지상에서 사라지면, 적그리스도가 7년 동안 악마적
통치를 시작하며, 이때 하나님의 진노가 땅 위에 쏟아진다. 이러한 대환
란 기간에 팔레스타인 지역에서 대규모 전쟁이 일어날 것이며, 이 와중에
예수 그리스도가 천국의 군대와 함께 재림하셔서 주님의 원수를 모두 쳐
부순다. 그때 이스라엘은 비로소 예수를 메시아로 인정할 것이며, 지상에
천년왕국이 세워질 것이다. 세대주의 전천년설을 믿는 이들은 그리스도
의 재림이 있기 전에 전쟁과 기근, 지진과 같은 징조가 있고 모든 민족에
게 복음이 증거되며, 배도(배교)와 함께 적그리스도의 출현이 있으며, 7년
대환란이 있을 것이라 믿고 있다. 세대주의 종말론은 기독인들로 하여금
미래의 어떤 시점(예수의 재림시점)에만 집착하도록 만듦으로써 현실의
삶을 등한시하도록 만들었다.

개혁주의 입장에서 세대주의 비판

1) 세대주의(Dispensationalism)는 역사의 시대를 7가지로 구분하여 그때그때마다 하나님이 그의 백성을 다스리는 방법이 다르다고 가르친다. 세대주의 신학은 인류역사를 7세대로 구분한다. 이에 반하여 개혁주의 신학은 하나님은 예나 지금이나 오직 한 가지 방법 즉 하나님의 은혜로 인류를 구원해 주신다고 가르친다. 이것이 개혁주의 구원관이다. 세대주의와는 판이하게 다르다.

2) 세대주의 신학은 성경을 문자 그대로 해석한다. 그러나 개혁주의 신학은 성경을 하나님의 구속사적 측면(In the Perspective of God's Redemptive History)에서 해석한다.

3) 세대주의자들은 하나님의 나라를 너무 강조하다 보니 하나님의 나라는 현재와는 관계가 없고 항상 미래에 속하며 이 지구 위에서 성취된다고 말한다. 하나님의 나라는 〈그리스도 중심〉이거늘 마치 예수님의 제자들처럼 하나님의 나라는 이 땅의 〈이스라엘 나라 중심〉인 줄로 착각하고 있는 것이 세대주의이다. 하나님의 나라는 예수를 통해서 그를 믿는 모든 사람에게 지금 도래했다(마 12:28; 눅 17:21). 우리는 하나님의 나라를 맛보며 살고 있다. 하나님의 나라는 우리 안에 있고(눅 17:20-21) 그 마지막 완성(Final Consummation)은 미래에 속한다고 가르치는 것이 개혁주의적 신국관(View of the Kingdom of God)이다. 〈하나님의 나라는 이미 도래했지만 아직도 미래에 속한다〉 미래에 속한다는 말은 마지막 사단이 불 못에 던져지는 대 심판날에 사탄이 완전히 제거되고 영원한 신천지가

도래할 것을 내다본 것이다. 지금은 아직도 성도는 사탄의 유혹을 받으며 거듭난 영혼은 거듭나지 못한 육신(Sarks; Fresh)과 부단히 싸우고 있는 것이 사실이다.

4) 휴거에 관해서도 세대주의는 장차 다가올 대환란(Great Tribulation) 전에 믿는 성도는 모두 휴거되어 절대로 환난을 당하지 않는다고 말한다.

5) 개혁주의는 오순절 이후 교회시대가 천년왕국 시대이며, 예수님이 재림하실 때 영적 부활을 하게 된다.

11. WCC의 사회참여, 해방신학 - 가짜 평화운동

WCC는 1948년 네델란드 암스테르담에서 개신교 중심으로 교회일치(에큐메니칼)를 주제로 첫 총회로 모여 시작되었다. 1차 총회에서 '교회와 사회관계'를, 2차 총회에서 '교회의 사회적 책임'을 논의를 했다. 1차 총회에서 교회와 사회관계를 논의하면서 사회에 대한 교회의 책임을 강조했다. 1954년 2차 총회(미국 에반스톤)에서 교회의 사회적 책임을 강조하면서 대량 살상 무기 생산과 전쟁 반대, 식민주의와 인종차별 반대 등 국제사회의 현실적 문제에 대한 사회 변혁을 추구하는 방향으로 치우치게 되었다. 1961년 3차 총회(인도 뉴델리)에서 교회의 사명이 사회 참여에 있음을 강조하면서 독재 정권에 복종해서는 안 되며 저항할 것을 결의하였다. 1968년 4차 총회(스웨덴 웁살라)에서는 이전 총회에서 질서와 평화에 기초한 사회적 책임을 강조한 데서 급격한 사회적 변화를 바라며 혁명 신학으로 전향한다. 기아 문제, 경제 정의 실현, 전쟁 반대, 이를 실천하기 위해서 교회가 혁명적인 것을 시도할 것을 말한다. 1975년 5차 총회(케냐 나이로비)에서 '구조악 해방을 위해서 투쟁'을 다룬다. 그리스도를 죄와 사망으로부터 해방자가 아니라 사회적 모순과 구조적 악으로부터 해방자로 정의한다. 교회는 예수의 사회참여에 대한 대리적 직분을 갖고 있음을 강조하면서 급진적 사회주의 운동으로 기울어졌다. 1983년 6차 총회(캐나다 밴쿠버) 그 주제들은 '참여를 위한 움직임', '공동체 속에서의 나눔과 삶', '평화와 생존 위협에 대한 대처', '정의와 인간의 존엄성을 위한 투쟁' 이었다. 평화와 생존의 위협 문제를 다룬 논의에서는 교회들이 대량 파괴 또는 무차별적인 결과를 가져오는 무기와 관련된 어떤 분쟁에도 참여하지 않을 것을 요청했다. 1991년 7차 총회(호주 캔버라)에서 정의, 평화, 생태보존을 논의했다. 1998년 8차(짐바브웨 하라레)에서 정의, 평화, 창조. 2006년 9차(브라질 포르토알레그리)에서 가난 없는 세상을 논의했다.

이상 WCC에서 논의된 사회참여에 대해서 9차까지 살펴보았다. 이 배후에는 하나님 나라 신학이 해방신학으로 바뀌면서 거짓 평화를 외쳐 왔다. 개혁주의 입장에서 추구하는 복음으로 변화되어 미래의 영적인 나라로서의 하나님이 통치하는 하나님 나라가 아닌 100% 사탄이 지배하는 세상 나라에 거짓 평화를 외치면서 교회 사명을 사회참여로 바꾼 것이다. 결론으로 말한다면 우리가 천국 복음을 외치는 사이에 사탄은 교회를 지상 평화를 추구하는 세상 나라로 관심을 바꾼 것이다. 마태복음 13장 알곡과 가라지 비유에서 예수님이 말씀하셨던 것처럼 우리가 잠을 자는 동안 원수들이 가라지를 심은 격이다. 지금 현대 교회를 보면 사탄의 전략이 성공한 것 같다. 그러나 마지막 심판에서는 가라지는 거두어 불사르게 될 것이다.

12. 거짓 부흥운동, Asbury 가짜 부흥(2023.02.08-24)

미국 켄터기 주 Wilmore 시에 있는 Asbury University에서 2023년 2월 전 세계적으로 관심을 모았던 부흥운동이 있었다. 2월 8일 열린 채플에서 잭이라는 목사가 로마서 12장을 본문으로 설교를 했다. 사랑의 실천의 중요성에 대해 설교했는데, 하나님의 사랑을 체험하지 않고는 진정으로 다른 사람을 사랑할 수 없다는 내용이었다. 이 설교를 들은 학생들은 이웃을 사랑하지 못한 것을 회개하고 용서를 구하는 기도 운동으로 번졌고, 강단을 떠나지 않고 연일 기도하고, 소그룹으로 모여 간증도 하고, 죄도 고백하고, 찬양을 했다. 그야말로 보기 드문 회개 운동이 일어났다는 것이 핵심이다. 1907년 평양 장대현 교회에서 있었던 회개 운동과 비슷한 현상이 한 대학교에서 일어난 것이다. 소문에 따라서 전국에서 그 현장을 보기 위해서 수많은 사람이 몰려들었다. 심지어 한국에서까지 관심 있는 신학자와 목회자가 방문하기도 했다. 이 사건에 대해서 필자인 나 개인적으로는 이 부흥운동이 성령에 의해서 되어진 것이 아니고 사탄의 개입으로 되어졌다고 본다. 죄를 회개한 것이 무슨 잘못이 있겠는가? 그러나 성경에서 말하는 부흥과 질이 다르다. 그 열매가 진정 성령을 통해서 나타났는가를 보아야 한다. 개혁주의 입장에서는 부흥이 순수 말씀 운동으로 되어져야 한다고 보기 때문이다. 구속사적으로 이루어지는 복음 운동이며 무너진 말씀의 회복이 부흥이다. 사도행전 2장에 나오는 오순절 사건은 성령의 강림과 동시에 베드로가 전한 말씀에 의해서 마음에 찔림을 받았었다. 그것은 우리가 알지 못하고 메시야로 오신 이를 십자가에 못 박았다는 것이다. 베드로가 외친 회개는 예수님께 돌아오라고 하는 것이다. 그리고 앞으로도 이와 비슷한 사건이 자주 있을 것이다. 그때마다 성령의 역사로 나타난 것인가를 분별하기를 바란다.

13. 로버트 슐러의 적극적 사고, 성공신학 - 적극적 사고방식은 신앙이 아니라 신념이다.

로버트 해럴드 슐러(Robert Harold Schuller, 1926년 9월 16일 ~ 2015년 4월 2일)는 미국의 텔레비전 선교사, 목사이다. 1970년에 시작한 텔레비전 방송 '권능의 시간'으로 대중에게 알려졌다. 긍정의 힘을 전파한 대부이자 번영신학의 기초석을 놓은 목회자였다. 슐러는 1955년, 미국 LA 근처에 가든그로브에서 드라이브인 영화관(자동차 안에서 영화 감상하는 야외 영화관)에 커뮤니티 교회를 열었다. 또한 영화관에서 약 4마일(약 6km)이나 되는 곳에 300석의 예배실을 지었다. 이것이 그 유명한 크리스탈 처치(수정교회)이다. 매 주일 그는 세계 최고 설교자들을 초청했고 영화배우, 운동선수, 미술가, 음악가, 사업가, 군인, 소설가, 노벨상 수상자 등 각 분야에서 최고를 달성한 명사들을 간증자로 세웠다. 최고 파이프 오르간을 설치하여 최고 오르가니스트를 반주자로 초청하여 최고 지휘자를 세워 최고 찬양대를 만들어 최고 음악을 선사했다. 매년 부활절과 크리스마스 때는 호화 무대를 만들어 화려한 음악과 드라마를 공연하여 최고의 명성을 얻었다. 그리하여 크리스탈 교회는 1만 명의 교인들로 하여금 불가능이 없는 세계 최고 명품교인들로 자부하도록 만들었다.

슐러는 미국의 개혁파 교회(RCA; Reformed Church in America) 목사로서 개혁파와 거리가 먼 목회 철학을 가지고 있었다. 대표적인 신념주의자다. 《적극적 사고방식》 저자이며 긍정적 사고의 창시자인 노만 빈센트 필(Norman Vincent Peale) 의 영향을 받은 목사로서 미국 '번영 신학'의 원조 격인 로버트 슐러 목사는 '긍정적 사고'의 중요성을 강조하며 수정교회의 폭발적인 성장을 이끌었다. "적극적 사고를 통해 성공의 삶을 살 수 있다"고 가르친다. 한국의 여의도 순복음교회 조용기 목사가 슐러의 영향을 받아서 메가 처치를 이뤘다는 말이 있다.

우리가 여기서 잠깐 검토해 볼 문제가 있다. 목회를 세상 철학인 '적극적 사고방식', '긍정적 사고', '성공 철학'에 적용해서 해야 하는가? 그리고 메가 처치(대형교회)가 부흥한 교회인가?이다. 70-80년대의 한국 교회의 양적 성장에 참여했던 목회자들이 교회 부흥에 초점을 맞춰서 수단과 방법을 가리지 않고 성공 비결을 배우고자 미국에 목회 관광을 다녀갔었다. 그들의 코스는 LA 지역에서 가든 그로브의 수정교회, LA 남쪽 레익 포레스트의 새들백 교회, LA 남동쪽 애나힘에 있는 빈야드 교회, 시카고의 윌로우 클릭교회, 휴스턴의 레익우드 교회이다. 이러한 교회 부흥은 숫자로는 말할 수있지만 과연 성령의 역사가 있었을까? 이러한 유의 부흥운동을 부흥이라고 믿고 목회를 한다는 것은 불행한 일이다. 개혁주의 신앙을 모르기 때문에 인간의 방법을 총동원해서 숫자적으로 성공을 추구한 것이다. 이러한 교회가 과연 하나님 나라에 부합하는 교회라고 말할 수 있을까? 마지막 시대에 사탄이 영적인 눈을 흐리게 함으로 세상적인 성공을 목회에 사용하게 한 것이다. 알미니안주의 교회와 개혁파로서 교회의 이름은 있으나 개혁주의 신앙을 갖지 못한 분들의 교회가 여기에 속한다. 개혁주의 교회는 숫자와 관계가 없고 하나님 말씀이 더 중요하다.

14. 조엘 오스틴의 긍정의 힘

긍정의 힘 따위로 대표되는 믿음신학 설교자들에게 신앙이란 '하나님을 믿는 신앙'이 아니라, "믿음(신념)을 믿는 신앙(Faith in faith)"이다. '믿음'이란 언어가 이 힘을 담는다고 말한다. 곧 말을 통해서 자신의 현실을 스스로 창조할 수 있다고 생각하는 이들은 하나님도 이런 '믿음법칙'에 따라야 하는 존재로 전락시키기 때문에 "하나님도 꼼짝하지 못하게 만드는 믿음의 힘을 믿는다." 조엘 오스틴은 믿음의 힘을 통해서 건강, 성공, 풍요를 누릴 수 있다고 주장하는 믿음운동의 대표주자다. 그가 말하는 '비전'이란 '성공하는 것'이고, 하나님은 그 성공을 위해 존재한다. 그에게 믿음은 성공을 얻을 수 있는 주문이요 비법일 뿐이다. 그리스도 자체가 목적이지만, 이들에게 예수는 물질적인 번영을 이루는 수단일 뿐이다. 이것은 신앙과 관계가 없는 위장된 기독교일 뿐이다. 사탄은 이러한 방법으로 교회를 지배하고 있다.

개혁주의 신앙에서 말하는 신앙은 흔히 말하는 '믿습니다'가 아니다. 많은 사람들이 신념을 신앙이라고 알고 있다. 어떤 사람은 마음에 안 믿어질 때, '믿습니다'라는 말을 100번 반복하면 믿어진다고 말한다. 실제로

'믿습니다'를 반복해서 믿으려고 하면 오히려 마음에 의심이 생겨서 믿어지지 않는다. 그 이유는 그 안에 성령이 함께하지 않기 때문이다. 기독교 신앙은 순전히 하나님의 성령을 통해서 주어지는 하나님의 선물이다. 그러나 알미니안주의에 속한 사람들은 자기 지식과 경험과 과학적인 사고와 합리적인 논리에 바탕을 두고 자기 정신 세계에 사실로 인식이 되어서 확신하는 정도의 믿음을 믿음이라고 한다. 개혁주의에서 말하는 신앙은 하나님의 선택을 받은 사람에게 불가항력적인 은혜가 선물로 주어짐으로써 이뤄진다. 먼저 거듭남(중생)이 있고, 그 후에 성령께서 그 마음을 비추시고 하나님의 약속(언약)과 예수님이 전한 복음을 알게 하심으로 마음 중심에 하나님 나라가 임하는 것이다. 바울이 갈라디아서 2:20에 고백한 것처럼 나 자신이 그리스도와 함께 죽었고 그리스도가 내 안에 성령으로 오셔서 사시는 상태가 신앙이다. 신앙은 하늘로부터 성령을 통해서 오는 영적인 것이고, 신념은 자기 육신에서 오는 육에 불과하다. 현대 기독교인은 대부분이 신념을 신앙으로 착각하면서 위장된 가짜 신앙을 살고 있다. 그러므로 알미니안주의 신앙에서 벗어나는 것이 매우 중요하다. 사탄은 계속 우리를 충동해서 성령을 의지하지 않게 하고 자기 육신의 능력을 신뢰하게 한다. 사탄의 속임에 속지 말라.

15. 가짜 영성운동

사순절(재의 수요일부터 부활절까지 40일), 떼제 공동체 기도, 뜨레스 디아스, 레노바레 운동(관상기도), 침묵기도는 소위 영성 훈련이란 이름으로 한국 교회에 많이 행해지는 로마 가톨릭의 영성 훈련 프로그램이다.

전통 수도원에서 행해진 것으로 로마 가톨릭에서 개신교 교회에 영성 훈련이라고 전수하고 있다. 이 영성운동은 이단이며 기독교 탈을 쓴 거짓 영성운동이다. 성경에서 영성은 성령 충만한 상태를 말하며, 하나님 말씀을 읽는 가운데서 성령 안에서 하나님과 사귐을 말한다. 방언, 예언 등 신비체험 역시 성령의 역사가 아니고 사탄의 개입으로 이뤄진다.

16. 사막 교부 영성운동

영성 훈련의 이름으로 사막 교부 영성 훈련이 있다. 이것은 3세기경 이집트 사막에서 시작되었으며 수도원처럼 속세를 떠난 은둔 생활, 금욕 생활을 한다. 중세 수도원 운동의 모체가 된다. 우리나라는 은성 출판사에서 이에 관한 책을 보급하고 있다. 이러한 일이 교회 안에서 시행되고 있다. 요즘 교회에서 시행되는 영성 훈련의 하나이다. 사탄은 이러한 영성 훈련에 참여하도록 유도하는데 이것은 요즘 말하는 뉴 에이지 운동과도 밀접한 관계를 갖게 한다. 마지막 시대가 되면 귀신들과 대화하는 때가 있을 것이라고 본다. 오늘날 교회에 종교개혁자들이 이뤄 놓은 신앙을 하루아침에 무너뜨리기 위한 사탄의 전략이라고 볼 수 있다. 이러한 류의 영성에 빠지는 사람들은 창세 전에 선택을 받지 못하고 유기된 사람들이다. 우리가 말하는 영성은 곧, 성령 충만한 삶을 말한다. 우리는 성도의 견인교리에 따라서 하나님께서 택한 백성을 끝까지 지키고 보호하시어 궁극적으로 구원에 도달하게 하실 것을 믿는다. 마태 16:18의 "내가 이 반석에 교회를 세우리니 음부의 권세가 이기지 못하리라" 말씀처럼 하나님의 예정 안에서 선택을 받은 사람에게는 사탄의 세력이 이기지 못할 것이다.

17. 복음주의- 신복음주의 운동

복음주의 또는 신복음주의는 개혁주의 신앙으로 가는 길목에서 더 이상 나아가지 못하도록 막고 있다. 대부분의 사람들이 바른 신앙으로 가지 못하는 이유는 복음주의적 신앙이 가장 완성된 신앙이라고 믿게 하기 때문이다. 그 결과 개혁주의 신앙이 무엇인지 알려고 하지 않고 하나님 나라에 대해서 편협적인 지식에 머물러 있으므로 알미니안주의와 세대주의의 가짜 신앙에 빠지게 되고 구원의 바른 진리에서 비껴가고 있다. 배후에 사탄이 있어 영적으로 소경이 되어 참진리를 보지 못한 것이다.

18. CCM이 기존 찬송가를 배제하고 찬송가가 되었다.

CCM에 대해서 따로 자세하게 설명할 것이다. 참고하기 바란다. 교회음악이 세속 음악에 점령당하였다. 노랫말(가사)이 하나님 말씀에 뿌리를 두지 않고 감성에 의해서 종교심을 유발하는 내용으로 이루어졌다. 믿음의 선배들이 불렀던 가사와 차이를 나타내고 있다. 기존 찬송가의 가사를 보면 하나님 영광과 하나님의 의를 찬양하는 반면에 CCM은 인간의 의를 드러내어 종교심을 나타낸다. 찬송도 성령의 인도하심으로 하느냐, 아니면 자기 의를 드러내는 육으로 하느냐 차이가 있다. 신앙의 기초가 개혁주의 신앙과 알미니안주의에 따라서 다르다는 것을 알아야 한다.

8장

마지막 적그리스도가 오고 있다.

　본 주제에서 첫째, 적그리스도는 누구를 말하는가, 둘째, 대환란이란 무엇인가에 대해서 설명하고자 한다. 아래의 내용은 가설(假說)이라고 해도 지나치지 않다. 이 시간 이후에 전개될 사건이기 때문이다. 그러나 우리는 영적으로 깨어서 앞으로 다가오는 세대를 준비하는 자세로 예측(豫測)해서 살펴 볼 필요가 있다.

　예수님께서 약속하신 재림 전에 있게 될 현상 중의 하나는 적그리스도의 출현이다. 우리는 아직 그 시점이 언제인가는 알 수 없지만 그때를 미리 대비할 필요가 있다. 지금 현재 진행형으로 전개되는 WCC, WEA, WCRC가 RC(로마 가톨릭)와 하나 되기 위해서 추진하고 있는 각종 회의가 적그리스도의 출현을 준비하는 것으로 보고 있다. 그중에서 WCC가 RC와 진행하고 있는 신앙과 직제일치 협의체를 조직하고 모이고 있다는 것이다. 이것은 RC를 비롯해서 WCC회원 교단이 통합 전 단계로서 신앙고백과 교회 직제조직을 통일하는 것이다. 교황청은 '그리스도인 일치 촉진 평의회(PCPCU)'를 통해서 WCC와 접촉하고 있으며, 공동 워킹 그룹(JWG) 회의를 2006.2.14부터 2021.11.05까지 25차례 회합을 하고 공동

성명문을 발표해 왔다. 이것은 그들이 처음부터 목표로 나왔던 에큐메니칼을 성취하기 위한 것이다. 그날이 되면, 현재 여러 교파로 나뉘어 있는 개신교의 교회들은 사라지고, 천주교의 직제와 천주교의 신앙고백으로 통일되고, 적그리스도의 명령과 지시에 따라서 움직여야 하는데 이에 순종하지 않으면 박해를 받고 순교해야 할 것이다.

1. 적그리스도는 누구인가?

성경은 누구라고 직시하지 않는다. 그렇지만 우리는 외적 증거로 추론할 수 있다. 첫째는 성경에서 말하는 살후 2장에서 '불법의 사람' '멸망의 아들' '대적하는 자' 요한1서 2:18절의 적그리스도와 연결시킨 것이다. 둘째는 종교 개혁자들의 주장을 들 수 있다. 셋째는 역사적 증언이다. 넷째는 학자들의 논문이다. 이러한 증언들을 종합해 볼 때 적그리스도는 가톨릭(RC)의 교황이며, 그중에서 마지막 교황이 주님 재림 직전에 대환란을 주도하는 적그리스도가 될 것으로 본다.

이렇듯 주님 재림 전 마지막 세상에는 적그리스도의 출현을 예고하고 있다. 바울은 주의 날(주의 강림)이 적그리스도의 출현 전에는 이르지 않는다고 말하면서 적그리스도가 나올 것을 말하고 있다. "누가 어떻게 하여도 너희가 미혹되지 말라 먼저 배도(배교)하는 일이 있고 저 불법의 사람 곧 멸망의 아들이 드러나기(Reveal) 전에는 그 날이 이르지 아니 하리니"(살후 2:3)

그런데 이런 그의 정체를 밝혀내려고 하는 많은 시도들이 있어 왔다. 현재 많은 사람들이 힘 있는 나라의 대통령이나 총리, 또 그와 버금가는 권세를 지니고 있는 각종 인물들을 바로 적그리스도가 아닌가 의심하고 있다는 것이다.

2. 적그리스도는 누가 될 것인가?

우선 적그리스도의 개념을 정리하기 위해서 먼저 고신대학교변종길 교수의 소논문을 소개한다. (고신대학교 홈페이지; https://www.kts.ac.kr/home/research/103?sca=기고&page1)

많은 적그리스도들

적그리스도는 누구인가? 로마 교황인가? 아니면 말세에 나타날 강력하고 무서운 존재인가? 아니면 말세에 온 세상을 지배할 범세계적 정권인가?

'적그리스도'(안티크리스토스)라는 표현이 나타나는 것은 요한일서 3곳(2:18, 22; 4:3)과 요한이서(1:7) 한 곳이다.

먼저 요한일서 2:18에 보면 "지금은 마지막 때라. 적그리스도가 오리라한 말을 너희가 들은 것과 같이 지금도 많은 적그리스도가 일어났으니 그러므로 우리가 마지막 때인 줄 아노라."고 한다. 여기서 '적그리스도'는 처음에는 단수가 사용되었으나 두 번째는 복수가 사용되었다. 따라서 '적그리스도'는 단 하나의 존재가 아니라 여러 존재임을 알 수 있다. 단수로서 "적그리스도가 오리라"라 한 것은 "그리스도를 대적하는 자가 온다"는 사실(事實)을 원리적으로 말한 것이며, 실제로 역사에 나타날 때에는 그러한 존재가 많이 있다는 것을 보여 준다.

또 알 수 있는 것은 '많은 적그리스도들'이 이미 일어났다는 사실이다. 여기서 '일어났다'(gegonasin)는 것은 완료 시상으로서 이미 일어나서 요한 당시에 존재하고 있다는 것을 나타낸다(요일 4:3 참조). 이 사실에서 요한은 지금이 '마지막 때'라고 추론한다. 하나님의 아들 예수님이 오신 이후로 다 '마지막 때' 곧 '말세'인데(히 1:2; 벧전 1:20; 딤후 3:1-5), '적그리스도들'이 많이 나타난 것으로 보아 '마지막 때'가 분명하다고 말하는 것이다(cf. 마 7:15; 24:4-5, 11, 23-26; 행 20:29; 딤전 4:1-3). 따라서 '적그리스도'는 꼭 마지막 종말 직전에만 나타나는 것이 아니라 예수님과 사도 시대에 이미 나타났으며, 교회시대 전체를 통해 활동하고 있음을 알 수 있다. 뿐만 아니라 한 존재가 아니라 여러 존재임을 알 수 있다.

거짓 선지자들

그러면 사도 요한이 말하는 '적그리스도'는 누구인가? 요일일서 2:22에 보면 "거짓말하는 자가 누구냐? 예수께서 그리스도이심을 부인하는 자가 아니냐? 아버지와 아들을 부인하는 그가 적그리스도니"라고 말한다. 예수는 그리스도가 아니라고 말하는 사람, 성부와 성자를 부인하는 사람이 곧 '적그리스도'이다. 요한의 이 말은 그 당시에 에베소와 소아시아에 들어와서 미혹하던 영지주의자인 케린투스(Cerinthus)와 그의 추종자들을 염두에 두고 한 것이다(Irenaeus). 이들은 나사렛 예수와 그리스도는 다르다고 주장했다. 나사렛 예수는 우리와 같은 인간이었는데, '그리스도'가 그 위에 비둘기 형상으로 임하여서 이적을 행하였다고 한다. 이 '그리스도'는 예수님이 고난받기 직전에 떠나갔다고 한다. 이런 잘못된 가르침을 전하는 영지주의자들 곧 거짓 선지자들을 가리켜 요한은 '적그리스도'라고 부른 것이다.

요한일서 4:3에서는 "예수를 시인하지 아니하는 영마다 하나님께 속한 것이 아니니 이것이 곧 적그리스도의 영이니라. 오리라 한 말을 너희가 들었거니와 지금 벌써 세상에 있느니라."고 한다. 예수를 부인하는 자가 적그리스도인데 그 배후에는 악령이 역사하고 있음을 말해 준다. 그러한 악령의 역사는 사도 시대에 이미 활동하고 있었다.

요한이서 7절에서는 "미혹하는 자가 세상에 많이 나왔나니 이는 예수 그리스도께서 육체로 오심을 부인하는 자라. 이런 자가 미혹하는 자요 적그리스도니"라고 말한다. 여기서 요한은 '미혹하는 자'가 '적그리스도'라고 분명히 말한다. 예수 그리스도를 부인하는 자가 '미혹하는 자'요 곧 '적그리스도'이다.

따라서 거짓 선지자들과 이단들은 다 '적그리스도'라고 말할 수 있다(벧후 2:1; 딛 3:10; 행 13:6).

교황은 적그리스도?

1647년의 웨스트민스터 신앙고백 제25장 6절은 로마의 교황을 '적그리스도'라고 말한다. 그 이유는 '교회의 머리'는 오직 주 예수 그리스도뿐인데, 교황이 그리스도를 대적하여 교회에서 자기를 높이기 때문이다. 그런 의미에서 교황은 '적그리스도' 즉 '그리스도를 대적하는 자'라고 말한다. 그런데 여기서 주목해야 할 것은 "교황은 적그리스도"라고 했지 "적그리스도는 교황"이라고 말하지 않았다는 사실이다. '교황'은 성경에서 말하는 '미혹하는 자들' 곧 '거짓 선지자들' 중의 하나이지만, '적그리스도'는 교황뿐인 것은 아니다. '교황'은 많은 미혹자들 곧 그리스도를 대적하는 자들 중의 하나이다. 그런데 미국 북장로교회는 1903년에 웨스트민스터 신앙고백의 이 부분을 수정하였다. 예장합동측은 미국 정통장로교회(OPC)의 웨스트민스터 신앙고백을 따라 교황이 적그리스도라고 하는 부분을 삭제하였다.

오늘날 우리는 가톨릭에 대해 차라리 '타 종교'로 보는 것이 더 나을 것이다. 그리고 '타 종교'에 대해서는 그것이 진리가 아님을 분명히 인식하고 가르치면서도, 불필요하게 비방하거나 자극함으로써 도리어 교회가 욕을 얻어먹고 하나님의 영광을 가리는 일은 하지 않는 것이 지혜로울 것이다. 그러나 가톨릭이 비진리이며 개신교에 큰 위협이 되는 것은 사실이다.

불법의 사람, 멸망의 아들

데살로니가후서 2:3에는 '불법의 사람'과 '멸망의 아들'이란 표현이 나타난다. 3-10절의 문맥을 보면, 이 존재는 예수님의 재림 직전에 나타날 어떤 한 인격체로 생각될 수 있다. 그러나 "불법의 비밀이 이미 활동하였다"는 표현도 있어서(7절) 이해하기가 쉽지 않다. 이에 대해 칼빈은 '한 개인'이 아니라 '사탄에 의해 붙잡힌 왕국'으로 보았으며, 화란국역성경(SV)도 '한 사람만이 아니라 오랜 기간 동안 연속적으로 일어나는, 권세와 주권을 가진 사람들'로 보았다. 개혁주의 주석가인 판 레이우원(Van Leeuwen)은 역사상 나타나는 '하나님을 대적하는 세력들'로서의 '적그리스도'로 보려고 한 것 같다(KNT 살후 2:4 주석). 따라서 이 부분의 본문은 어려우며 조심스러운 접근이 필요하다.

3. 적그리스도에 관한 정의의 역사적 변천

"적그리스도(antichrist)"(그리스어 antikhristos)라는 단어는 요한의 서신에서만 사용되지만 비슷한 단어 "pseudochrist"(그리스어 pseudokhristos, "거짓 메시아"를 의미함)는 마태복음서에서 예수님에 의해 사용되었다:

"거짓 그리스도들과 거짓 선지자들이 나타나서 큰 표적과 징조를 보여할 수만 있으면 택하신 자들도 미혹하게 하리라" —마태복음 24:24 및 마가복음 13:22

"자녀들아 지금은 마지막 때라 적그리스도가 오리라 함을 너희가 들은 것과 같이 지금도 많은 적그리스도가 일어났으니 이로써 우리가 마지막 때인 줄 아노라" —요한1서 2:18

"거짓말하는 자가 누구냐 예수께서 그리스도이심을 부인하는 자가 아니냐 아버지와 아들을 부인하는 그가 적그리스도니" —요한1서 2:22

"이로써 너희가 하나님의 영을 알지니 곧 예수 그리스도께서 육체로 오신 것을 시인하는 영마다 하나님께 속한 것이요 예수를 시인하지 아니하는 영마다 하나님께 속한 것이 아니니 이것이 곧 적그리스도의 영이니라 오리라 한 말을 너희가 들었거니와 지금 벌써 세상에 있느니라" —요한1서 4:2-3

"미혹하는 자가 세상에 많이 나왔나니 이는 예수 그리스도께서 육체로 오심을 부인하는 자라 이런 자가 미혹하는 자요 적그리스도니" —요한2서 1:7

결과적으로 **적그리스도** 인물에 대한 관심은 데살로니가후서 2장에 집중된다. 그러나 이 구절에서는 "적그리스도"라는 용어가 결코 사용되지 않는다:

"형제들아, 우리 주 예수 그리스도의 강림하심과 우리가 그 앞에 모이는 일에 대하여 너희를 권하노니 영으로나 말로나 또는 우리에게서 받은 편지로나 혹으로 혹 쉽게 마음이 흔들리거나 두려워하지 말지니 주의 날이 이미 이르렀느니라. 누구든지 어떤 식으로는 여러분을 속이지 말라. 먼저 배도(배교)하는 일이 일어나고 불법한 자 곧 멸망으로 정해진 자가 나타나지 않는 한 그 날은 이르지 아니하리라. 그는 대적하는 자라 모든 신이라 불리는 것과 숭배함을 받는 자 위에 뛰어나 자존하여 하나님 성전에 앉아 자기를 하나님이라 하느니라" (살후 2:1-4)

"불법의 비밀이 이미 활동하고 있으나 지금 막는 이가 없어질 때까지 이르리라. 그 때에 불법한 자가 나타나리니 주 예수께서 그 입의 기운으로 저를 멸하시고 강림하심으로 저를 멸하시리라. 불법한 자의 임함은 사단의 역사에서 뚜렷이 나타나느니라 사단은 멸망하는 자들을 위하여 모든 능력과 표적과 거짓 이적과 온갖 불의한 속임을 행하나니 이는 저희가 진리를 사랑하여 구원받기를 거절하였음이니라"(살후 2:7-10)

초대교회 시대

기독교로 개종한 에세네파가 쓴 2세기 또는 1세기 책인 솔로몬 송가에서는 구속자가 괴물 같은 용을 물리치는 것으로 적그리스도를 비유적인 용어로 언급한다.

이레니우스(Irenaeus)는 적그리스도의 도래에 대하여 이단 반대(Against Heresies)에서 다음과 같이 썼다. "이 적그리스도는… 모든 것을 황폐화시킬 것이다… 그러나 그때 주님은 천국에서 구름을 타고 오실 것이다… 의인들을 위해."

1세기 말/2세기 초 **폴리캅**(69경 - 155경)은 거짓 교리를 전파하는 모든 사람이 적그리스도라고 빌립보인들에게 경고했다. 그가 적그리스도라는 용어를 사용한 것은 단일한 개인의 적그리스도를 식별하는 것이 아니라

한 계층의 사람들을 식별한다는 점에서 신약성경의 사용을 따른 것이다.

터툴리안(주후 160년경 - 220년경)은 로마 제국이 바울이 데살로니가 후서 2:7-8에서 기록한 억제 세력이라고 주장한다. "먼저 배도하는 일이 없으면 그 날이 이르지 아니하리라"고 말한 바울은 실제로 이 제국을 의미하며 "불법의 사람이 나타나느니라" 곧 적그리스도 곧 "멸망의 아들이요" 그는 대적하는 자라 각종 신이나 종교 위에 뛰어나 자존하여 하나님 성전에 앉아 자기를 하나님이라 하느니라 내가 너희와 함께 있을 때에 이 말을 한 것을 너희가 기억하지 못하느냐 너희는 지금 그를 막고 있는 것이 무엇인지 아나니 이는 그의 때가 이를 때에 나타내려 함이라 불법의 비밀이 이미 활동하였나니 지금 막는 자가 옮겨질 때까지니라. "로마 국가 외에 어떤 장애물이 있는가? 그 반역은 열 왕국으로 흩어짐으로써 그 자체의 폐허 위에 적그리스도를 불러일으킬 것이다. 그때에 불법한 자가 나타나리니 주께서 그 입의 기운으로 그를 멸하시고 강림하심으로 그를 멸하시리로다 불법한 자의 임함은 모든 능력을 쓰는 사단의 역사로 나타나느니라 멸망하는 자들에게 표적과 거짓 기사와 온갖 불의한 속임수를 행하는 것입니다."

로마의 **히폴리투스**(c. 170 - c. 236)는 요한계시록에 나오는 땅에서 나온 짐승과 적그리스도를 동일시했다. 그러므로 땅에서 올라오는 짐승은 적그리스도의 왕국을 의미한다. 두 뿔은 그와 그 뒤를 따르는 거짓 선지자를 의미한다. 그리고 "양 같은 뿔"이라고 말할 때, 그가 말하는 것은 그가 자신을 하나님의 아들처럼 만들고 자신을 왕으로 세우겠다는 뜻이다.

그리고 "용처럼 말했다"는 말은 그가 속이는 자이고 진실하지 않다는 뜻이다.

종교개혁 이후

개신교 개혁자들은 모든 사람이 교황이 그리스도의 대리자가 아니라 진정한 적그리스도임을 이해하고 인식할 수 있도록 적그리스도의 권세가 드러날 것이라고 믿는 경향이 있었다.

루터교, 개혁교회, 장로교, 침례교, 재세례파, 감리교가 출판한 교리적 문헌에는 스말칼드 조항 4조(1537), 논문을 포함하여 교황을 적그리스도로 언급하는 내용이 포함되어 있다.

필립 멜란히톤(Philip Melanchthon)이 쓴 교황의 권세와 수위권에 관하여(1537),
웨스트민스터 신앙고백서 25.6항(1646년),
1689년 침례교 신앙고백서 26.4항.

존 위클리프, 마틴 루터, 존 칼빈, 토마스 크랜머, 존 토마스, 존 녹스, 로저 윌리엄스, 코튼 매더, 존 웨슬리를 포함한 개신교 개혁자들과 16~18세기 대부분의 개신교인들은 초대교회가 교황권에 의해 대배도에 빠졌으며, 교황을 적그리스도와 동일시했다.

루터는 때때로 교황만이 적그리스도라고 선언한 것이 아니라, 교황권도 "그리스도에 반대하는 기관의 대표자"이기 때문에 적그리스도라고 선언했다.

따라서 마틴 루터, 존 칼빈 및 기타 개신교 개혁자들은 미래의 환란 기간 동안 단 한 명의 적그리스도가 지구를 통치할 것이라고 기대하기보다는 적그리스도를 당시 세계의 현재적 특징으로 보았고 교황권에서 성취되었다고 보았다.

1754년에 **존 웨슬리**(John Wesley)는 현재 연합감리교회의 공식 교리표준인 신약성서 해설 노트를 출판했다. 요한계시록에 대한 주석(13장)에서 그는 다음과 같이 말했다. "그레고리오 7세 이후의 모든 교황은 의심할 바 없이 적그리스도이다. 그러나 이것이 방해가 되는 것은 아니지만, **이 계승의 마지막 교황은 더욱 두드러지게 적그리스도가 될 것이다.**"

교황과 적그리스도의 동일시가 종교개혁 시대에 뿌리 깊게 자리 잡았기 때문에 루터 자신도 다음과 같이 반복해서 말했다. "[교황의 우월성에 대한] 이 가르침은 교황이 바로 적그리스도이며, 그는 자신의 능력 없이는 그리스도인들이 구원받는 것을 허락하지 않을 것이기 때문에 자신을 높이고 그리스도에 맞서는 적그리스도임을 강력하게 보여 준다." 그리고, "다른 것이 아니라 바벨론의 나라와 바로 적그리스도의 나라. 불법의 사람이요 멸망의 아들이 누구냐 그가 자기의 가르침과 규례로 교회 안에 죄와 영혼들의 멸망을 더하게 하는 자가 아니면서 마치 그가 신인 것처럼 교회에 앉아 있다. 이 모든 조건은 이제 오랜 세월 동안 교황의 폭정에 의해 충족되었다."

존 웨슬리(John Wesley)는 적그리스도의 성경에 나오는 정체성에 대해 다음과 같이 썼다. "많은 측면에서 교황은 그러한 칭호에 대한 확실한 권리를 가지고 있다. 그는 모든 종류의 죄를 측량할 수 없을 만큼 증가시키기 때문에 강조된 의미에서 죄의 사람이다. 그리고 그는 또한 적절하게 표현된 '하나님의 아들'이다. 그가 그의 반대자들과 추종자들 모두 셀 수 없이 많은 사람들의 죽음을 초래했고, 수많은 영혼들을 멸망시켰으며, 그 자신도 영원히 멸망할 것이다. 한때 그의 정당한 주권자였던 황제에게 반대하고, 모든 것 위에 자신을 높이는 사람은 바로 그 사람이다. 하나님이라 일컬어지는 이, 경배함을 받는 이가 천사들에게 명령하며 왕들을 그 발 아래 두느니라 성경에서 이 둘을 신이라 일컬으며 가장 높은 권세와 가장 높은 영광을 주장하며 자기가 단 한 번도 하나님이라 칭함을 받거나 실제로 그의 일반적인 칭호인 "지극히 거룩하신 주" 또는 "지극히 거룩하신 아버지"에도 함축되어 있다. 그가 하나님이라는 것 - 오직 하나님께만 속한 특권을 주장한다."

존 칼빈도 비슷하게 썼다: "로마가 한때 모든 교회의 어머니였다는 것은 인정하지만, 적그리스도의 자리가 시작된 이후로 그것은 더 이상 이전의 모습이 아니다. 어떤 사람들은 우리가 로마 교회라고 부를 때 너무 가혹하고 비판적이라고 생각한다. 로마 교황이 적그리스도다. 그러나 이 견해를 갖고 있는 사람들은 그들이 바울 자신에 대해서도 동일한 추정 혐의를 제기한다는 것을 고려하지 않는다. 교황권에 적용되는 것 외에 다른 해석은 불가능하다."

존 녹스(John Knox)는 교황에 대해 다음과 같이 썼다. "참으로 알기 쉬운 말로 말하노니 우리가 예수 그리스도에게 복종하는 줄로 생각하여 사단에게 복종할까 두려워하노라 너희 로마 교회에 대하여는 이제 부패한 것과 그 권세 곧 소망이 서 있는 곳이니라 나는 당신의 승리에 대해 더 이상 의심하지 않는다. 그것은 사도가 말한 죄의 사람인 교황이라고 불리는 사탄의 회당이고 그 우두머리다."

적그리스도에 관해 토마스 크랜머는 다음과 같이 썼다. "로마는 적그리스도의 자리가 되고, 교황은 바로 적그리스도가 된다. 나는 다른 많은 성서, 고대 작가 및 강력한 이유를 통해 동일한 것을 증명할 수 있다."

종교 개혁이 시작되면서 가톨릭 교회의 교리와 관행에 반대한 것으로 유럽 전역에 잘 알려진 존 위클리프를 포함하여, 로마 카톨릭 교회가 적그리스도로 성경에 기록된 배도(배교) 세력이라는 사실이 많은 사람들에게 분명해졌다. 그는 이것이 초대교회의 원래 가르침에서 명백히 벗어났으며 성경에도 어긋난다고 믿었다. 위클리프 자신은 교회가 무엇인지와 교회가 되어야 하는 것 사이에 큰 차이가 있다는 결론을 내리고 개혁의 필요성을 느낀 방법을 말하고 있다(Sermones, III. 199). 그들은 요한 후스와 함께 가톨릭 교회의 교회 개혁을 향한 거룩한 일을 시작했다.

스위스 종교개혁자 홀드리히 츠빙글리(Huldrych Zwingli)가 취리히 그

로스뮌스터(Grossmünster) 목사가 되었을 때(1518) 그는 가톨릭 교회 개혁에 관한 사상을 설교하기 시작했다. 종교개혁자가 되기 전 가톨릭 신부였던 츠빙글리는 종종 교황을 적그리스도라고 불렀다. 그는 이렇게 썼다. "나는 그 안에 악마, 즉 적그리스도의 힘과 능력이 작용한다는 것을 압니다."

영국의 종교개혁자 **윌리엄 틴데일**(William Tyndale)은 그 시대의 로마 카톨릭 영역은 적그리스도의 제국이었지만, 구약과 신약의 교리를 왜곡하는 종교 조직은 모두 적그리스도의 역사를 보여 준다고 주장했다. 그의 논문 '악한 맘몬의 비유'에서 그는 미래에 적그리스도가 일어날 것이라고 내다보는 기존 교회 가르침을 명백히 거부했으며, 적그리스도는 세상 끝날 때까지 우리와 함께할 현재의 영적 세력이라고 가르쳤다. 때때로 다른 종교적 변장을 하고 있다. "불법의 사람"에 관한 데살로니가후서 2장에 대한 틴데일의 번역은 그의 이해를 반영했지만, 라틴어 성경 벌게이트(Vulgat)를 따랐던 킹제임스 성경 위원회를 포함한 후기 개정자들에 의해 크게 수정되었다.

교황을 "적그리스도"라고 부르는 초기 루터교인들은 11세기까지 거슬러 올라가는 전통을 고수했다. 반체제 인사와 이단자들뿐만 아니라 심지어 성인들까지도 로마 주교의 권력 남용을 징계하려고 할 때 그를 "적그리스도"라고 불렀다. 루터교인들은 모든 것에 대한 무제한적인 권위에 대한 교황의 주장으로 이해했으며 모든 사람들은 다니엘 11장의 묵시적인 이미지를 상기시켰다. 다니엘 11장은 종교 개혁 이전에도 마지막 시대의 적그리스도인 교황에게 적용되었던 구절이다.

요약

적그리스도라는 용어를 나타낸 곳은 요한일서 3곳(2:18, 22; 4:3)과 요한이서(1:7) 한 곳이다.

1) 적그리스도는 하나님을 대적하는 세력을 말한다(그리스도를 대적하는 자). 예수님은 그리스도가 아니라고 말하는 사람, 성부와 성자를 부인하는 사람이 곧 '적그리스도'이다. 예수 그리스도를 부인하는 자가 미혹하는 자요 곧 적그리스도이다. '교황'은 많은 미혹자들 곧 그리스도를 대적하는 자들 중의 하나이다.

2) 적그리스도는 거짓 선지자. 이단을 말한다.

3) 존 위클리프, 마틴 루터, 존 칼빈, 토마스 크랜머, 존 토마스, 존 녹스, 로저 윌리엄스, 코튼 매더, 존 웨슬리를 포함한 개신교 개혁자들과 16~18세기 대부분의 개신교인들은 초대교회가 교황권에 의해 대배도에 빠졌고 교황을 적그리스도와 동일시했다.

4) 그레고리오 7세 이후의 모든 교황은 의심할 바 없이 적그리스도이다. 그러나 이것이 방해가 되는 것은 아니지만, 이 계승의 마지막 교황은 더욱 두드러지게 적그리스도가 될 것이다.

5) 데살로니가후서 2:3에는 '불법의 사람'과 '멸망의 아들'이란 표현이 나타난다. 3-10절의 문맥을 보면, 이 존재는 예수님의 재림 직전에 나타날

어떤 한 인격체로 생각될 수 있다. 먼저 배도(배교)하는 일이 일어나고 불법한 자 곧 멸망으로 정해진 자가 나타나지 않는 한 그 날은 이르지 아니하리라. 그는 대적하는 자라 모든 신이라 불리는 것과 숭배함을 받는 자위에 뛰어나 자존하여 하나님 성전에 앉아 자기를 하나님이라 하느니라 (살후 2:1-4).

6) 마지막 교황이 '불법의 사람'이며, '멸망의 아들'이 될 것이다. WCC, WEA, WCRC가 로마 가톨릭과 결합하여 배도가 일어나고, 마지막 교황이 불법의 사람이며, 멸망의 자식이며, 적그리스도로서 교회를 지배할 것이며, 이에 순종하지 않은 경건한 성도들을 박해할 것이다(대환란).

7) 마 24:21-24 - 마지막 시대 거짓 그리스도들, 거짓 선지자들이 일어나서 표적과 기사로 미혹하며, 그들을 따르지 않는 사람들을 대환란으로 박해하게 된다. 끝까지 견디고 이긴 자는 구원을 얻을 것이다.

8) 그 후에 주님이 재림하실 것이다.

전망

1) 현재는 교황청과 WCC와 신앙 일치와 직제 통일을 위해서 협상을 계속 진행하고 있다. 이것이 완전 합의가 되면 천주교가 모든 개신교를 흡수하여 단일 교회를 이룰 것이다. 그때는 언제가 될지는 모른다. 현재 추세대로 되어 간다면 앞으로 50년 이내가 될지 모르겠다.

2) 전 세계적으로 개신교의 교회들이 문을 닫거나 없어지고 있는 중이다. 주일학생이 없고, 중고등부, 청년 대학부가 점점 쇠퇴하고 있고, 신학교에 목사 후보생이 줄어들고 있다. 현재 교회마저 바른 목회자를 찾기 어렵게 되었다. 점점 바른 복음과 바른 교회를 찾기 어렵고, 한 세대(20년)가 지나면 교회는 있으나 하나님 나라가 아닌 거짓 교회만 존재하게 될 것이다.

3) 그러다가 천주교(RC)가 모든 기독교를 흡수 통일하므로 전 세계는 단일 교회가 되며 교황이 지배하게 된다. 언젠가 마지막 교황이 그리스도를 대적하고 성도들을 박해할 것이다.

4) 끝까지 인내하고 개혁신앙으로 믿음을 지키고 주님의 재림을 맞이하기를 바란다.

4. 대환난은 무엇을 말하는가?

요한계시록 7:13-14 "장로 중에 하나가 응답하여 내게 이르되 이 흰옷 입은 자들이 누구며 또 어디서 왔느뇨 내가 가로되 내 주여 당신이 알리이다 하니 그가 나더러 이르되 이는 큰 환난에서 나오는 자들인데 어린양의 피에 그 옷을 씻어 희게 하였느니라" 여기서 '큰 환난'이란 어느 기간을 말하는 것이 아니라 그에게 주어진 생애 가운데서 일어난 각종 유혹과 시험을 거치는 기간을 말한다.

그리스도께서 마태복음 24:15-30을 통해 우리에게 주신 정보를 고려해 보면, 대환난의 시작이 멸망의 가증한 것, 즉 적그리스도의 행사와 많은 관련이 있는 것으로 쉽게 결론 내릴 수 있다. 세상 끝 날에 나타나는 적그리스도에 의해서 의로운 신자에게 가해지는 박해를 말할 수 있다. 여기서 우리가 유의해서 보아야 할 것은 첫째, 왜 신자가 박해를 받는가? 둘째, 마지막 시대의 적그리스도는 누구냐?이다. 그러므로 계 7:14에 나오는 '큰 환란'과 마 24:15-30에 나오는 '큰 환난'은 구분이 된다고 볼 수 있다.

일반적으로 오래된 개신교 전통 교파에서는 "휴거"라는 용어를 사용하지 않으며 무천년설을 지향하는 경향이 있다. 이 관점에서 천년왕국은 오순절부터 시작되어 메시아의 최종 재림까지 이어지는 그리스도의 통치 (교회의 삶과 활동에 나타남) 기간으로 간주되며 그 결과는 단일하고 영구적인 사건이다.

"대환난"이라는 말을 직접 사용한 이는 그리스도이시다. 마태복음 24:21에서 예수님께서는 "이는 그때에 큰[대] 환난이 있겠음이라 창세로부터 지금까지 이런 환난이 없었고 후에도 없으리라"고 말씀하셨다. 이 구절에서 예수님은 적그리스도로도 알려진 자, 즉 멸망의 가증한 것이 드러남을 묘사하는 마태복음 24:15의 사건을 언급하시는 것이다. 또한, 예수님께서는 마태복음 24:29-30에서 "그 날 환난 후에… 인자의 징조가 하늘에서 보이겠고 그때에 땅의 모든 족속들이 통곡하며 그들의 인자가 구름을 타고 능력과 큰 영광으로 오는 것을 보리라"고 말씀하신다. 이 구절에서, 예수님께서는 대환난(21절)이 멸망의 가증한 것이 드러나면서(15절) 시작되고, 그리스도께서 다시 오심으로써(30절) 마무리된다고 분명히 알려 주시는 것이다.

대환난을 언급하는 다른 구절은 "환난이 있으리니 이는 개국 이래로 그때까지 없던 환난일 것이며"라고 한 다니엘 12:1이다. 마태복음 24:21에 기록된 예수님의 말씀은 마치 이 구절을 인용한 것처럼 보인다. 대환난을 언급한 또 다른 구절은 예레미야 30:7이다. "슬프다 그 날이여, 그와 같이 엄청난 날이 없으리라 그 날은 야곱의 환난의 때가 됨이로다 그러나 그가 환난에서 구하며 냄을 얻으리로다." '야곱의 환난'이란 이전에는 볼 수 없었던 박해와 자연재해를 겪게 될 이스라엘 백성을 일컫는 것이다.

그리스도께서 마태복음 24:15-30을 통해 우리에게 주신 정보를 고려해 보면, 대환난의 시작이 멸망의 가증한 것, 즉 적그리스도의 행사와 많은 관련이 있는 것으로 쉽게 결론 내릴 수 있다. 요한계시록은 대환난에 대한 가장 중요한 정보를 우리에게 제공한다. 짐승이 나타나는 요한계시록 13장부터 예수님께서 다시 오시는 요한계시록 19장 이전까지 우리는 불신과 반란으로 인해 하나님께서 이 땅에 진노를 부으시는 장면을 목격하게 된다(요한계시록 16-18장). 또한 하나님께서 이 땅의 왕국을 세우심으로써 이스라엘과 하신 약속을 지키실 때까지(요한계시록 20:4-6), 어떻게 당신의 백성 이스라엘을 훈련하시고, 동시에 보호하시는가(요한계시록 14:1-5)를 보여 주신다.

마틴 루터, 존 칼빈 및 기타 개신교 개혁자들은 적그리스도가 교황권에서 성취되는 것으로 보았다. 마틴 루터, 존 칼빈 등과 같은 개혁자들은 모든 세속 정부에 대한 교황권의 세속적 권력 주장과 교황직의 독재적 성격을 예수와 사도들이 세운 원래의 신앙에서 멀어지는 것으로 보고 교황의 권위에 도전했다. 교황권은 성경의 전통을 일탈하고 초대교회로부터 타락한 것이었다.

5. 그러면 재림 전 마지막 시대에 나타날 대환란은 어떻게 예상하는가?

본서의 3장 WCC, WEA, R.C는 연합을 위해서 무엇을 추구하면서 진행하고 있는가?에서 본인은 WCC는 로마 가톨릭과 대화에서 '신앙과 직제 일치'를 위해서 이미 25차 회의를 마쳤고, 앞으로 이 일의 합의점을 찾기 위해서 계속할 것을 서술했다. 그리고 로마 가톨릭이 WEA와도 연합을 대화하고 있으며, 언젠가는 WCRC도 로마 가톨릭(R.C)과 대화할 수 있음을 암시했다. 만약 이 일이 현실화되면 지상의 대부분의 교회는 적그리스도의 세력인 로마 가톨릭의 지배를 받게 되고 여기에 따르지 않는 ICRC 계통의 교회에 속한 하나님의 백성은 박해를 당할 것이다. 마치 초기 3세기 동안의 로마 황제 숭배를 강요받고 거절했던 성도들이 공민권을 박탈당하고 취업을 할 수 없었으며 떠돌아다니면서 숨어 다니거나 순교했던 끔찍한 대환란과 같은 것이다. 세상 끝에 이와 같은 환란이 시작되면 대부분의 교회가 배교하고, 나머지는 순교를 할 것이다. 그 시기의 절정에 이를 때에 우리 주님께서 재림하시고 최후 심판을 하실 것으로 본다. 앞으로 우리는 계속 로마 가톨릭과 WCC, WEA, WCRC와 같은 기독교 연합체들의 대화가 어떻게 발전해 가는가와 신앙 일치, 직제 통합에 대해서 주목해서 보아야 할 것이다.

　마지막 시대의 적그리스도는 로마 가톨릭의 마지막 교황일 것이며, 그가 경건한 크리스찬 곧 끝까지 믿음을 지키기 위해서 적그리스도인 마지막 교황에게 절하지 않은 사람을 박해할 것이다. 이것이 마지막 대환란이 될 것이며 이때 남은 신자는 모두 순교할 것이다. 머지않아서 그 시대가 도래할 수 있을 것이다.

9장
기독교의 미래는 어떻게 전개될 것인가?

지금 우리는 2025년을 지나고 있다. 앞으로의 세대에 기독교는 어떤 변화가 올 것인가를 조망해 보고자 한다.

1. 서구 세계에서 기독교 쇠퇴(Decline of Christianity in the Western world)

서구 세계에서 기독교의 쇠퇴는 서구 세계의 기독교 인구가 감소하는 것과 같다. 서구 세계의 대부분의 국가는 역사적으로 거의 독점적으로 기독교인이었지만, 제2차 세계 대전 이후 선진국에서는 현대적이고 세속적인 교육 시설을 갖춘 선진국이 포스트 기독교를 세속화, 세계화, 다문화 및 다종교 사회로 전환했다. 그로 인해서 기독교는 특히 서유럽에서 쇠퇴하고 있다.

유럽에서 일어나고 있는 일은 교회의 악몽 같은 시나리오다. 오늘날 미국인 중 약 64%가 자신을 기독교인이라고 부른다. 많은 수처럼 들릴 수도 있지만 2020년 Pew Research Center 연구에 따르면 50년 전에는 그 숫자가 90%였다. 같은 조사에서는 미국의 다수 기독교인이 2070년까지 사라질 수도 있다고 밝혔다. 2021년 갤럽 여론조사에 따르면 기독교인에 대한 또 다른 암울한 수치가 드러났다. 그것은 미국의 교회 회원 수가 처음으로 50% 미만으로 떨어졌다.

2.미국 기독교인, 2070년 절반 이하로 급락?

미국의 기독교 인구가 급속도로 줄고 있다는 여론조사 결과가 나왔다. 2070년경에는 비기독교 인구가 기독교 인구를 따라잡을 것이라는 예상도 제기됐다.

미국은 1990년대에 약 90%에 달하는 인구가 스스로 기독교인으로 밝혔다. 하지만, 2007년 조사에서는 78%로 감소했으며, 2020년대에 들어와서 아이들을 포함한 기독교 인구는 약 64%로 조사됐다. 또한, 기독교 기관(교회)에 출석하지 않고 있다고 밝힌 인구 역시 2007년도에는 16%였는데, 2020년도에는 30%로 크게 증가하였다. 유대교, 이슬람교, 힌두교, 불교 등의 다른 종교는 2020년 조사에서 6% 정도에 그쳐 기독교가 가장 높은 증가세를 보였다.

퓨리서치 센터의 조사관인 스테파니 크레이머는 "이러한 추세로 봤을 때, 스스로를 '무신론자', '불가지론자' 또는 '모르겠다'라고 밝히는 인구가 조만간 가장 큰 종교 그룹이 될 것"이라고 언급했다. 조사 단체는 다양한 시나리오를 토대로 조사한 결과, 다가오는 수십 년 내에 단 한 명도 그들의 종교를 바꾸지 않는다고 해도 2070년까지 무종교인들의 인구가 기독교의 인구를 앞지를 것이라고 예상했다.

퓨리서치는 '완만한 속도로 교체', '제한은 있지만 탈퇴인구 증가', '제한 없이 탈퇴인구 증가', '탈퇴인구 없음' 등의 4가지의 시나리오를 통해 기독교 인구 감소 추세를 예상했다. 이 중 '완만한 속도로 기독교 인구의 교체가 이뤄진다'는 시나리오에서도 2070년경에는 최대 종교 그룹이라는 타이틀을 넘겨줄 수도 있다고 예상했다. 기독교 인구의 감소(2070년에 46%)는 다른 시나리오에 비해 적지만, 탈퇴 비율(41%)이 증가하고, 다른 종교 비율이 13%로 증가하면서 결국 인구의 절반 이하로 하락한다고 봤다.

젊은 층을 중심으로 기독교 탈퇴가 증가한다고 가정하면 그 미래는 더욱 암울해진다.

'일정 정도 제한을 둔 탈퇴 증가' 시나리오를 보면 2070년경에 기독교 인구는 39%까지 감소하면서, 탈퇴하는 기독교인(48%)이 현존하는 기독교인을 압도했다. 이런 비율이면 2070년이 아닌 2060년경에 기독교 인구가 50% 이하로 떨어진다는 분석이다. 조사 보고서는 "만일 젊은 층의 인구들의 종교변화가 지금 추세라면, 기독교의 인구는 십 년마다 일정 비율로 감소해 결국 2060년경에 50% 이하로 떨어질 수 있다"고 언급했다. 최악의 시나리오는 2070년경에 단지 35%만이 미국의 기독교 인구가 될 것이라고 봤다. 이는 기독교를 떠나는 인구에 제한을 두지 않고 조사한 결과이다. 조사단체는 "만일 나이가 30이 되는 시점까지 기독교를 떠나는 인구는 세대마다 증가하고, 얼마나 많이 떠나는가에 대한 제한을 두지 않는다면 2045년에 다수종교의 자리를 뺏길 것이며, 2070년경에는 단지 35%만이 기독교 인구라고 밝힐 것"이라고 밝혔다. 마지막으로 2020년 이후 아무런 종교적 교체가 이뤄지지 않는다고 가정하면, 기독교 인구는 54%로 미국의 다수 종교의 위치를 유지하게 된다. 그리고 2070년까지 기독교 인구는 10% 정도만 감소한다. 퓨리서치는 "아무런 종교 교체가 이뤄지지 않는다는 가정을 하더라도, 미국의 종교인구의 변화는 점진적으로 지속될 것"이라며 "기독교 인구는 계속해서 고령화될 것이며, 이미 탈퇴한 젊은 층의 출산율로 인해 계속해서 기독교인의 비율은 감소하게 될 것이다. 하지만 이러한 시나리오는 비현실적"이라고 전했다.

미국 내 기독교의 쇠퇴에 대한 사전의 예측은 시기상조일 수 있다. 수년 동안 교회 지도자들과 평론가들은 미국에서 기독교가 죽어 가고 있다고 경고해 왔다. 그들은 미국 교회가 서유럽 교회의 길을 따를 준비가 되어 있다고 말한다. 현재 교회 현실은 빈 신도석이 있는 우뚝 솟은 고딕 양식의 대교회당, 스케이트보드 부품과 나이트클럽으로 개조된 폐쇄된 교회 건물, 그리고 한 신학자가 "표준으로서의 기독교는 아마도 사라졌을 것"이라고 말한 세속화된 교회이다.

3. 미래를 바라볼 때, 오순절 사건처럼 영적 부흥이 있어 전 세계가 마지막 시대의 대부흥운동이 일어나게 될까?

회개운동이 지구 곳곳에서 일어나고, 다시 교회로 사람들이 모여들고,

여호와 하나님을 찾고, 예수님을 개인의 구주로 고백하고, 사회가 정화되어 정의가 이뤄지는 기독교가 보편화된 새로운 세상이 올 것이라고 보는가 아니면 Pew research center가 전망한 것처럼 2070년까지 기독교가 사라질 것이라고 보는가.

우리나라 개신교인이 전체 인구의 15%까지 감소한 것으로 조사됐다. 이 같은 결과는 한국기독교목회자협의회(대표회장 지형은 목사)가 지앤컴 리서치와 목회데이터연구소에 의뢰해 조사한 제5차 한국기독교 분석 리포트 '한국인의 종교생활과 신앙의식 조사'에서 나온 것이다. 만 19세 이상 개신교인 2,000명, 비개신교인 1,000명, 목회자 802명, 일반인 9,182명(한국갤럽 조사) 등 총 1만 2,984명을 대상으로 온·오프라인으로 조사했다. 이번 조사에서 우리나라 총인구 5,134만 명 중 개신교인을 15%로 보면 개신교인은 약 771만 명으로 추산된다. 교회출석자 70.7%, 가나안 성도(교회에 안 나가는 신자) 29.3%를 고려하면 현재 교회출석자는 545만 명, 불출석자(가나안 성도)는 226만 명이다. (2023.03.06)

유럽과 미국, 그리고 한국을 놓고 볼 때 앞으로의 기독교는 점점 쇠퇴를 향하여 진행형으로 가고 있다. 아시아나 아프리카, 중남미 대륙에서 선교가 계속 이뤄지고 있어서 서유럽과 미국에서 감소하는 기독교 인구를 보충하리라는 견해로 지구상의 개신교 인구는 오히려 늘어난다고 가정을 할 수 있다. 여기서 우리는 부흥이라는 관점으로 볼 때, 개신교의 확장으로 숫자가 늘어난 것이 과연 부흥일까 생각해 보아야 한다. 위에서 말하는 개신교 인구의 통계의 숫자는 소위 말하는 이단들이 포함이 된 것이다. 이 통계는 일반적으로 기독교 인구로만 측정하는 것이다. 그런데 우리가 지향하는 개혁주의 신앙의 관점에서 본다면 현재 기독교는 대부분 하나님 나라에서 멀어진 상태로서 부흥이 아니라 부흥과 관계가 없는 기독교의 외연 확장이다. 하나님 나라 안에 들어 있는 교회를 고려해서 본다면 바른 믿음을 가지고 있는 교회는 극소수에 불과하다. 현재 기독교는 영적인 암흑시기에 놓여 있다고 보며, 지상에서 종교개혁 시대처럼 다시 깨어나기에는 희망이 없어 보인다. 내 견해로 말한다면 주님의 재림이 가까이 오지 않았나 여겨진다.

4. 이 글을 마치면서

지금을 기준으로 앞으로의 개혁주의 신앙에 기초한 바른 신앙은 점점 희소해져서 성경적인 신앙을 찾기 어려울 것이다. 미국과 한국에서 나타난 현상으로 주일학교 학생 수 감소(인구의 자연 감소와 교회의 세속화로 인해서)와 그에 따른 신학교의 목사 후보생의 감소와, 교회의 영적 영향력의 감소와, 신자들의 교회 출석률 감소가 있으며, 바른 신학과 바른 신앙을 지도하는 기존 지도자와 목회자들이 점점 감소함에 대하여 대체할 사람이 없다는 것이다. 본문 서두에 언급한 바 있는 Pew Research Center가 예상한 것처럼 앞으로 50년 후에는 지상에서 기독교가 사라질 것이라는 가설이 현실화될 수 있다. 동시에 교회는 극도로 배도(배교)하게 되고 적그리스도가 세속 정부와 결탁해서 경건한 신자들을 박해하므로 대환란에 놓이게 될 것이다. 이때 적그리스도는 마지막 교황이며 신앙 일치와 직제 일치로 기독교는 사라지고 로마 가톨릭이 기독교를 대신하게 될 것이다. 그 이후에 우리가 사모하고 기다리는 주 예수님이 메시야 왕권을 가지시고 재림(파루시아)하실 것이다.

〈2012년 퓨 리서치 센터(Pew Research Center) 조사 자료〉

2012년 퓨 리서치 센터(Pew Research Center) 조사에 따르면, 기독교는 향후 40년 동안 계속해서 세계 최대의 종교가 될 것이다. 그러나 기대에 따르면 기독교는 종교 개종 측면에서 가장 큰 순손실을 경험할 수 있다. 전 세계적으로 종교 개종은 2010년에서 2050년 사이에 "기독교 인구 변화에 약간의 영향"을 미칠 것으로 예상되며, 기독교 인구 증가와 세계 인구에서 차지하는 비중에 "약간" 부정적인 영향을 미칠 수 있다.

개신교 기독교 운동인 오순절교는 세계에서 가장 빠르게 성장하는 종교이다. 이러한 성장은 주로 기독교 내의 종교적 개종으로 인한 것이다.

유럽 가치관 연구에 따르면 2008년 대부분의 유럽 국가에서 대다수의 젊은 응답자가 자신을 기독교인이라고 밝혔다. 서유럽과 달리 중부 및 동부 유럽 국가에서는 기독교인의 비율이 안정적이거나 공산주의 이후 시대에 증가했다. 서유럽에서 기독교인으로 성장한 사람들 중 대다수(83%)가 여전히 기독교인이라고 생각한다. 나머지는 대부분 종교적으로 소속되지 않은 것으로 스스로를 식별한다. Pew Research Center의 2018년 연구에 따르면 기독교는 여전히 서유럽에서 가장 큰 종교이며, 서유럽인의 71%가 자신을 기독교인이라고 밝혔다. 아동 및 청소년 연구 핸드북의 유럽 가치 연구에 대한 2015년 분석에서는 1981년부터 2008년까지 유럽 전역에서 종교적 소속이 "급격하게 감소"했음을 확인했다. 그러나 동일한 분석에 따르면 "대부분의 젊은 응답자는 유럽은 자신들이 기독교 종파에 속해 있다고 주장했다."

2018년에 교황은 교회를 용도 변경하는 지속적인 추세를 한탄했으며, 그 중 일부는 피자 가게, 스케이트 공원, 스트립 클럽 및 바(bar)로 사용되었다. 독일에서는 2000년 이후 500개의 가톨릭 교회가 문을 닫았다. 캐나다는 이 기간 동안 교회의 20%를 잃었다. 이는 교회에 직원을 기꺼이 파견할 성직자가 부족하고 교회가 비용을 감당할 능력이 없기 때문이다. 어린 시절 기독교인이었던 사람들 중 3분의 1이 나이가 들면서 종교를 떠난다.

퓨 리서치 4가지 예측 시나리오 모두 기독교 인구 감소
* 2070년엔 기독교인 절반 이하로 무종교인이 다수 세력으로 급증
* 젊은 층의 탈기독교 심화하면서 종교에 얽매이지 않고 영성 추구

퓨 리서치 센터는 그동안 미국 내 종교 인구의 변화 추세를 분석 총 4가지의 가상 시나리오를 내놨다. 시나리오별로 차이는 있지만 공통된 것은 기독교 인구는 4가지 모델에서 모두 감소한다는 점이다.

시나리오는 현재로부터 출발한다. 퓨 리서치 센터는 현재 미국인 5명 중 3명(64%)이 기독교인이라고 추산했다. 이 비율은 미래로 갈수록 급격히 감소한다. 현재 미국 내 기독교인과 비기독교인의 인구 비율은 6:4다.

퓨 리서치 센터는 "어린이를 포함해 미국인의 64%가 기독교인으로 추산되며 무종교인이 30% 무슬림 불교인 등 그 외 종교인이 약 6% 정도를 차지한다"고 밝혔다. 문제는 종교 인구의 지각변동이 이미 급격히 진행되고 있다는 점이다. 시나리오는 기독교인 인구와 비기독교인 인구의 비율이 시간이 흘러감에 따라 뒤바뀔 것이라는 것을 전제하고 있다.

연구 결과에 따르면 시나리오는 ▶(1번) 완만하게 전환 ▶(2번) 무종교인의 완만한 증가 ▶(3번) 무종교인의 급격한 증가 ▶(4번) 비율 전환은 없음 등 총 4가지로 나뉜다.

퓨 리서치 센터는 전쟁, 경제 불황 등 특정 사건이 벌어진 경우를 제외하고 과거 30세 이전 미국인의 종교 소유 여부 등의 추이를 토대로 시나리오를 그렸다. 그 결과 시간적 기준은 '2070년'이다.

퓨 리서치 센터는 보고서를 통해 "4번 시나리오를 제외하면 2070년에는 모든 연령대의 기독교인 비율이 절반 이하로 감소한다"며 "특히 무종교인이 급격히 증가하는 3번 시나리오의 경우 기독교인은 미국 전체 인구의 35%까지 줄어들 것"이라고 내다봤다.

최근 종교사회학계에서는 특정 종교에 소속되지 않는 이들을 '넌스(nones)'로 지칭한다. 넌스는 신의 존재를 부정하고 영적인 것을 부정하는 무신론자와 결이 다르다. 넌스는 영적인 것은 추구하지만 특정 종교에 속하지 않는 부류를 일컫는다. 퓨 리서치 센터가 실시한 시나리오 예측

연구의 중심에는 이 '넌스'가 있다.

연구 보고서에 따르면 특정 종교에 속하지 않는 부류가 2070년에는 최대 52%까지 급증할 수 있다. 2명 중 1명은 그 어떤 종교에도 속하지 않은 부류가 된다는 것이다. 특히 3번 시나리오대로라면 2070년에는 무종교인이 52%로 늘고 기독교인은 35%로 감소한다. 지금으로부터 40여 년 후에는 '미국=기독교 국가'라는 명제가 '미국=무종교 국가'로 바뀔 수 있음을 의미한다.

물론 기독교인과 비기독교인 인구 간 비율 전환이 이루어지지 않는 4번 시나리오의 경우도 그리 장밋빛 미래는 아니다.

4번 시나리오에 따르면 오는 2070년 기독교 인구는 54%로 예측됐다. 현재(64%)보다 10%포인트 감소한 것으로 하향 추세는 분명하다. 반면 비율 전환은 이루어지지 않더라도 넌스 등 무종교 인구는 현재(30%)에서 34%까지 증가한다.

연구 보고서에는 "4가지 가상 시나리오에서 무종교인은 모두 증가할 것으로 나타났지만 기독교 인구는 기존의 변화 패턴을 기반으로 보면 감소세가 뚜렷하며 이르면 2045년부터는 소수 종교가 될 수도 있다"고 전했다.

퓨 리서치 센터가 그린 4가지 가상 시나리오는 지난 1972년부터 기독교 인구와 무종교 인구 변화의 데이터를 토대로 작성됐다.

퓨 리서치 센터에 따르면 기독교 인구는 1972년(90%)부터 계속 감소세를 거듭하며 현재는 전체 인구 중 63%를 차지하고 있다. 반면 무종교 인구는 1972년 전체 인구의 5%에 불과했지만 현재 29%까지 늘었다. 쉽게 말해 '무종교인의 부흥'인 셈이다. 달리 보면 기독교만의 문제는 아니다. 불교 이슬람 힌두교 등 그 외 종교 인구 역시 1972년(5%)과 현재(6%)가 거의 변화가 없다. 기독교 이슬람 불교 등 종교 인구 자체가 사실상 정체 또는 감소하고 있음을 보여 주는 대목이다.

물론 변수는 존재하지만 종교계의 전망 자체는 밝지 않다. 연구 보고서에서는 "경제 불황, 전쟁, 이민 패턴의 변화, 종교계 개혁 등과 같은 변수들로 종교계가 다시 탄력을 받거나 기독교의 부흥 등이 있을 수 있다"며 "그러나 현재로서는 그러한 결과를 예측하기 위해 반영할 수 있는 수학적 모델은 없다"는 내용이 담겨 있다.

젊은 층의 탈기독교화가 심화할 경우 기독교계의 미래는 더 어둡다. 퓨 리서치 센터는 출생연도별 데이터를 분석했는데 기독교인 가정에서 태어난 1960년대생은 30세 이후에도 약 90%가 기독교인이었다. 문제는 이러한 비율이 점점 낮아지고 있다는 점이다.

기독교 가정에서 나고 자란 1970년대생이 30세 이후에도 기독교인으로 남아 있는 비율은 85% 1980년대생은 80% 미만으로 줄어든다. 보고서에는 "1990년대생의 30세 이후 패턴을 추정할 수 있는 데이터는 아직 없지만 분명한 것은 기독교 가정에서 교육받고 성장했어도 젊은 세대일수록 성인이 됐을 때 기독교를 더 많이 떠나고 있다는 점"이라고 지적했다.

분명한 것은 현재 또는 미래의 종교 인구 지형은 시간이 갈수록 급증하는 무종교인에 의해 급변하고 있다는 점이다. 게다가 젊은 층의 탈기독교 탈종교화는 이러한 추세를 가속화하고 있다.

이 밖에도 보고서에는 ▶기독교를 떠나는 비율은 여성보다 남성이 높음 ▶어린 시절 기독교인으로 성장했어도 이후 대학 졸업 등 교육 수준이 높을수록 기독교를 떠나는 비율 역시 높음 ▶기독교인으로 자랐지만 이후 '넌스'가 된 사람 10명 중 7명은를정치적으로 민주당 또는 민주당 성향이라는 특징 등이 담겨 있다.

한편 이번 연구는 존 템플턴 재단이 지원하는 글로벌 종교 미래 프로젝트의 일환으로 시행됐다. 이 밖에도 '넌스' 등 무종교인의 증가는 퓨 리서치 센터뿐 아니라 타 기관 여론조사에서도 뚜렷하게 나타난다. 무종교인의 비율은 제너럴 소셜 서베이(1972년 5%→2021년 29%) 어메리칸 내셔널 일렉션 스터디(1972년 4%→2021년 23%) 갤럽(1972년 5%→2021년 21%) 등 대부분의 조사에서 명백하게 증가하고 있다.

10장

가라지 비유(마13:24-30)를 어떻게 적용할 것인가?

예수님의 천국 비유 가운데 가라지와 알곡 비유가 나온다(마 13:24-30, 36-43, 막 4:26-29). 이 비유에서 예수님은 하나님의 말씀이 전하여진 곳에 사탄이 가라지로 비유된 거짓 진리를 전파함으로 이단 세력이 있음을 미리 보여 주신 것이다. 초대교회로부터 지금까지 수많은 이단들이 나타났고, 교회 회의에서 이를 정죄함으로 징계하였다. 사탄은 계속해서 이단 사상을 전파하고 분파를 함으로 수많은 교파 교회를 만들어 냈다. 우리의 시대는 헤아릴 수 없이 많은 교파 교회가 기독교라는 이름으로 존재한다. 복음주의 입장에서 보면 모두 약간의 차이가 있을 뿐 모두가 하나님을 말하고, 예수님을 말하고, 같은 성경으로 가르치고, 천국과 지옥을 말한다. 그리고 예배를 드리고, 같은 형식으로기도를 하며, 같은 찬송가를 같이 부르고 있다. 그러므로 어느 교파에 속해 있든지 교회에 출석하는 교인들은 형제이고 자매라고 말한다. 그러나 개혁신앙 입장에서 보면 개혁파가 아닌 기독교는 모두 이단이다. 예수님은 말씀하시기를 "추수 때까지 그대로 두라" 하셨다. 이 말씀은 한번 나타난 이단은 어떤 형태로든 추수 때까지 계속 존재할 것을 말한다. 과거의 펠라기우스 이단이 오늘날은 알미니안 주의(=반펠라기안주의; Semi Pelagianism) 형태로 약간의 모양을 바꾸어서 복음주의라는 프레임으로 행위 신앙을 말하고 있다.

박윤선 주석 - "교회사를 보면 뜻밖에 그릇된 교훈을 가르치는 자들이 교회 안에 일어났을 때에 교회가 그들을 징계하면 그들은 어디까지든지 자기들이 바르다고 항쟁(抗爭)하였던 것이다. 펠라기우스(Pelagius)는 어거스틴(Augustinus)과 항쟁하였고, 개혁시대에 신부들은 개혁자 파렐(Farel)을 "루터파의 개"라 하였고, 이단자 셀베투스(Servetus)는 칼빈을 가리켜 "짖는 개"라고까지 비방하였다."

현재 우리가 처한 교회 환경은 각종 다양한 신학 사상과 초교파 신앙으로 혼합되었다. 과거는 초대교회 시대부터 각종 이단들이 일어났다가 소멸되었거나 변형되어서 이단 사상이 교회 안에 숨어 남아 있기도 한다. 현대 자유주의 신학은 19세기의 슐라이엘마허와 릿츨과 하르낙 등에 의해 시작되었고 그 이후 오늘날까지 다양하게 전개되어 왔던 불신앙적인 신학 사상들을 통틀어 일컫는 말이다. 그 후 자유주의 신학은 과정신학, 세속화 신학, 신 죽음의 신학, 진화론 신학으로, 해방신학, 흑인신학, 여성신학 등등으로 발전하였다. 우리가 사는 시대는 시대 흐름을 좇아서 교회가 동성애자를 받아들이는 데까지 이르게 되었다. 신학으로는 과거 루터파, 웨슬리파, 개혁파로 구분하는 시대를 지나서 자유주의 신학 이후 또다시 오순절주의, 신 오순절주의, 세대주의 신학이 종횡으로 침투하여 모든 교파 교회들이 일반화되어 구별하기가 어렵게 되었다. 그 결과로 참교회, 참신앙을 찾기 힘들어졌으며, 교회는 교인들의 입맛에 맞추어서 귀를 즐겁게 하는 설교를 하게 되었으며, 교파 간의 교회 장벽이 허물어져서 장로교인들이 침례교회나 오순절교회에서 예배드리는 것이 이상하지 않게 되었다. 이러한 현상을 밭에 알곡과 가라지가 공존하면서 오히려 가라지만 보이므로 알곡은 찾아보기 어렵게 된 상태라고 말할 수 있다.

가라지와 같은 거짓된 자들의 몇 가지 특색

1) 중생하지 않았으므로 성령의 감화와 인도를 이해하지 못함.
2) 죄를 참으로 미워하지 못하고 범죄 한 것을 진실한 마음으로 회개할 줄 모름.
3) 천국(하나님 나라)보다 세상을 사랑하여 그리로 기울어짐.
4) 외식과 간사와 교만이 생활의 주동력이 되어 있음.
5) 어떤 때에는 진실하게 도의(道義)와 염치(廉恥)를 주장하고 힘쓰지만 하나님 중심이 아니고 이 세상과 육체를 향하고 있다.

복음주의, 세대주의, 알미니안주의, 자유주의, 인본주의와 같은 신학 이론이 가라지이며, 그에 따른 사상을 따르는 신앙으로 개혁파가 아닌 모든 기독교(침례교, 감리교, 변질된 장로교와 개혁교회, 성결교, 그리스도교 등 복음주의 교회들, 신복음주의 노선의 교회들) 교파 교회가 믿는 신앙이 가라지라고 볼 수 있다.

특히 복음주의 노선에 속한 많은 사람들은 예수님을 주로 고백하고 영접했기 때문에 구원을 받았다고 믿는다. 이것은 가라지의 한 요소를 포함하고 있다. 그들은 성경의 몇 구절로서 구원을 임의로 정의하고 적용한다. 신, 구약 성경 전체의 맥락으로 보면 하나님의 은혜의 풍성함을 따라 하나님이 선택했기 때문에 성령을 통해서 부르심을 받아서 구원을 받게되는 것이다(엡 1:7, 롬 8:29-30). 그러므로 예수님을 구주로 영접했기 때문에 구원을 받았다고 하는 것은 하나님의 은혜와 상관없이 '영접'이라는 행위로 몰아가는 것이다. 하나님의 은혜는 하나님이 선택한 자에게 주어지며, 그리스도의 십자가의 구속의 은혜와 성령님의 신앙하게 하시는 열심이 포함된다.

하나님 나라와 하나님의 언약을 기준으로 정의할 때, 하나님의 주권으로 선택을 받지 못한 사람은 교파를 초월해서 주일에 교회당에 출석하고 세례를 받았다고 할지라도 하나님 나라 밖에 있다고 보는 것이다. 여기에 해당하는 기독교인 역시 가라지에 지배를 받고 있는 사람들이며 의인의 회중(교회)에서 배제된 사람들이다.

WCC(세계교회협의회), WEA(세계복음주의 연맹), WARC(세계 개혁교회 연맹), WEA와 관계있는 국제 로잔회의 역시 가라지라고 말할 수 있다. 그 이유는 마지막 시대의 배도(배교) 길을 걷는 대표적인 집단행위이기 때문이다.

우리는 마지막 시대를 살면서 사탄이 교묘하게 공교히 침투하는 위장된 가라지 신앙을 분별하는 영분별을 달라고 기도해야 하며, 사도들이 말한 대로 깨어 있는 신앙을 갖기 위해서 성령으로 충만하고 복음으로 무장해야 할 것이다. 알곡과 가라지의 구별하는 기준은 개혁주의 신앙이다. 복음을 깨달았다는 말은 개혁주의 신앙을 알고 있다는 말과 동일한 말이다. 바른 신앙을 알기 위해서 먼저 해야 할 일은 개혁주의 신앙이 무엇이며, 개혁주의 핵심 교리와 사상을 이해하고 발견해야 한다. 이 책에 그에 대한 내용을 설명하는 부분을 잘 살피시길 바란다. 알곡과 가라지는 너무나도 비슷해서 구별하기가 쉽지 않다는 것을 기억하고 성령의 인도하심과 도움을 받아서 깨닫기를 바랄 뿐이다. 하나님의 은혜가 독자들과 함께하기를 기도한다.

11장

교회 안에 서서히 침투하고 있는 어두움의 그림자로서 가라지들(이단사상)

헌법적으로 보장된 종교의 자유 안에서 전 세계적으로 교회로 위장된 가짜 교회들이 계속 나타나고 있는 시대에 우리가 살고 있다. 가라지 비유에서 가라지의 특징은 알곡과 너무나 비슷해서 사람의 육안으로는 구분하기가 쉽지 않다. 마찬가지로 오늘날 교회 안에 기독교 색채를 띤 이단사상들, 곧 가라지와 같은 교훈들이 정상적인 신앙의 일부처럼 계속 침투해서 들어오는데도 막아 내지 못하고 묵인하고 방관하는 모양새이다. 그 결과로 교회가, 목회자가, 교인들이 사탄의 노예가 되고 있다. 여기서 강조하고자 하는 것은 어쩌면 당신도 이단일 수 있고, 당신의 교회도 사탄에 점령당했을 수 있다는 것이다. 목회자인 나 자신과 주님의 위임을 받아서 주의 양을 관리하는 여러분들의 교회를 다시 한번 돌아보는 계기가 되기를 바라면서 교회 안에 침투하고 있는 어두운 그림자를 살펴보고자 한다.

이단성을 규정하는 기준은 개혁주의 신학에서만 가능하다. 칼빈주의 신학과 신앙이 아니고는 이 주제 안에서 다루고 있는 영성과 영성 훈련이 왜 이단인가에 대해서 알 수 없기 때문이다. 현재 전 세계적으로 일어나고 있는 영성추구와 훈련이 기독교 안에서 이루어지며, 모든 교파가 하나님 체험과 하나님과의 만남을 다루고 있고, 색채가 기독교적이다. 그러나 이 현상을 자세히 들여다보면 과거에 일어났던 각종 이단 사상들이 다시 머리를 들고 나타나고 있는 것이다. 심판이 가까운 마지막 시대이기에 이 단적인 요소들이 가장 교묘하고 육안으로는 분별할 수 없을 정도로 드러나고 있다. 알미니안주의 계열의 교회와 여기에 속한 신자들은 시대적인 흐름으로 일어나는 하나의 현상으로 받아들이면서 저항하지 않고 그대로 수용하고 있다. 개혁주의 입장에서는 영성훈련과 관계되는 주제들과 그 외 사역의 분야로 나누어진 가정사역, 치유사역, 은사주의, 신사도 운동… 등이 가라지로 구분되지만, 알미니안주의 계통에서는 가라지로 보지 않고 정상적인 신앙으로 받아들인다. 여기서 알 수 있는 것은 물과 성령으로 거듭나지 않은 사람은 개혁주의 기준에서 말하는 가라지를 볼 수 없다는 것이다. 지금부터 설명하고자 하는 영성에 관한 주제를 개혁신앙의 기준으로 설명하고자 한다.

본 원고에서 말하고자 하는 것은 요즘 일부 교회에서 행해지는 영성훈련에 관한 주제들이다. 그리고 이 주제들과 연결된 교회 이벤트를 살펴보고자 한다. 사도 바울은 거짓교사들을 경계하라고 주의를 말하였고, 사도 요한은 이미 적그리스도가 나타나서 활동하고 있다고 경고를 했다. 그 시대부터 교회 안에 가라지들이 시대마다 새로운 모양으로 나타나고 있는 것이다. 지금 우리가 사는 시대는 영성훈련과 관계해서 신사도운동, 관상 기도, Lectio Divina, 제자훈련, CCM 찬양이 한국만 아니라 전 세계를 덮고 있다. 뿐만 아니라 사역의 프로그램으로서 치유사역, 전인사역, 가정

사역, 각종 세미나, 간증집회 등이 교회 강단을 점령하고 있다. 이러한 현상이 성경이 말하는 영성이 아니라 사탄이 주도하고 있는 가짜 영성이며 교회 사역이 아님을 알아야 할 것이다. 오늘날 현실은 이러한 독버섯 같은 이단사상이 교회 안에 널리 퍼져 있는데도 분별하지 못하고 목회자와 회중이 여기에 빠져서 적극 권장하고 있다는 것이다. 이러한 현상은 교회 강단에서 하나님 말씀이 사라지고 사도적 전통에 따른 바른 신앙에서 떠난 결과이다. 그 원인은 교회 지도자들이 공허한 마음을 채우기 위한 방편으로 하나님 말씀 대신에 종교적 행사나 가짜 영성을 받아들이기 때문이다. 특히 영성 훈련과 관계된 것은 대부분이 가톨릭 영성에서 온 것이다. 이러한 영성을 추구하는 것은 종교개혁 이전으로 돌아가자는 것과 같다. 개혁자들이 말하는 하나님의 말씀 회복이 아니라 다시 죽은 신앙으로 돌아가서 종교적 의식을 행하자고 하는 것이다. 자세한 것은 점차 설명해 가고자 한다.

한국 교회는 현재 어디까지 왔는가? 교회에서 영성훈련과 관계되어 있는 관상기도, 향심기도, 침묵기도, 거룩한 독서로 불려지는 렉시오 디비나적인QT가 경쟁적으로 시행되고 있다. 이에 발맞춰서 출판사마다 영성에 관한 책들이 만들어지고 팔리고 있다. 두란노에서 출간된 《영성훈련을 위한 아홉 번의 만남》, 《예수님을 경험하는 영성 훈련》, 《오늘부터 시작하는 영성 훈련》, IVP 단체의 《소그룹 영성훈련》, 《유진 피터슨의 영성 시리즈》, 규장 출판사의 《수도원에서 배우는 영성 훈련》, 성서유니온의 《Dwell》(렉시오 디비나 관상 큐티) 등이다. 이러한 현상은 비단 한국에서만이 아니고 전 세계적으로 같은 현상으로 말할 수 있지 않을까? 그렇다면 이 시대에 일어나고 있는 이 현상은 사도시대 이후에 교회 안에 침투해 온 각종 이단들이 총집결해서 마지막 시대가 되자 동시 다발적으로 나타나는 사탄의 공격이라고 보지 않는가? 교회 외부적으로는 WCC와 같이 종교 통합으로 배도(배교)가 일어남과 동시에 교회 내부적으로는 영성 훈련이란 명목으로 행해지고 있는 교회 내의 프로그램으로 개개인의 신앙을 무너지고 있다. 이러한 것은 분명히 이단적인데도 공인된 교파에 속한 교단이고 그 안에 소속된 교회라는 이유로 이단과 관련이 전혀 없는 것처럼 방관하고 있다. 여기서 우리 자신은 내가 담임을 하고 목회 사역을 하고 있는 교회가 정말 신약성경에서 말하는 신약교회의 바른 교회인가를 살펴야 할 것이다. 동시에 극단적 측면에서 나 자신과 내가 사역하는 교회가 이단적이 아니며 혹 이교신앙에 젖어 있지 않은가를 돌아볼 필요가 있다. 이것이 자다가 깨는 것과 같다. 이제부터 교회를 덮고 있는 어두움의 그림자 하나하나를 살펴보고자 한다.

1. 관상기도

한국에서 관상기도

로마 가톨릭의 영성훈련법 중 하나가 '**레노바레(새로 남, 중생)**'이고, 대표적인 운동가는 리차드 포스터(아주사 퍼시픽 대 교수, 1842-), 유진 피터슨(동양 신비종교와 기독교를 혼합시킨 종교다원주의자, 영성신학자), 달라스 윌라드(USC대 철학교수)이고, 이들을 한국에 초청해 레노바레를 보급하는 사람은 한국 레노바레 디렉터 강기찬 목사, 이동원 목사, 지구촌 교회 조봉희 목사 등이고 과거 사랑의 교회(오정현 목사 재임 시)에서 레노바레 세미나를 하였고, 서울신대(목창균 총장), 영락교회(이철신 목사), 수영로교회(정필도 목사), 대전새로남교회(오정호 목사), 선한 목자교회(유기성 목사) 등에서도 레노바레 세미나가 열렸다. 미주 지역에서는 새생명 비전교회 강준민 목사가 참여했다.

관상기도는 본격적으로 한국 교회 안에서 공식화되기 시작한 것은 1995년 두란노서원에서 출간한 《리차드 포스터의 기도》를 통해서 한국에 처음 알려졌다. 이 책은 2005년 현재 17만 부 이상이 판매되었다. 그리고 '레노바레 코리아'가 2005년에 조직됨으로 레노바래 운동이 전국적으로 시작된다. 레노바레에 뜻을 같이하는 국내의 목사들이 이를 한국에 체계적이고 조직적으로 도입하기로 하고 그 준비에 착수했다. 경기 성남시 분당 샘물교회 박은조 목사 등 10여 명의 목회자들은 2005년 10월 5~12일 미국 로스앤젤레스에서 열린 레노바레 목회자 영성수련회에 참가하여 레노바레 창시자인 리차드 포스터 목사와 달라스 윌라드 남캘리포니아대(USC) 교수 등을 만나 한국에 이 운동을 도입하고 싶다는 의사를 밝힌다. 이어 이동원 지구촌교회 목사와 박은조 목사 등 10여 명은 11월 8일 분당 지구촌교회에 모여 '레노바레 코리아'(www.renovarekorea.com)를 결성하고 레노바레를 한국에서 본격적으로 전개해 나가기로 했다. 레노바레 코리아의 공동대표로 홍정길 남서울은혜교회 목사, 이동원 목사, 이정익 신촌성결교회 목사, 박은조 목사가 추대되고 실무를 담당하는 집행위원회 위원은 서정오 동숭교회 목사, 윤성원 삼성제일교회 목사, 최상린 대학생선교회(CCC) 간사, 정현구 서울영동교회 목사 등 10명이 맡았다. 이들은 우선 리차드 포스터 목사를 초청해 다음 해 10월부터 한 달여간 서울(서울신학대), 부산(수영로교회), 대전(새로남교회), 성남(분당 지구촌 교회)에서 레노바레를 소개하는 세미나를 잇달아 개최하기로 했다. 실제로는 2006년 10월 24-25일 서울 신학대학교에서, 2006년 10월 26-27일 부산 수영로교회에서, 2006년 10월 30-31일 대전 새로남 교회에서, 2006년 11월 2-3일 분당 지구촌 교회에서, 2007년 10월 14일-17일 서울 영락교회에서, 2008년 10월 22일-24일 중앙 성결교회에서 연이어서 영성 훈련이란 이름으로 관상기도 세미나가 열렸다. 지금은 그때로부터 17년이 지났고 영성이란 말과 기도의 방법과 내용이 변질되어서 로마 가톨릭의 영성으로 변해 가고 있다. 사탄이 교회와 개혁주의 신앙의 기준을 무너뜨리고 있다. 말씀에 서 있지 않고, 복음주의 노선에 서서 하나님 나라 복음을 알지 못한 일부 목사들에 의해서 한국 교회가 로마 가톨릭화 되어 가고 있다. 이러한 현상에 빠져들게 하는 매개체가 영성과 관상기도, 심지어는 관상QT이다. 성서유니온의 '매일성경' QT가 소위 거룩한 독서라고 말하는 렉시오 디비나(Lectio Divina) 4단계에 의해서 이뤄지면서 마지막에 관상기도로 마치게 된다. 이 같은 현상은 WCC가 구상하고 추진하고 있는 로마 가톨릭과 개신교가 하나가 되는 한 단계이다. 언젠가는 천주교와 개신교가 구별되지 않고 비슷한 신앙 색체가 돼서 저항하지 못하므로 자연스럽게 단일 교회가 될 것이라고 본다.

관상기도란 무엇인가?

한국에서 최초로 수도원 운동을 했던 엄두섭 목사(1919-2016)는 성 프란체스코가 했던 명상기도를 말하고 있다. 가톨릭 영성이 진정한 영성이라고 말한다. 그가 말한 기도는 소리를 내지 않고 기도하는 관상기도이다. 그럼 관상기도는 구체적으로 무엇을 말하는가?

　관상(觀想)이란 한자말은 '마음의 상을 바라본다'는 뜻이다. 곧 조용히 눈을 감고 호흡을 가라앉히며 있노라면 마음속에 여러 가지 생각·영상·정서들이 흘러 들어오는 것들을 글자 그대로 바라보는 것을 의미한다. 관상은 영어로 'contemplation'이다. 영어 앞 단어인 'con'은 '함께', '강하게'라는 뜻이고, 뒤의 'temple'은 '관찰하기로 표시된 특별한 장소', '성전' 등의 뜻이다. 이 단어의 뜻은 '주의를 기울여 집중적으로 바라보고 관조하기 위한 구별된 지역이나 장소'를 의미한다. 그리하여 관상을 통해 그 대상과 일치가 이루어진 상태를 의미한다. 관상기도를 통해 관상상태를 지향하는 것이다. 기독교 역사에서 모두 자신들의 영성훈련 방법들이 주님과의 일치를 지향하는 관상기도를 하고 있다고 말하고 있다. 곧, 그들의 영성수련을 통해 관상 상태를 지향한다는 것이다. 어번 홈즈는《그리스도교 영성 역사》란 책에서 기도의 현상을 크게 4가지로 나누어 기술하고 있다. 사색적(spepculative) 기도, 감정적(affective) 기도, 상상적(imaginative, kataphatic) 기도, 비우는(emptying, apophatic) 기도다. 사색적 기도는 성경을 묵상·공부·독서를 통해 주님의 뜻을 알아 가는 것이다. 감정적 기도는 주님을 사랑하는 마음으로 기도하는 것을 의미한다. 상상적 기도는 예수회의 영성 수련방법이나, 동방 교회의 성화를 보며 기도하는 방법 등이 이에 속한다. 곧, 십자가 위에 달려서 피를 흘리시는 주님을 상상하면서 우리의 신앙심을 키우고 기도하는 방식이다. 마지막으로 비우는 기도는 주님의 현존에 머무르며 가슴으로 기도하며 직관으로 주님의 뜻을 찾고 기도하는 방식이다.

외관상으로는 동양의 명상 전통과 별로 구별이 되지 않아서 오해를 많이 받고 있다. 그래서 그리스도교 전통에 익숙한 상상적, 사색적 전통의 기도를 해 온 신자들이 비우는 스타일의 기도에 대해 여러 가지 부정적 태도와 비판을 하고 있는 것이 사실이다. 그렇다고 해도 이 기도 전통은 1세기부터 내려오고 있는 것이다. 한국 영성치유연구소 이만홍 소장은 관상기도를 묵상(黙想)기도라고 부른다. 관상이란 용어가 '동양 종교적' 어감이 있기에 이를 배제하기 위해서다. 또한 관상기도를 침묵기도라고 말하기도 한다. 그 이유는 관상기도는 입으로 소리 내어 간구하거나 마음 속으로도 주님께 간구하는 등의 행위를 하지 않고, 침묵 가운데 머무르며 주님께 가슴의 마음 문을 여는 행위를 지칭하기 때문이다. 또한 관상기도를 '명상 기도'라고 번역하기도 한다. 이는 뭔가에 대해 골똘히 생각하는 것에서부터 눈을 감고 하는 것까지를 포함한다.

관상기도는 불교의 선(禪; Zen)과 같고, 예수원에서 행해지는 침묵과도 같다. 그리고 마음에 십자가에서 피를 흘리는 예수님의 고상(苦像)을 그리면서 어떤 비참함에 빠지는 것과 같다. 그것을 생각하면서 눈물을 흘린다면 그 사람은 영성이 뛰어나다고 할 것이다. 한마디로 인위적인 경건을 추구하는 것이다. 이들의 영성을 말할 때, 이와 같이 수도원의 수도사같이 되는 것이다. 불교의 좌선과 같은 깊은 명상에 잠기는 것이다. 종교개혁자들은 이러한 미신적인 행위를 비판한다. 개혁자들이 말하는 영성은 성령 안에서 하나님과 만남이고 교제이다. 하나님은 말씀을 통해서 당신의 계시를 보여 주고, 성령을 통해서 깨닫게 해 주시므로 우리가 하나님의 은혜 안에 들어가게 된다. 우리는 그 은혜로 마음에 기쁨과 평안을 누리게 된다.

몇 교회에서 행하여지는 사순절 특별 기도, 떼제 공동체 기도, 뜨레스 디아스, 레노바레 운동(관상기도), 침묵기도는 종교개혁 이전으로 돌아가는 어리석은 행동이다. 개혁신앙이 바로 영성이다 라고 말하고 싶다.

관상기도는 무엇이 왜 문제가 되는가?

관상기도는 사탄이 주도한 가라지 모양의 기도이다. 관상기도는 모세가 하나님께 기도하고, 다윗이 기도하고, 솔로몬이 기도하고, 바울이 기도한 여호와 하나님과의 만남이 아니라는 것이다. 우리가 고백하는 하나님은 삼위 하나님이며, 하늘에 계신 성부 하나님, 성자 예수님, 성령 하나님이시다. 그러나 관상기도에서 기도의 대상은 아직 성령으로 거듭나지 못한 관계로 스스로 막연하게 정한 하나님이다. 그 결과로 사탄이 하나님으로 위장해서 접근하는데, 그 하나님은 범신론적(= 자연 안에 존재하는 다양한 잡신을 말함)인 신이 될 수 있다. 관상기도는 하나님이란 단어를 사용하면서 하나님을 자기 자신만의 관념의 하나님으로 바꾸고 마치 접신하듯이 악한 영을 불러들이는 것이다. 나도 모르는 순간에 여호와 하나님을 대하는 것이 아니라 범신론적 하나님, 곧 지구상에서 숭배하는 일반 신과 같은 존재를 하나님으로 부르고, 그 신을 만나서 황홀지경에 빠지는 기도이다. 이것은 12-13세기 수도원식 기도와 같은 것이다. 불교의 선(禪; Zen)과 같다. 산속 절간에서 중들이 참선하는 것과 같은 자세, 마치 요가를 하는 자세로 하나님을 부르짖고 만나며 자신을 몰입해서 황홀의 신비 체험하는 것이 관상기도이다. 관상기도는 겉으로는 기독교이지만 속으로는 선불교적이다. 일종의 접신하는 형태가 관상기도이다. 불교의 명상과 참선과 다르지 않다. 관상기도에서 자연 속에 있는 일반 신을 하나님 위치로 대체한 사탄이 만든 종교적인 기도 형태이다. 오늘날 관상기도는 가톨릭 영성가들의 영향을 받은 사람들이 한국 교회에 전파하였고, 그들이 영성 세미나를 함으로 개인이 기도할 때와 심지어 새벽기도회에서 기도할 때 관상기도로 하는 교회가 한국 교회 안에 유행처럼 번지고 있다. 결국에는 기독교가 선불교로 가고, 로마 가톨릭 교회로 가게 될 것이다. 사탄이 초대교회 시대에 교회를 파괴하기 위해서 영지주의 사상을 퍼뜨려서 이단에 빠지게 하였고, 그 이후로 시대마다 아리우스파, 펠라기우스파, 알미니안주의, 자유주의, 세대주의, 오순절주의, 신복음주의 등의 순서로 하나님 나라 교회를 파괴하고 있다. 이제는 수법을 바꾸어서 교회 내부의 기도와 설교와 찬양에까지 사탄과 결합하는 음행의 포도주를 마시게 함으로 어느 신앙이 참신앙인가, 복음이 무엇인가를 분별하지 못하도록 하는 시대가 되었다. 선택을 받은 자가 아니고는 분별하기가 불가능하다.

한국 교회에 관상기도를 주도한 사람들은 누구인가?

여기에는 직, 간접적으로 영향을 끼친 두 사람을 말하고자 한다.

(a) 리차드 포스터

레노바레(Renovare)는 라틴어로 '새롭게 하다', '회복하다'란 말이다. 레노바레 운동은 리차드 포스터(Richard J. Foster; 아주사 퍼시픽 영성신학과 교수)에 의해서 시작되었다. 리차드 포스터는 퀘이커 교도이다. 퀘이커는 조지 폭스에 의해서 시작된 신비체험의 교회이다.

(b) 유진 피터슨(Eugene Peterson; 1932-2018)

캐나다 밴쿠버에 있는 Regent College에서 "영성신학"을 가르치다가 은퇴한 교수이다. 그의 교단 소속은 PCUSA(미국 장로교)이며, 미국 메릴랜드주에 있는 장로교회에서 30년간 목회했다. 피터슨의 신학은 릭 워렌(Rick Warren) 등과 맥을 같이하는 범신론자로서 동양의 신비종교를 기독교와 혼합시킨 종교다원주의자이면서 신비주의자다. 유진 피터슨은 신복음주의자이며, 로마 가톨릭 영성을 지닌 관상가이며, 성경을 풍유적으로 해석하는 뉴 에이지 신비주의자이다. 그의 저서는 국내에서 인기 있는 도서로서 많은 작품이 출판되고 팔리고 있다. 그중 하나가 《잘 산다는 것》이 있는데 국내에서 이름 있는 목사들이 추천하고 있다(남포교회 박영선 목사 포함). 또한 유진 피터슨이 성경을 현대어로 번역한 것이 "더 메시지"(The Message)이다. 이 성경은 성경 원문에 충실하지 않고 자기 마음대로 성경을 재단해서 번역한 것으로 알려져 있다. 이 책을 출판함에 있어서 추천자 명단에 국내 유명한 목사들이 많이 참여하고 있다(박영선 목사 포함). 릭 워렌의 '목적이 이끄는 삶'에서 이 성경을 인용했으며, 신사도운동을 하는 많은 사람들이 인용하기를 좋아하는 성경 역이라고 말할 수 있다. 유진 피터슨의 어린이용 성경 '우리 아기 처음 성경'(넥서스 cross 사), 성인용 성경 'The Message' 성경(복있는 사람 사)이 국내에서 번역 출판되고 있다. 유진 피터슨의 영성은 로만 가톨릭 수도사인 토마스 머튼, 로렌스 형제, 헨리 나우엔에게서 비롯되었다고 볼 수 있다.

관상기도와 소위 말하는 영성운동에 영향을 끼친 영성 운동가들 - 이들은 현재 한국에서 발행된 영성에 관한 책에 소개되었으며 이 시대 영성

운동에 불을 지핀 사람들이다.

(a) 토마스 머튼(Thomas Merton)

토마스 머튼(1915 - 1968)은 처음으로 그리스도교(성공회)에서 신앙을
접했다. 케임브리지 대학교에서 1년간 공부하다 조부모가 살고 있는 미
국으로 이주해 1939년부터 로마 가톨릭 교회에 출석했고 콜럼비아 대학
교에서 공부하던 중 1941년 켄터키 겟세마니 수도원에 가입해 수도생활
을 시작했다. 그가 소속된 수도원은 로마 가톨릭 수도회 중에서도 규율이
엄격한 시토회, 즉 트라피스트회였다. 수도회에 들어간 뒤 죽을 때까지
그는 수도사들과 함께 공동 예배에 참석하면서 4시간 이상을 예배당에서
보냈고 개인기도를 드렸으며 침묵 수련, 공부, 노동을 했다. 1968년 12월
10일 태국 방콕에서 불교와 기독교 수도생활에 관한 컨퍼런스 기간에 갑
자기 53세로 사망했다.

20세기 최고의 서구 기독교의 영성가로 알려진 토마스 머튼은 두 번의
세계대전이 지닌 파괴와 불안의 격랑 속에서 가톨릭 영성가로서 1948년
베스트셀러 자서전《칠층산》이후 자유, 양심, 침묵, 명상 등에 관한 수십
권의 책을 써서 수많은 세계 독자들에게 영향을 주었다. 그런데 실상 그
는 50년대에 들어서면서 폭력과 전쟁에 대한 기독교인의 사회적 책임 문
제와 비폭력적인 평화건설에 대한 글로 인해 기존의 독자들에게 충격을
주었지만, 사실상 사회문제에서의 그의 발언은 진정한 삶에 대한 그의 영
적 여정의 자연스러운 결과이기도 하다. - 박성용 박사/비폭력평화물결
공동대표-

머튼은 오랫동안 자신의 영성 수행의 과정에서 불교의 명상의 방법, 특히 선(禪) 수행(Zen Practice)과 매우 가깝다는 것을 깨닫게 되었다. 기독교 신비가들의 영성체험이 불교의 영적체험과 본질적으로 동일하며 통한다는 것이다. 이를 통해서 심오한 영적체험과 깨달음이 있다는 것이다. 한마디로 불교의 선 수행(Zen Practice)과 기독교의 관상기도(contemplation Prayer)는 같다는 것이다. 머튼은 불교의 공(空) 사상과 연기설을 가톨릭 영성에 들여온 현대 영성가이다. 불교의 참선은 오늘날 기독교에서 관상기도로 불린 기도와 같은 것이다. 즉 불교의 참선과 기독교의 관상기도는 같다고 말한다. 유진 피터슨은 토마스 머튼의 영향을 받은 인물이다.

(b) 토마스 키팅

베네딕토 수도사 토마스 키팅은 1923년 3월 뉴욕에서 태어나 디어필드 아카데미, 예일 대학교, 포덤 대학교에서 수학하였다.

1944년 1월, 로드아일랜드 주 밸리 폴스에 소재한 엄률 시토회에 입교하였다. 1958년에는 콜로라도 스노매스, 성 베네딕토 수도원의 수도원장(Superior)으로 임명되었고, 1961년 메사추세츠, 스펜서의 성 요셉 성당의 수도원장(abbot)으로 선출되었다. 1981년 스펜서의 수도원장(abbot)에서 은퇴하여 스노매스(Snowmass)로 귀향하여, 현대적 기독교 명상법의 현대적 형태의 하나인 중심적 기도법의 한 실천방안으로 10일간의 집중 피정(retreat=가톨릭교회의 영성훈련) 프로그램을 창설하였다. 피정은 천주교 영성훈련의 프로그램이다.

키팅은 중심적 기도법과 기독교 명상 전통에서 이끌어 낸 기도법인 렉시오 디비나(Lectio Divina)를 가르치는 국제적 교회적 영적 네트워크인 컨템플레이티브 아웃리치(Contemplative Outreach)사를 공동으로 설립하였다. 여기서는 명상법을 수련하는 이들을 위하여 다양한 자료, 워크샵, 및 휴양지 등을 제공하고 있다. 1980년대 중반에 종교개혁시대 이전의 신비주의 경험을 불교 명상과 결합하여 영성 운동을 전개했으며 침묵 속에서 하나님과의 만남을 말한다.

(c) 헨리 나우엔

헨리 나우웬(Henri J. M. Nouwen 1932-1996)은 1932년 네덜란드에서 태어났다. 1957년에 천주교 사제서품을 받았고, 니즈메겐에 있는 대학교에서 심리학을 공부했다. 1964년 미국으로 가서, 노트르담대학교, 예일대학교, 하버드대학교에서 강의했다. 그런데 나우웬은 교수의 삶에서 소명을 발견하지 못하였다. 그는 주로 안식년을 인생의 다음 여정을 분별하는 기회로 활용했다. 1970년대에 제네시의 트라피스트 수도원에서 몇 개월 안식년을 보냈다. 1980년대 초에 페루에서 빈민들과 함께 생활했다. 그리고 1986년, 캐나다 토론토 근처에 있는 라르쉬 데이브레이크(Daybreak) 공동체에서 영성지도자로서 목회 활동을 시작했다. 그리고 1996년 세상을 떠났다. - 이강학(횃불트리니티신학대학원대학교, 기독교영성)

(d) 로렌스 형제(Brother Lawrence, 1611-1691)

프랑스 출생. 운동선수, 군인의 생활을 거쳐 파리 갈멜 수도회에 들어가 평생을 수도사로 생활하였다. 하나님과의 긴밀한 동행과 그로 인한 담백한 성품으로 유명하다. 그의 가까운 친구였던 조셉(Joseph)이 회고한 그와의 대화 내용과 로렌스 자신의 편지와 그가 남긴 말과 그의 생애의 약술들을 모은 책인《하나님의 임재 연습》(The Practice of the Presence of God)은 기독교 고전이 되어 하나님의 임재 속에 거하는 그리스도인의 생활에 대한 심오한 교훈을 전하고 있다. 로렌스 형제는《하나님의 임재 연습》에서 자신을 하나님께 전적으로 맡김으로 영혼이 정적(靜的)인 상태, 곧 무념, 무상의 상태가 되며, 텅 빈 상태, 곧 관상의 상태가 되어 이때 관상기도가 된다. 관상 가운데 신을 만나고 신을 경험하는 것이다. 여기서 말하는 하나님과 그리스도인의 개념은 개혁주의에서 말하는 하나님과 그리스도인이 아니다. 그들의 하나님은 범신론적(=지상의 모든 신들을 말함) 하나님으로서 '하느님'이다. 하나님의 임재는 범신론적 하나님인 그 어떤 신과 만나는 서양식 접신(接神)이다. 이것을 관상기도에 적용해서 참하나님이 아닌 그 어떤 신을 만나는 것이다.

2. 거룩한 독서 렉시오 디비나와 QT(관상독서와 관상QT)

QT를 CCC에서 1960년대부터 '주님과 나만의 시간'이란 이름으로 사용하여 성경을 읽고 묵상하며 은혜를 받은 대로 감사하는 기도를 해 왔다. 한국 교회는 이러한 스타일로 성서유니온에서는 '매일 성경' 이름으로 교재를 만들어 성도들이 성경말씀을 읽고 적용하도록 했으며, 두란노에서는 '생명의 삶'이란 교재를 사용하여 개인의 QT를 해 왔다. 한국 교회는 장로교가 중심을 이루었기 때문에 이러한 개인 성경 교재를 장로교 기준으로 하나님 말씀을 읽고 그 말씀을 묵상하고 은혜를 받은 대로 감사기도로 마치는 것으로 편집되었다. 그로 인해서 이 교재가 어떤 교회에서는 새벽 기도 강단과 구역예배에서 사용되기도 했다. 그러나 지금은 그와 반대로 관상기도와 같은 스타일로 변모하면서 로마 가톨릭의 영성을 따라가고 있는 것이다. 사탄은 QT까지도 관상기도의 형식을 취하도록 유혹하고 있는 것이다. 그것이 렉시오 디비나이다.

지금부터 말하고자 하는 QT는 영성 또는 관상에 관계되는 거룩한 독서와 관상기도가 결합된 QT를 말하고자 한다. 이 방법은 나 중심의 성경 해석과 마음대로 해석해서 주관적인 은혜를 느끼게 한다. 성경을 읽는 이유가 구원과 상관없이 자기 필요에 따라서 한다. 기도할 때는 관상으로 흘러가게 한다. 성경을 읽고 해석하는 것은 나 중심의 성경 해석이며 구속의 은혜와 상관없이 순전히 자기 목적에 적용하는 것으로 성령의 인도와 관계가 없다. 우리가 지향하는 바는 언약적, 구속사적 관점에서 성경을 읽어야 하고 개혁주의 신앙으로 읽어야 한다. 그런데 이것은 하나님 음성을 듣고자 하고, 명상 등의 관상기도로 신비를 맛보는 것이다. 이것은 원래 가톨릭적이다. 최근에 와서 성서유니온의 '매일 성경'의 서문에 관상기도를 도입하면서 렉시오 디비나(Lectio Divina)를 소개하고 있다(2024. 5. 6월호).

Lectio Divina(렉시오 디비나) - 거룩한 독서란 뜻

렉시오 디비나는 천주교의 영성을 훈련하는 과정의 독서법이다. 그리고 여기에 관상기도를 적용한다. 렉시오 디비나를 응용한 독서와 침묵기도는 로만 가톨릭의 영성 훈련을 통해서 신비 체험하는 것이다. 거룩한 상상력, 오감을 이용하는 묵상을 하며, 이것을 응용해서 QT를 한다. 하나님 체험과 영성 수련을 목적으로 사용하고 있다. 이것을 그들은 '하나님 나라 QT'라고 말한다. 하나님 나라 관점(렉시오 디비나 관점)으로 말씀 묵상하는 것이다. 이것은 개신교 안에서 이뤄지는 서양식 접신(接神) 행위이다. 기도의 대상을 저들도 우리처럼 하나님을 말하지만 그 하나님은 범신론적 종교의 신과 같은 것이다. 어떤 사람은 철학적인 신으로, 어떤 사람은 힌두교 신 브라만과 같은 신으로, 우주 안에 있는 어떤 신을 머릿속에 상상하면서 말씀을 적용하고 그 안에 깊숙이 몰입해 가는 것이다. 렉시오 디비나는 4단계 과정을 통해서 그들의 말대로 거룩한 독서를 하는 것이다. 성서 유니온에서 해설하는 사람이 렉시오 디비나의 과정을 말하면서 적용하도록 말하고 있다.

렉시오 디비나의 4단계

1) 성경을 읽고 이해하는 단계(렉시오; Lectio 읽기)
2) 읽은 말씀을 기억하고 되새기고, 상상하고 그 지평을 확장하는 단계 (메디타시오; Meditatio; 묵상)
3) 묵상한 말씀을 토대로 하나님과 대화하는 기도의 단계(오라타시오; Oratatio; 기도)
4) 그 묵상한 말씀이 일상의 삶이 되게 하는 단계(콘태플라시오; Contemplatio; 관상)

그들의 QT는 선불교(禪; zen)로 가고 있다(겉모양은 기독교이지만 실체는 선불교(禪佛敎)이다). 그들이 말하는 성화(聖化)의 기준이 QT를 통해서 이뤄진다.

3. CCM 교회 음악(관상 음악)

CCM(Contemporary Christian Music; 현대 기독교 음악)을 즐기는 사람이 던지는 질문이다. "내가 CCM을 들으면서 받은 뜨거운 은혜가 거짓이란 것입니까?" 뜨거운 감정을 느낀 것을 이 사람은 은혜를 받았다는 것이라고 여기는 것이다. 그러한 감정은 거짓된 감정이다. CCM을 통해서 하나님의 임재를 느끼고 은혜를 받았다고 하면서 성령을 받았다고 하는 것은 신사도에서 주장하는 것과 같은 것이다.

"성령의 비를 내려 달라", "성령의 기름부음을 주소서" 이러한 말은 CCM을 통해서 관상기도 하는 것이다. 신비체험을 CCM을 통해서 하는 것이다. 이것은 관상기도와 같은 맥락이다. 음악을 통해서 관상기도의 체험을 하는 것이다. 흥분하고, 감동하고, 마치 은혜를 받은 것처럼 감정의 착각을 불러일으키는 것이다. 그 이유는 악한 영이 그 순간에 역사하기 때문이다.

왜 손을 흔드는 것일까? 손을 흔드는 것은 알미니안적 의미가 들어 있다. 나의 어떠한 행위적인 표출로서 남들보다 더 하나님의 은혜와 성령의 역사를 받고 싶다는 표현이다. 감사의 표현이 아니다. 개혁교회는 손을 들지 않는다. 주로 은사주의 교회에서 손을 들고 부른다. 부흥이라고 착각하는 것이다. Azbury 부흥이 바로 그런 것이다. 노래 가사와 리듬이 찬양하는 자로 하여금 거짓된 신앙으로 유도한다.

CCM은 1960년대부터 미국에서 일어나기 시작해 1970년대 이후 세계로 확산된 기독교 음악 또는 그러한 음악 운동을 통틀어 일컫는다. 찬송가는 예배에 사용되는 전례용 음악이고, CCM은 전례에 사용하지 않고, 종교적 메시지를 담은 대중음악이다.

지저스 컬쳐(Jesus Culture)

1960년대 암울했던 미국에서 청년들을 중심으로 발생한 히피문화는 자유분방한 문화와 생활방식을 추구하였다. 그 히피문화에 대한 반동으로 1960년대 말에 발생한 예수운동(Jesus Movement)은, 히피들이 내세우던 철학이 아니라 예수 그리스도의 메시지에 희망이 있음을 주장하며 다양한 방법으로 그 메시지를 전하려고 했다. 히피들이 록 음악(Rock music)에 자신들의 메시지를 담아서 전했던 것과 같이 자신들도 록 음악이나 팝 음악에 기독교적 메시지를 담아서 전파하기 시작했고, 이런 움직임은 지저스 뮤직(Jesus Music) 혹은 지저스 록(Jesus Rock)이라는 이름으로 불리었다. 전술한 지저스 뮤직 운동과 융합되면서 현대의 CCM과 같은 형태로 발전하게 된다.

한국 CCM의 역사

각 지역에서도 찬양집회가 활성화되면서 CCM은 전성기를 맞게 된다. 교회에서도 90년대 중반까지 이어지던 "교회 내에 드럼과 전자악기를 놓는 것이 합당한가?"라는 논쟁은 대개 "괜찮다."라는 것으로 정리되는 분위

기였다. 단, 신학교들은 예외였는데, 대표적인 보수교단 신학교인 총신대학교에서는 90년대 후반에서야 밴드에 대한 거부감이 공식적으로 사라졌으며, 부산의 고신대학교에서는 2000년대 초중반까지도 상당히 조심스러웠다고 한다. 무엇보다 2000년대 초까지 대세였던 신사도 운동 등의 각종 부흥운동에 대한 이단성 논란이 불거지면서 CCM도 교리적 비판을 피할 수 없게 되었다. 이러한 새로운 예배 스타일을 선호하는 교회들에서는 예배 때 찬송가보다 CCM을 더 많이 부르게 되었다.

CCM이 관상기도 영성에서 나왔다. Richard Wayne Mullins(10. 21. 1955-09. 19. 1997)는 그의 어머니가 퀘이커이다. 그의 신관은 퀘이커적 하나님이다. 이단 퀘이커의 신론의 변질로 왜곡된 하나님을 말한다.

CCM은 뉴 에이지 신앙과도 연결된다. 가사가 하나님을 말하고, 예수님을 말하고, 영광을 말하고, 사랑을 말하지만 깊이 들여다보면 성령의 감동이 빠진 인간의 육적 정서가 신념과 결합하여 억지로 찬양하는 것을 볼 수 있다. 나의 혼신(魂身)을 다해서 열정과 종교적 수식어로 하나님을 높이는 찬양을 한다. 성령의 인도하심이 아니라 나의 육(肉)에서 나오는 감정으로 찬양하는 것이다. 하나님이 나를 찾아오는 것이 아니라 하나님을 찾아가는 것과 같은 인간의 종교적인 모습과 자기 의를 받아 달라는 내용이다. 오늘 날 찬양을 보면 찬송가를 작사했던 Fanny Jane Crosby(1820-1915)와 같은 영성을 찾아볼 수 없다.

Dante Bowe의 "Voice of God"의 내용

[폭탄이 터질 때 나는 그것을 들을 수 있다. 바다 한가운데서도 들을 수 있어. 오 설명할 수 없네요. 하지만 울고 싶어, 창턱에 비가 오면 들을 수 있어. 아이들의 웃음이 살아 있는 놀이터에서, 오, 설명할 수 없어. 하지만 울고 싶어, 그리고 나는 그것을 뉴욕의 번화한 거리에서 들을 수 있어. 조지아의 푸른 들판에서도 들을 수 있고, 오, 설명할 순 없어요. 하지만 울고 싶어, 할머니처럼 들리네, 어디서 왔는지, 찬송가 할렐루야 부르는 합창단 같네]

이러한 내용을 보면 지극히 범신론적이고 뉴 에이지적이다.

뉴송처치 영성이란 것이 교회에 영향을 주고 있다. 뉴송처치는 뉴욕의 뉴송처치, 달라스의 뉴송처치 등 미국 전역과 호주의 뉴송처치, 한국의 뉴송처치는 CCM을 하는 교회들의 대명사가 되었다. 다음은 노스캐롤라이나 주 샬롯의 뉴송처치의 안내문이다. 이들은 기독교 모든 종파를 구분하지 않고 받아들이는 교회이다. 뉴 에이지로 가는 모양을 띤다. 오순절, 빈야드(신사도), 가톨릭, 장로교, 침례교를 구분하지 않고 모이는 교회임을 보여 준다.

Newsong Church is Spirit-Filled church located just north of Charlotte in the Lake Norman area of North Carolina. If you are looking to find deeper meaning and freedom in God, we are here for you. All sorts of people attend Newsong. Non-denominational, Catholic, Baptist, Presbyterian, Anglican, Vineyard, Calvary Chapel, Charismatics, and those just seeking for purpose and community in Christ are all welcome at Newsong Church. - 뉴송교회(Newsong Church)는 노스캐롤라이나주 레이크 노먼(Lake Norman) 지역의 샬럿 바로 북쪽에 위치한 성령 충만한 교회입니다. 당신이 하나님 안에서 더 깊은 의미와 자유를 찾고 있다면, 우리는 당신을 위해 여기 있습니다. 뉴송에는 다양한 사람들이 참석하고 있습니다. 초교파, 가톨릭, 침례교, 장로교, 성공회, 빈야드, 갈보리 채플, 은사주의, 그리고 그리스도 안에서 목적과 공동체를 추구하는 사람들은 모두 뉴송 교회에 오신 것을 환영합니다.

그들의 음악의 가사를 보면 그럴듯하고 성경적으로 보인다. 그리고 위의 안내문을 보면 초교파를 강조하고 있다. 이것은 무엇을 암시해 주고 있는가? 찬양을 강조함으로 매우 기독교적이고 은혜가 넘치는 교회로 보인다. 찬양으로 모인다면 어떤 교파도 구분하지 않고 환영한다는 것이다. 기독교 이단들까지도 환영한다는 것이다. 그 안에 사탄이 숨어 있다. 개혁주의 신앙의 관점으로 볼 때, 하나님 나라와는 거리가 멀다. 다만 기독교라는 이름은 가졌지만 불교나 이방종교와 다른 점이 없는 하나의 종교와 같은 것이다.

Dante Bowe의 -Voice of God-와 -Our God is an Awesome God-
가사의 내용에 나오는 하나님은 다신론의 하나님이다. 여기에 '십자가 보혈로의 은혜'가 없는 공감, 위로, 등 인본주의적인 내용으로, 범신론과 뉴 에이지로 가고 있다. QT, 관상기도에서의 Voice of God을 추구하는 것처럼 CCM에서도 그대로 나타난다.

D. 뉴 에이지 운동

릭 워렌(새들백 교회 목사)은 "하나님은 모든 만유 안에 계신다"라는 매우 혼란스러운 뉴 에이지 메시지를 전한다. 그는 그의 저서《목적이 이끄는 삶》에서 서로 다른 15가지의 성경 버전을 사용한다. 릭 워렌은 에베소서 4:6을 인용할 때 하나님은 모든 것 '안에' 계신다는 잘못된 성경 번역을 사용하였는데, 그 번역은 범신론적인 뉴 에이지의 가르침과 같다. 범신론 사상은 뉴 에이지 및 새 영성운동의 가장 근본이 되는 가르침이다. 그럼에도 릭 워렌은 15개의 성경 번역 중에 뉴 센츄리 버전(New Century Version)을 인용함으로《목적이 이끄는 삶》을 읽는 수백만의 독자들을 잘못 인도하고 있다. 즉, 하나님은 모든 것 '안에' 있다는 범신론적 뉴 에이지 교리를 잠재적으로 전달하고 있는 것이다. 하나님에 대해 워렌은 다음과 같이 말한다. "성경은 말하길, 하나님은 모든 것을 다스리시며 모든 곳에 계시고 모든 것 안에 있다." 이는 기독교가 아닌 범신론 사상이다. 뉴 에이지를 대표하는 책《A Course in Miracles》과 여러 다른 뉴 에이지 책들은 하나님은 모든 사람과 모든 것 '안에' 있다고 범신론 사상을 가르친다. 이는 곧, 내 안에 신성이 있다는 것이다.

한글 개역 에베소 4:6 - "하나님도 하나이시니 곧 만유(萬有)의 아버지시라 만유(萬有) 위에 계시고 만유(萬有)를 통일하시고 만유(萬有) 가운데 계시도다"

이러한 현상은 신론(神論)의 변화이다. 전통적인 기독교 하나님은 여호와이며, 3위로 계시는 하나님이이시며 자기 백성과 교제하시는 인격적인 하나님이시다. 그러나 지금 교회는 칼 바르트의 영향으로 하나님을 전적인 타자(wholly Other;)로 말한다. 이 말은 "하나님은 불가해적이어서 우리가 인식할 수 없는 하나님 이다"라고 하는 말이다. 하나님은 초절자 하나님으로 말한다. '관념적인 하나님으로 존재하는 분이다'라는 말이다 하나님은 전적으로 초월적 분이시기 때문에 인간이 그에 관한 바른 관념을 가능성을 훨씬 넘어서 계신다. 그러므로 성경을 렉시오 디비나의 방법으로 이해하려고 한다. QT는 관상QT로 시행되며 하나님의 음성 듣기로 변화하고 있다. 어떤 교회에서는 새벽기도를 아예 관상기도로 전환하고 있다. 언젠가는 교회가 기도할 때, 마루에 빙 둘러앉아서 요가를 하는 자세로 두 손을 모으고 눈을 감고 명상함으로 시행하는 시대가 올지 모를 일이다. 시대가 점점 변화하여 새로운 세계관으로 흘러감에 따라서 교회도 새로운 스타일로 변모할 수 있는 것이다. 40-50년 전에 이미 시작된 영성이 오늘날 개신교 안에 들어와서 기도 형식, 찬양 형식, 성경 공부와 개인 묵상의 스타일을 돌이킬 수 없을 정도로 변모하고 있다. 머지않아 20년 주기로 한 세대가 시작되면 교회 안에는 동성애가 인정되고, 불교와 교류, 천주교와 교류, 이슬람과 힌두교와 교류, 중국의 노자 사상의 도교와 교류가 이뤄질 것이다. 자연스럽게 여호와 하나님과 예수 그리스도는 찾을 수 없고 모든 신이 통합된 다른 개념의 하나님이 예배의 대상일 수 있다.

〈참고자료 1〉

WCC 에큐메니즘 & 혼합 영지주의 관상기도를 중심으로 모이는 세계의 종교들 관상기도는 사탄의 걸작품! 관상기도의 위험과 실체

자료제공: 한국 교회 영성 총연합회(UCSC)
(크리스찬 트리뷴 2010년 6월 7일 기재 기사)

관상 영성이란 고대의 신비적 훈련을 통해서 변화된 의식상태(침묵)를 유도하며 신비주의와 신비술에 뿌리를 두었지만 자주 기독교적 용어로 포장되는 신앙체계로서 관상영성의 전제는 범신론적이며, 만유 내재신론적이다.

동양적 신비주의 사상과 가톨릭 혼합 신비주의의 대가들은 토마스 키팅, 토마스 머튼, 헨리 나우웬(동성연애자), 노르위치의 줄리안, 십자가의 요한, 아빌라의 테레사가 있다. 헨리 나우웬은 그의 책에서 "토마스 머튼이 선불교, 수피즘, 도교, 힌두교(우파니샤드)의 영성에 큰 영향을 받았으며, 동양 명상의 여러 형태들이 크리스천들 속으로 섞여 들어왔다"고 적고 있다.

뉴 에이지적 관상영성이 교회로 들어오게 된 것은 1970년대 세 명의 수사(修士)들(토마스 키팅, 윌리엄 매닝어, 배질 페닝턴)에 의해서 이루어졌다:

"그들은 종교 통합적인 가톨릭 신학자들, 일주일간 불교 명상 피정을 제공한 동양 선의 대가인 조슈 사사키, 초월 명상을 가르친 트라피스트 수

사였던 폴 메리첼 등을 수도원으로 초청했다. 가톨릭 수사들과 동양 명상가들의 대화를 통해 가톨릭 관상기도는 평신도를 포함한 다양한 계층의 신자들이 손쉽게 훈련할 수 있는 형태로 만들어졌다." 조셉 샌드만(어메리카 매거진 2000년 9월)

특히 관상기도는 신사도들에 의해서도 매우 증진되고 있다.

예를 들어, 타드 벤트리의 이전 홈페이지에는 "관상기도를 통해서 삼층천을 보는 방법"(Guided Visuali-zations of the THIRD HEAVEN)에 대한 관상법 강의가 소개되어 있었다.

그는 자신이 관상기도 중에 영계에서 선다 싱을 만났다고 적었으며, 선다 싱은 요즘 종교분야 베스트셀러의 주인공인 스웨덴보리를 영계에서 만났다고 알려져 있다.

그러나 그들이 영계에서 만난 자들은 모두 친숙령들(familiar spirits)이다.

성경은 죽은 자와의 교통(Necro-mancy)을 인정하지 않는다.

"진언자나 신접자나 박수나 초혼자를 너희 가운데에 용납하지 말라"(신명기 18:11)

관상기도는 신복음주의권에서도 매우 유행하고 있다. 대표적으로 레노바레의 리차드 포스터와 더 메시지 성경(The Message)을 쓴 유진 피터슨을 꼽을 수 있다.

뿐만 아니라 한국의 일부 목회자들도 교회 안에 관상기도를 소개하기도 한다.

"관상이란 깊은 사고로 생각이 머무는 자리, 궁극적으로는 생각 자체를 뛰어넘어 생각 자체도 쉼을 누리는 자리를 뜻합니다." - 이동원 목사 목회칼럼

"명상(冥想)이란 정신을 하나로 집중하여 모든 생각, 모든 관념을 비워 빈마음을 이루어 내는 작업이다. 불교에서는 명상의 목표를 우주와 진리와의 합일을 목표로 삼는다면 기독교에서는 하나님과의 합일을 목표로 삼는다. 글자 그대로 영적 체험이요, 신비체험이다." - 김진홍 목사(종교다원주의자)의 아침묵상

한국 교회 안에 잘 알려진 리차드 포스터는 다음과 같이 말한다.

사고(思考) 없는 명상을 통해 자신 내부의 깊은 곳의 중심을 향하고 "살아 계신 그리스도를 실제로 만나고" 그리고 "그의 목소리를 들을 수 있다"(영적 훈련과 성장/Celebration of Discipline P. 26)

심지어 그는 명상 수행자들은 "당신이 아버지를 보고 아버지께서 당신을 보는, 아버지와의 깊은 내면의 교제 속으로" 들어갈 수 있다고 말한다. (P. 27)

포스터는 시각화(visualization) 훈련을 장려하는데, 몸을 떠난 개인이 "외계 깊숙이 들어가", "영원한 창조주의 임재 속으로" 들어가서, 거기서 하나님으로부터 직접 주의 깊게 경청하여 지시를 받는다고 주장한다. (영적 훈련과 성장, 1978년본 P. 27-28)

리차드 포스터는 자신이 본 환상을 아래와 같이 기술하는 급진적 에큐메니스트이다.

"나는 켄터키 산촌에서 온 가톨릭 수도사와 로스앤젤레스 거리로부터 온 침례교 전도사가 함께 나란히 서서 찬양(?)의 제사를 드리는 것을 본다. 나는 사람들을 본다."(생명수의 물줄기/Streams of Living Water, 1998, P. 274)

또한 토마스 키팅은 다음과 같이 말한다.

"관상기도는, 사고와 언어와 감정을 초월하는 궁극적 신비인 신에게 우리의 마음과 심장과 우리의 온 존재를 여는 것이다. 이것은 우리가 동의할 때, 신과의 합일로 이끌어 주는 내적 정화 과정이다."('신적 요법으로서의 향심기도' : 트리니티 뉴스와의 인터뷰에서)

키팅은 오컬트적인 쿤달리니 요가를 추천하기까지 한다.

또한 그는 '비우기'를 논하느라고 불교의 주 경전인 '금강경'(Diamond Sutra)을 인용하면서, 독자들에게 공중부양과 같은 심령술들이 관상기도에서 비롯될지도 모르지만 그런 능력들은 케이크에 설탕을 입히는 것과 같다며, 우리는 설탕을 입힌 것만으로는 살아남을 수가 없을 것이지만, 만일 독자들이 심령술에 관심이 있으면 반드시 인가된 교사 아래서 수행하라고 다짐을 놓는다.

신비주의자들과 관상기도의 명상적 수행자들에 따르면, 관상가는 신비주의자가 접촉하는 것과 같은 실체와 접촉한다고 진술하며, 또한 관상가는 진리에 대한 순수하고 직접적인 비전을 받는 것으로 느낀다고 진술한다. 이 생각은 동양종교적 명상기법들을 통해 '생각 비우기' 상태에서 좀 더 순수한 형태의 진리를 얻는다고 가르치는 동양종교의 믿음에서 발견된다.

성경의 가면을 쓴 관상기도를 권장하는 목사들과 거짓교회들은 흔히, 논리와 이성을 향한 '깔끔하게 포장된' 복음주의적 기독교와 관상기도의 경험적 신비주의적 면모들 사이의 '딜레마'라는 허위 개념을 풍긴다.

이 생각은 현재 포스트모더니즘의 영향으로 점점 더 일반화되고 있다. 하지만 이것은 거짓 딜레마임이 드러나고 있다.

성경 말씀 어디에도 기도가 기법 또는 생각을 넘어선 방법이라고 말하지 않는다. 통째로 성경과 동떨어진 기도신학 창출이 특히 위험한 이유는, 바로 우리가 주관론과, 경험에 바탕을 둔 진리로 가득 찬 영역이다. 따라서 우리 스스로 속을 수 있는 상태로 들어가기 때문이다.

관상기도 교사들은 기도는 하나님께 귀 기울이는 것이고 하나님과 신적 연합을 이루는 것이라고 말하지만, 성경은 기도를 말(단어)들과 생각들로 제시한다.

관상기도는 우리에게 내적으로 집중하라고 하지만, 성경은 우리에게 밖으로 하나님께 집중하라고 훈계한다. 관상기도에 관한 한 평가서는 관상기도가 뉴 에이지, 동양 종교적 기법들과 성경 밖 개념들의 혼합물이라는 것을 밝혀 준다.

관상기도는 틀린 명칭이다. 왜냐면 그것은 성경에서 발견되는 대로의 기도나 관상(명상, 묵상)도 아니기 때문이다. 우리는 뉴 에이지(New Age)에서 나온 신사도운동가들과 IHOP, 신복음주의로부터 나온 Emerging Church의 기도의 특징은 관상기도이다.

만유가 신의 안에 속하며, 신은 만유에 내재하는 동시에 만유에서 초월하여 존재한다는 이론(All-in-God)은 우주적 예수 그리스도를 의미한다고 뉴 에이지적이며 신복음주의적 기독교인들의 일부가 주장한다. 쉽게 말하자면 길가의 돌멩이나 나무뿌리에도 신이 내재하고 있으며, 신은 그

것을 포함하며 그것보다 크다(+α)는 사상이 바로 그것이다.

우주 만물 속에 들어 있다는 이 신은 바로 영지주의의 "신적 존재(Divinity)"이며, 뉴 에이지에서는 "우주 의식(Cosmic Consciousness)"이라고도 불린다. 영지주의에 의하면 만물은 신적 존재로부터 방출된 신성을 가지고 있다. 이 신성들은 분리될 수 없으며, 서로 연합해서 하나를 이루고 있기 때문에 만물은 분리된 것이 아니라 연결되어 있다. 만물은 신의 일부분이며, 신은 만물 속에 있는 신성의 연합체를 포함한다. 다음은 만물 속에 들어 있는 신을 믿는 신비주의자들의 말이다.

영지주의의 신, 즉 우주 만물에 내재하는 신이 20세기 과학을 타고 기독교 안으로 들어왔다. 이것이 바로 유신(有神)진화론이 말하는 "우주 그리스도"이다.

뉴 에이지 크리스찬들은 만물 속에 내재하고 있는 신성을 "우주 그리스도"라고 부른다. 영지주의적 종말론적 신비주의 배도(배교)적 기독교 기도운동 특징 중의 하나가 관상기도이다. 그러므로 성경말씀을 그대로 믿는 순복음 오순절 근본주의와 장로교 개혁주의 목사님들은 연합하여 관상기도를 경계해야 한다.

다음은 레너드 스위트가 자신의 책《그리스도에 대한 생각(Reflections on the Christ)》에서 우호적으로 인용한 데이빗 스팽글러의(영지주의 "빛의 사자"인) 루시퍼(사탄)에 관한 말이다 : 루시퍼는 우리 안에서 우리를 온전함으로 이끈다. 우리가 온전함의 시대인 뉴 에이지로 들어갈 때 우리 각자는 "루시퍼 입문(Luciferic Initiation)"이라고 부르는 지점으로 옮겨진다. 그곳은 각자가 온전함과 빛의 장소로 가는 데 꼭 통과해야 하는 문이다.

아래 자료는 지금까지 서술한 내용을 이해하는 데 도움이 될 것이다.

〈참고자료 2〉
복음으로 위장한 뉴 에이지 전도사들

레너드 스위트, 릭 워렌, 유진 피터슨의 거짓 영성 -크리스찬 트리뷴에서

현재 미국 교계에서 가장 큰 영향력을 끼치고 있는 사람을 뽑으라고 한다면, 과연 누가 있을까? 많은 사람들이 릭 워렌과 레너드 스위트를 꼽을 것이다.

레너드 스위트 박사는 미국 월간지 '처치 리포트'에서 매년 선정하는 '미국에서 가장 영향력 있는 지도자'로 올해 8위에 오른 바 있으며 얼마 전에도 한국에 방한하여 통(通)컨퍼런스를 마친 바 있다.

또한 릭 워렌의 목적이 이끄는 운동은 대단히 짧은 기간에 타임지가 "목적이 이끄는 제국"이라고 할 만큼 거대하게 성장하였다. 『목적이 이끄는 삶』 시리즈를 통해 릭 워렌은 '복음주의의 기수'로 한국에도 널리 알려져 있다. 그러나 겉으로 보이는 그들의 화려하고 점잖은 사역과는 달리 그들의 가르침과 이곳저곳에서 행하는 이단적인 행태는 심각한 지경에 이르

렀다.

그들은 뉴 에이지라는 용어를 재정의하여 세련되게 만듦으로써 뉴 에이지 자체를 복음주의 기독교에 편입시켰다. 그들에 의하면 뉴 에이지라는 용어는 더 이상 밀교 신앙이 아니라 과학적으로 인증 받은 영적 믿음인 것처럼 새로운 시대를 연 것이다.

그들에 의해서 합당하게 용인되고 있는 뉴 에이지는 우주적인 "새 영성"으로 탈바꿈하며 순수한 크리스찬들의 영성을 더럽히고 있다. 레너드 스위트와 릭 워렌은 뉴 에이지 공감자로서 서로에게 신뢰를 실어 주고 있는 형국이니 더욱 목회자와 성도들의 주의가 요구된다.

* 레너드 스위트의 뉴 에이지 핵심 키워드
- 만유 내재 신론
많은 뉴 에이지 인사들은 새로운 세계 종교의 바탕이 되는 가르침은 하나님의 "내재성"이라고 말한다. 그리고 이 내재하는 하나님 이론은 뉴 에이지 전도사인 레너드 스위트의 핵심적인 가르침이기도 하다.

뉴 에이지의 키워드인 만유 내재신론을 정의하자면 다음과 같다.

만유 내재신론(萬有內在神論 Panentheism) : 만유가 신의 안에 속하며, 신은 만유에 내재하는 동시에 만유에서 초월하여 존재한다는 이론 [All-in-God]. 쉽게 말하자면, 길가의 돌멩이나 나무 뿌리에도 신이 내재하고 있다는 것. 양자/만유/우주적 그리스도와 함께 뉴 에이지의 대표적인 이단적 가르침이다.

레너드 스위트는 그의 저서 《양자 영성》을 통해 하나님은 모든 것 '안에' 있다고 주장한다.

"양자 영성은 우리를 인류 가족 공동체의 다른 지체들뿐만 아니라 모든 피조물에 연결한다. 이는 모든 피조물 자체에 하나님이 계시다는 혁신적인 교리를 설명한다. …그러나 (범신론적이든 또는 초월신론적이든) 신의 내재함. 즉 우주의 영인 물질까지 나아가지 못하는 영성은 기독교가 아니다."

그러나 레너드 스위트가 말하는 (범신론적이든 초월신론적이든) '우주 만물 속에 들어 있는 신'은 우리가 알고 있는 우주 만물을 다스리시는 하나님이 아니라, 영지주의의 '하나님적 존재(Divinity)'로서 명백한 이단이다.

영지주의에 따르면 결국 만물이 하나님의 일부분이고, 우리 인간도 이러한 신성의 연합체를 이루어 가는 주체로 결국 이는 구원을 이루기 위한 조건들이 인간에게 달려 있다는 것을 상징한다. 그러나 우리가 성경을 통해 얻은 하나님의 말씀은 인간의 구원은 예수님의 은혜로 우리 죄를 사해 주심으로 이루어지며, 인간의 힘으로는 구원에 이를 수 없다.

또한 오늘날의 많은 뉴 에이지 교사들의 가르침을 본따서 레너드 스위트는 이렇게 말한다.

"자연 세상은 인간의 유익 외에 그 나름대로의 정체성과 목적이 있다. 그러나 우리는 다 함께 그리스도의 우주적 몸을 구성하고 있다."

그가 말하는 우주적 그리스도의 핵심 이론은 다음과 같이 요약된다.

『우주적인 신은 곧 우주 만물이며 깨달음을 통해 우주적인 신은 진화해 간다. 또한 모든 인류는 하나이며 우리가 이것을 깨달을 때 에너지가 발생한다. 말하자면, 이런 에너지를 통해 모든 인류는 우주적인 신(의 일부)이며 세상을 창조하는 주체(의 일부)이다.』

따라서 그가 말하는 하나님은 절대자이자 창조주가 아닌, 인간의 도움을 받아서 진화해야 하는 객체이다. 또한 그는 우리가 구세주로 알고 있는 예수님을 에너지가 물질로 나타난 물질(?)에 불과한 존재이다.

반면에 모든 인류는 창조 사역에 동참하는 우주적인 신의 일부, 또는 그 자체가 된다. 아무리 보기 좋은 말로 포장한다고 해도 이는 인류=신, 예수 그리스도=물질, 또는 에너지라는 뉴 에이지의 핵심 교리를 벗어나지 않는다. 이외에도 레너드 스위트의 언급을 통해 그의 사상이 얼마나 이교도적인지 살펴보자.

* 정신과 육체는 동일하다. 물질은 영의 에너지이다. 결국, 존재하는 모든 것은 영이다(영지주의).
* 우주의 궁극적인 실제는 깨달음이며, 깨달음으로부터 에너지물질(에

너지=물질)이 발생한다(불교의 선사상).

* 자연 세상은 인간의 유익 외에 그 나름대로의 정체성과 목적이 있다. 그러나 우리는 다 함께 그리스도의 우주적 몸을 구성하고 있다(만유내재신론)

* 선교나 전도를 할 때 침묵하면서 불교 신자나 무신론자들의 이야기를 듣는 것이다. 기독교인이 되기 위해서 불교 문화나 이슬람 문화를 포기할 필요는 없다. ; 에큐메니즘/기독교 토착화(신사도 운동)

* 내 안에서 예수님을 발견하고 함께하는 것, 이게 진정한 선교다. ; 만유 내재신 사상

* 비본질적인 나를 비워서 본질적인 나를 찾는 거다. ; 내 안의 '신성'을 찾는 관상기도

* 인간적 예수와 우주적 예수가 둘이 아니다. 물리학적 11차원에선 모두가 보이지 않는 멤버링을 통해 하나로 연결돼 있다. 물리학자들도 우주적 예수를 증명해 주고 있는 것이다. ; 만물이 신성으로 연결되어 있다는 영지주의/뉴 에이지 우주적 그리스도 사상

말하자면, 레너드 스위트의 가르침은 온갖 이교도의 이방 가르침들을 복음주의 용어에 맞게 포장한 이단적 가르침이다.

* 릭 워렌의 복음주의 가면에 숨겨진 "뉴 에이지 영성"
릭 워렌은 레너드 스위트의 뉴 에이지적 사고 방식을 교회를 통해 가장 충실하게 재연하고 있는 자이다. 릭 워렌과 레너드 스위트는 지속적인 대화를 통해 사상의 맥을 같이하는데, 이는 릭 워렌이 레너드 스위트의 가

르침을 충실하게 전수받는 형국으로 나타나고 있다.

이런 그의 뉴 에이지적 성향은 목적이 이끄는 삶과 그가 시무하는 새들백 교회의 방침에 고스란히 녹아 있다. 그런데 릭 워렌의 새들백 교회 창립 회원들 소개서에서도 하나님을 설명하기 위해 초월성과 내재성이라는 똑같은 용어들을 사용하고 있다.

이 말은 그의 목적이 이끄는 삶에서 "하나님은 모든 것 안에 있다"는 말과도 일관된다. 또한 새들백 교회 창립 회원들 소개서는 다음과 같이 말한다.

"하나님이 그의 피조물을 초월하신 사실이 그가 피조물과 관련이 없다는 뜻이 아니다. 하나님은 피조물 위에 초월하시며 동시에 피조물 내에서 피조물을 통하여 내재하신다."

결국 그는 모든 사람과 모든 것 안에 하나님이 계시다는 범신론적인 영성을 드러냈다.

이뿐만 아니라 릭 워렌은 현재 홍왕하는 로버트 슐러 등의 뉴 에이지적인 가르침을 자신의 교회와 프로그램을 통해서 접목(?)시키며 "새 영성"으로 변화시키는 데 주도적인 입장을 취하고 있다. 이는 그의 "목적이 이끄는 삶"에 관련된 프로그램을 보면 더욱 확연하게 드러난다.

*《목적이 이끄는 삶》은 긍정주의의 가면을 쓴 이교도 사상

릭 워렌은 특히 자명한 뉴 에이지 연사인 로버트 슐러의 가르침과 계획을 조직화하여 복음주의 교회로 끌어들였다. 로버트 슐러의 가르침과 글들은 특별한 인용 표시 없이 릭 워렌을 통해 점차적으로 복음주의 교회에 소개되어 왔다. 수정교회의 담임목사인 로버트 슐러는 '재사고'를 주창한 자이며 뉴 에이지자들과 교류하고 있다. '재사고'라는 것은 성경을 기존에 보는 것과 다르게 보고 해석하며 적용하는 것인데 결국 뉴 에이지 사상과의 접목이다. 다음은 릭 워렌이 《목적이 이끄는 삶》을 통해 어떻게 로버트 슐러를 흉내 냈는가를 확인할 수 있는 내용이다.

"우리의 생존은 희망이다. 희망이 없이는 우리가 살아남을 수 있다는 믿음을 잃게 된다". (수정교회 로버트 슐러 목사)

이 글을 마치면서 후기(소감)

1) 마지막 시대에 사탄은 최후의 발악으로 초대교회 영지주의 형태로 나타난 이단사상을 새로운 모양인 뉴 에이지 영성으로 교회 안에 침투시키고 있다는 것이다. 그 과정으로 종교개혁 이전 시대의 변질된 로마 가톨릭의 수도원적 영성을 관상기도, 관상QT(렉시오 디비나), 관상음악 CCM으로 경건으로 위장하여 교회 안에 어두운 사탄의 그림자를 드리우고 있다.

2) 지난 세기에 복음주의 이름으로 모든 교파를 초월한 교회를 하나가

되게 하기 위해서 복음주의 연맹(WEA)을 조직하고, 세계 선교를 주제로 하여 로잔대회(Lausanne Movement)를 만들어 모든 교파 교회들이 참가하게 만들고 있다. 이러한 복음주의 운동은 결국 여러 세기 동안 나누어진 교회들의 벽을 허물고 이단교회들을 이단 명단에서 해제함과 동시에 뉴 에이지로 나아가는 길을 터 주는 역할을 하고 있다. 그 과정에 관상기도, 관상QT(렉시오 디비나), 관상 음악인 CCM을 교회 안에서 일반적으로 시행하는 분위기를 형성한다.

3) 알곡과 가라지 비유(마태 13:24-30)에서 마지막 시대까지 나타난 가라지를 분별할 수 있는 기준은 개혁주의 신앙뿐이다. 우리가 갖추어야 할 신학은 개혁주의 신학이다. 목회자들은 칼빈의 기독교 강요, 언약에 기초한 구속사적 하나님 나라 이해, 하인리히 불링거를 비롯한 개혁신학자들의 교회론, 어거스틴의 신국론과 게할더스 보스의 하나님 나라 신학, 개혁주의 조직신학(신론, 인간론, 기독론, 성령론, 교회론, 종말론), 신조로 웨스트민스터 신앙고백서, 웨스트민스터 대, 소 요리문답, 알미니안을 분별하는 돌트신경, 개혁주의 구원론으로는 TULIP을 철저하게 무장하고 그 범위 내에서 설교해야 할 것이다. 개혁주의 신앙은 그 자체가 구원의 투구이며, 믿음의 방패이며, 의의 흉배이며, 복음의 신발이며, 진리의 허리띠이며, 말씀의 검이다. 전신갑주의 집약체이다.

4) 관상기도, 관상 QT, 관상음악 CCM을 가라지로 분류하고 이단시하는 사람은 개혁주의 신앙인뿐이라는 사실을 발견함이다. 그 이유는 개혁신앙을 소유한 사람만이 가장 성경적이고 성령에 인도함과 지배를 받고 있

으며, 분별력이 있기 때문이다. 알미니안주의에 속한 사람들은 관상기도, 관상 QT, CCM을 정상적인 기독교 신앙행위로 받아들이고 있으므로 거부 감이 없다. 누구든지 성령에 인도를 받는다면 로마 가톨릭으로 회귀하는 현상을 이단시하면서 거부하게 될 것이다. 그가 누구냐라고 묻는다면 그 답은 개혁신앙을 소유한 사람이다. 장로교 안에서도 개혁신앙에 서 있지 않은 사람은 이단적 영성운동을 수용할 수밖에 없을 것이다.

5) 칼빈이 기독교 강요 초판에서 참교회와 거짓교회가 무엇인가를 말한다. 분명하게 로마 가톨릭을 거짓교회로 바벨론 교회라고 말하고 있다. 요즘 영성운동은 곧 가톨릭 영성이요, 칼빈의 말대로 한다면 거짓교회의 영성이다. 관상기도(관상QT와 CCM 포함)가 개혁자들이 말하는 기도와 너무 비슷해서 많은 기독교인들이 분별력이 없이 관상기도 쪽으로 가고 있다. 관상기도를 받아들이는 교회를 보면 대부분이 알미니안주의에 속한 교회들이다. 개혁주의는 언약신학과 예정교리와 구원론으로 TULIP을, 종말론으로는 무천년설를 말하고 있다. 반면에 알미니안주의는 복음주의, 로마 가톨릭주의, 세대주의에서 말하는 구원론으로서 자유 의지에 의한 행위 구원을 말하며, 관상기도(QT, CCM)와 같은 가톨릭 영성을 수용한다. 알미니안주의 교회들은 복음주의와 세대주의를 받아들이고 있다. 그리고 개혁주의에 속한 교회와 철저하게 대비된다. 최후 심판 때를 향하여 오른편 양과 왼편의 염소로 구별되어 스스로 모이는 과정의 진행형이라고 볼 수 있다. 관상기도가 가라지인 것처럼 알미니안주의 신앙은 가라지이다.

12장
이 시대의 가라지인 가짜 성령운동과 가짜 부흥운동

지금은 자연환경으로나 영적 세계의 악함이 마치 노아 홍수 이전처럼 극에 도달해 있고 주님의 재림이 가까이 왔다는 것을 날마다 체감으로 느끼고 있는 시대이다. 현재 우리 주위에서 사탄이 거짓 신앙과 가짜 영성운동을 이용하여 성도들을 미혹하는 현상이 도처에서 일어나고 있다. 이에 우리는 마지막 지상교회의 파수꾼으로서 깨어서 사탄의 동향을 파악하고 우리에게 맡겨진 주의 백성을 바르게 인도하는 책임이 있다고 본다. 마태복음 13:24-30에 예수님이 말씀하신 하나님 나라 비유(천국 비유) 가운데 하나인 알곡과 가라지 비유에 해당하는 가짜 성령운동과 가짜 부흥에 대해서 정리해 보고자 한다. 2023년 2월에 Asbury 대학교에서 있었던 부흥운동을 성령에 의해서 일어난 사건이라고 말하는 사람이 있는가 하면 이와 반대로 이는 가짜 성령의 사건이라고 말하는 사람이 있다. 여기서는 Asbury 대학교에서 일어난 사건이 단호하게 왜 가짜인가를 밝히고자 한다. 앞으로 이와 비슷한 사탄의 속임수가 계속 나타날 것을 전제로 누구든지 개혁신앙에 서 있지 않으면 이러한 현상의 진위를 분별할 수 없다는 것을 조건으로 서술한다.

1) 교회사적으로 보면 두 가지 줄기로 신약시대의 교회가 이어져 내려오고 있다. 하나는 오순절 성령강림으로 시작된 언약적인 관점에서 구속사 안에서 신약 교회이며, 또 하나는 사탄의 개입으로 가짜 신앙을 일으키는 각종 이단(異端; heresy) 교회이다. 사탄은 지혜롭고 교묘해서 주님이 선포하신 천국 복음과 너무 비슷한 각종 사상을 교회에 침투해서 미혹하여 혼란을 일으켜 왔고, 이에 미혹된 무리들은 이단으로 정죄되었다. 종교개혁시대 이후에 자유주의 신학이 등장함과 동시에 우후죽순처럼 걷잡을 수 없이 진화론과 세대주의 신앙, 오순절주의 은사운동, 복음주의와 신복음주의로 이어지는 이단 운동이 집중적으로 나타나서 하나님 나라로서의 교회가 공격을 받고 있다. 개혁주의가 원(元)복음이라고 가정하면, 사탄은 복음주의 운동을 일으켜서 원복음을 물타기 하고, 더 나아가서 신복음주의로 공격해서 심지어 장로파교회, 개혁파교회까지 복음의 정의가 혼란에 빠질 정도로 흔들리고 있으며 교파 간의 장벽을 무너뜨려서 배교의 길로 가게 하고 있는 것이다.

2) 종교개혁시대 기준으로 볼 때 거짓교회는 로마 가톨릭이며, 참교회는 칼빈의 개혁교회이다. 이 시대에 거짓교회가 어느 집단일까를 말한다면 개혁주의 노선이 아닌 교회를 말할 수 있다. 참교회의 라인은 아브라함 언약에서 출발한 구약교회와 오순절 다락방에서 시작한 사도의 전통을 따라 이어져 온 신약교회이다. 신학적인 계보로 본다면 바울신학-아타나시우스 신학-어거스틴신학-칼빈주의 신학의 전통에 있는 교회들이다. 거짓교회는 영지주의-아리우스주의-펠라기우스주의-알미니안주의의 전통에 있는 교회들이다. 알미니안주의는 제2 영적각성운동의 바람을 타고

복음주의 바람을 일으켰고 세대주의, 오순절주의, 신복음주의를 만들어 내었다. 그 결과 지상의 기독교(Christianity)란 종교 집단으로 합종 연행하여 WCC, WEA가 조직되어 세계교회를 지배하고 있다. 사탄은 계속해서 마지막 시대에 선교의 지상명령 완수라는 목표로 로잔운동(Lausanne Movement)을 일으켜 선교의 공동체를 이루고 있다. 로잔운동의 내부를 들여다보면 복음주의 내지 신복음주의를 바탕으로 세계선교를 진행하는 데 있어서 초교파로 선교활동과 선교사들의 연합 활동이다. 개혁주의 관점으로 본다면 로잔운동은 예수님이 명하신 하나님 나라 전파를 위한 증인 된 교회 사명이 아니라 변질된 알미니안주의 계통의 지상교회를 통합하는 일이며, 선교 내용도 개혁주의에서 말하는 문화 변혁주의가 아니라 모든 민족의 전통과 문화를 견지하는 문화 적응주의로서 문화 운동을 펼치는 것을 선교라고 주장한다. 한마디로 알미니안주의에서 무슨 선한 하나님 나라 선교가 이루어지겠는가이다. 결국에는 사탄이 의도한 대로 변질된 교회가 연합해서 기독교 이름으로 위장한 가짜 하나님 나라를 지상에 만들어 가는 것이다. 사탄은 가짜 기도인 관상기도로, 가짜 찬송인 CCM으로 예배를 점령하고 있으며, 선교까지 성령이 주도한 지상명령 실천이 아니라 소위 말하는 그들만의 미쇼데이(Missio Dei) '하나님의 선교'를 하고 있다.

3) 이 주제에서 다루고자 하는 것은 가짜 성령운동이다. 한국의 70년대 부흥사들이 성령의 이름으로 기도원에서, 혹은 전국 교회에서, 여의도광장에서, 연합 부흥회에서 은사와 축복을 외쳤던 것을 보아 왔다. 그때는 분별하지 못했지만 지금에 와서는 지난날의 부흥사들의 부흥회가 한국

교회에 얼마나 해악을 끼쳐 왔는지를 알게 된다. 한국 교회의 주류였던 장로교회가 마치 발람 선지자로 인해서 이스라엘 백성이 음행에 빠졌던 것처럼 부흥사로 인해서 하나님 말씀의 권위가 무너지고 기복신앙으로 전락했으며, 알미니안 교회와 차별이 없게 되었다. 이들이 사용하는 무기는 성령이었으며, 방언의 은사와 축복을 외쳤다. 그 결과로 오늘날 한국 장로교회는 이러한 거짓복음에 사로잡혀 있어서 언약에 기초한 교회를 찾아보기 어렵게 되었다.

4) 교회사에 나오는 2세기 중엽의 몬타니즘과 한국 교회사에 나오는 감리교 이용도 목사의 신비주의 운동을 주목할 필요가 있다. 이들은 공히 입신, 방언, 예언을 하였으며, 직통계시를 주장한다. 몬타누스파들은 예수님이 약속한 보혜사가 임하였고, 보혜사 성령이 그러한 은사를 준다고 주장한다. 이용도는 1932년 신령파 집단인 한준명 집단을 비롯해 입신, 방언, 예언을 중시하였다. 그는 감리교 경성지방회의 의심을 받았고, 장로교의 평양노회, 황해노회, 평서노회 등의 금족령을 받았고, 1933년 9월 장로교 제22회 총회에서 이단으로 정죄되었다. 나타난 영적 현상 자체는 부정하지 않지만 그 현상이 '성령에게서 온 것은 아니다'라고 말할 수 있다.

5) 소위 말하는 오순절운동이 어떻게 나타나고 있으며, 어떻게 흘러가고 있는가를 대충 정리하면 다음과 같다. ① 1901년 감리교 흑인 목사 찰스 파함 목사가 인도하는 부흥집회에서 있었던 방언 사건과 1906년 4월 9일 미국 LA근처 아주사(Azusa)의 한 교회에서 감리교 흑인 목사 시무어가 인도하는 부흥집회에서 영적현상이 나타났는데, 회개운동, 방언, 성령

세례, 신유의 기적을 체험하였다. 그들은 이것을 제2의 오순절 사건이라고 말한다. 이 부흥운동이 오늘날 오순절파의 근원이 되었다. 이 운동이 미국을 비롯해서 전 세계에 오순절파 교회를 이루게 되었다. ② 1960년대 이후 전통적인 교회에 속한 사람들이 자기 교회를 떠나지 않은 채 이 운동에 가담하고, 자기들 교파 안에서 이 운동을 확산시켜 나가는 경향으로 나타났다. 이것을 "신 오순절운동(Neo Pentecostal Movement)" 혹은 "카리스마 운동(Charismatic Movement)"이라고 한다. 1960년 4월 3일 베네트(Dennis Bennett)가 성령세례를 경험하고 방언을 말한다는 이유 때문에 캘리포니아주 밴 나이스(Van Nuys)에 위치한 성 마가 에피스코팔 교회(St. Mark's Episcopal Church)의 목사직을 사임하였고, 가톨릭 교회에서도 성령세례를 체험하는 운동이 일어나게 됨으로 그 이후부터 교단의 장벽들이 무너지고 신 오순절파 운동이 태동하게 됐다. ③ 1980년대에 이르러 이 운동은 약간 다른 모습으로 보수적 복음주의자들은 약간 회의적이었으나 일부는 이 운동의 능력을 자기들 안에 수용하기 시작한 것이다. 미국 풀러 신학교의 교수인 피터 와그너 자신이 여기에 가담하면서 스스로 이 운동을 "제3의 물결"이라고 명명했다. 이 운동이 빈야드(Vineyard) 운동이라 하는 신사도운동의 시작이다.

6) 2023년 2월 8일부터 24일까지 16일 동안 일어났던 Asbury 대학교(Wilmore.KY) 부흥운동 사건을 1906년 LA 아주사 부흥과 동일한 부흥사건이라고 TV 뉴스로 보도되었고, 이 소식을 접한 열성 기독교 신자들이 미국 내뿐 아니라 전 세계에서 순례를 오고 동참하기도 한 사건이 있었다. 총신대학교 대학원 박용규 명예교수가 현지를 방문하여 성령의 사

건이라고 극찬하였던 사건이다. 이 기간에 있었던 사건을 두고 미국 전역의 주요 언론들, 교계지도자들, 그리고 280개가 넘는 대학교 학생들이 참여했다. 그들이 은혜를 받고 캠퍼스에 흩어져 미국 전역의 대학들에서 간증을 나누고 있다. 2023년 애즈베리 부흥의 성격과 특징은 첫째, Z세대들이 주도하고 중심이 된 부흥이다. 둘째, 찬양, 회개, 성경 봉독과 말씀, 그리고 간증이 있는 집회로서 역사적으로 부흥이 있는 곳마다 나타난 현상들이다. 셋째, 대학 홍보 담당 그레그 목사의 설명에 따르면 가장 두드러진 변화는 Joy(기쁨), Humility(겸손), Unity(일치와 연합)이다. 그리고 많은 치유가 있었다. 뉴욕 타임즈 기자는 부흥의 역사 때마다 치유역사가 있었는데, 이번 부흥의 특징은 정신적인 치유가 되는 역사가 있었다고 했다. 이 학교의 부흥운동 사건은 이 번이 처음 있는 사건이 아니고 1890년 개교 이래 1905년, 1908년, 1921년, 1950년, 1958년, 1970년, 1992년, 2006년에도 있었다고 한다. 이 학교는 웨슬리안 성결운동과 관계된 사립대학이며, 감리교 계통이다. Asbury 대학교에서 일어난 부흥은 개혁주의 입장에서 볼 때 사탄이 기획한 가짜 성령의 영적 운동이다.

7) 이상은 사도행전 2장에 나오는 구속사적으로 임한 오순절 성령강림 이후에 여러 가지 형태로 나타난 성령에 관한 이단들의 몇 가지 사건에 대해서 대강 열거해 보았다. 이들이 주장하는 이론과 실제로 나타난 영적 현상들은 사탄이 조작한 가짜 성령의 산물이다. 최근에 일어난 Asbury 부흥운동 사건에 대해서 성령의 역사라고 강력히 주장하는 장로교 신학대학교 교수까지 동조하는 것을 보고 있다. 이와 같이 미혹된 것은 그들이 성령의 현상이라고 주장하는 것에 단순히 영적인 현상이고 기독교 안에

나타났다는 이유로 감쪽같이 속아서라고 본다. 이와 같이 예수님이 말씀하신 가라지가 우리 시대에 많이 나타나서 활동하고 있지만 분별하지 못한 신학교 교수와 교회 지도자들이 있어서 순진한 성도들이 거짓된 신앙에 빠지고 있음을 보게 된다. 주님의 재림 직전에 이 같은 일이 많이 일어날 것이라고 보는데, 우리는 성령 안에서 깨어 있어야 할 것이다.

8) 세대주의를 비롯해서 19세기 영미 성령운동, 20세기 오순절 운동을 비롯해서1960년대 신 오순절주의와 1980년대 후반에 일어났던 제3의 물결 은사 갱신운동은 알미니안계의 교파에서 발생한 것이 특징이다. 이들은 하나님으로부터 유기된 상태에서 구속사적 성령을 경험하지 못하고 그들은 사탄의 조종으로 가짜를 할 수밖에 없다. 사탄은 알곡과 가라지가 비슷한 것처럼 비슷하게 성령 운동을 하게 하므로 진짜 성령운동처럼 그들은 모방으로 할 수밖에 없는 것이다. 가짜 성령운동을 하는 사람들은 은혜 안에 들지 못한 사람들이며, 이들은 거짓 선지자 노릇을 한다. 여기에 미혹되어 빠진 사람들은 하나님의 은혜와 관계가 없는 자들이다.

9) 그러면 우리는 어떤 자세를 취해야 할 것인가에 대해서 정리해 보고자 한다.

* 구속사적으로 성령강림은 단회적이다. 하나님이 아브라함과 다윗의 후손으로 오시는 그리스도는 단 한 번 오셨고, 단번에 십자가를 지셨고, 예수님 대신에 보혜사로 성령은 단 한 번 오신 것이다. 누구든지 하나님의 은혜 아래 있는 자는 성령충만을 날마다 구해야 할 것이다.

* 개혁파 성령론은 중생이 곧 성령세례라고 말한다. 사도행전 1:5의 성령세례는 오순절에 성령이 강림하심으로 시작하여 개인에게 임하는 성령이다. 누구든지 성령의 도우심으로 복음을 깨닫고 믿는 순간에 중생하며 동시에 성령으로 세례를 받는 것이다. 오순절파에서 말하는 성령세례는 방언, 예언, 신유 은사를 성령을 받은 증거라는 것을 강조하기 위해서 말하는 것이다.

* 칼빈은 기독교 강요에서 성령 세례와 중생을 성령의 내적 증거로 보았다. 이는 성경이 가지는 권위에 의해서 성령의 내적 증거를 말함으로 성경 자체를 강조한 것이다. 한국의 대표적인 신학자 박형룡은 중생과 성령 세례의 시기를 동시로 보았으며, 박윤선은 정통 개혁주의 성령론을 주장하고 은사 중지론을 말한다. 중생은 그리스도와 연합을 말한다.

* 웨스트민스터 신조에 '성령이 성부와 성자에게서 영원히 나오신다'는 교리가 있음은 성령 강림의 영속성이 있음을 잘 보여 준다. 이 '성령의 영원한 발출'(procession of the Spirit)은 오순절에 임할 보혜사 성령에 관한 예수의 말씀에 근거한다(요 15:26). 요한복음은 15장 26절의 "나오시는"(에크포류에타이)이란 말은 현재형으로 계속 나오심을 강조한다.

성령의 사역은 무엇인가?

현재 교회 안에서 이뤄지고 있는 성령의 사역은 주로 오순절파, 신사도, IHOP에서 이루어지는 은사의 나타남을 말한다. 예를 들면 방언을 하는 것, 영서를 쓰는 것, 병고치는 현상, 이적이 나타나는 일, 환상을 보는 일,

입신하는 일, 쓰러지는 현상, 등이다. 이러한 것은 2세기경에 나타난 초대 교회 이단 몬타누스의 현상과 같다. 우리는 이러한 영적인 은사가 나타나면 "그것이 성령의 역사이다"라고 말하게 된다. 이러한 현상은 뉴 에이지로 가는 안내자 역할이라고 말할 수 있다. 그 성령은 가짜 성령이며, 그러한 영적 현상은 사탄이 개입해서 일어나는 현상이다. 그러면 성경에서 말하는 성령의 사역은 무엇인가? 가장 중요한 성령이 하시는 일은 우리를 진리가운데로 인도하시는 일이다. 요한복음 16:13에 "진리의 성령이 오시면 그가 너희를 모든 진리 가운데로 인도하시리니…"라고 예수님이 친히 말씀하셨다. 이 말은 곧 하나님의 자녀들이 하나님 나라 복음을 알게 하기 위해서 인도하신다는 말씀이다. 성령의 인도를 받은 사람은 구약에서 언약하신 하나님 나라에 대한 약속에 근거해서 구속사적으로 하나님 나라를 보게 된다. 성령은 하나님의 은혜를 깨닫게 하시며, 성경을 문자적으로 아니라 계시로 하나님의 비밀을 알게 하시는 일을 하신다. 복음은 창세기에서부터 요한계시록까지 하나님의 작정과 성취의 과정을 포함하고 있다. 성령이 함께하는 사람은 하나님의 비밀인 말씀 안에 있는 복음을 알게 되며, 그 복음은 예수 그리스도를 통한 나를 향한 하나님의 구속의 은혜이다. 성령은 그 일을 하기 위해서 오셨다. 성령은 먼저 예정된 사람을 하나님의 은혜의 자리에 부르시고, 거듭나게 하시며, 예수님이 약속하신 진리 가운데로 이끄신다. 그 자리에 초대를 받아서 인도하심을 받은 사람은 복있는 자이다.

<참고 자료>

몬타누스주의 이단

몬타누스주의(Montanism) 135년~175년 사이에 소아시아 프리기아(Ph-rygia) 지방의 장로(오늘날의 목사)였던 몬타누스(Montanus)는 교회의 목표를 임박한 그리스도의 재림에 대한 기대에 맞게 형성하고자 했던 운동을 전개했다. 몬타누스는 무아적 황홀경(ecstacy) 상태에서 나타나는 영을 강조하였다. 그리고 자기가 보혜사 성령이라고 주장하였다. 그의 여제자 막시밀라조차도 자기는 성령이며 권능이라고 하였다. 보혜사와 새로운 예언을 강조하고 자기들의 신탁들이 공적인 성서를 보충해 준다고 보았다. 몬타누스는 막시밀라와 프리스킬라를 여선지자로 두고 이들을 통해 페푸자에 새예루살렘이 임할 것이라는 시한부 종말론을 주장하였다. 몬타누스는 자신의 가르침을 '새 예언(new prophecy)'이라고 하면서 방언과 열광적인 엑스터시의 체험을 강조했다. 177년 몬타누스를 이단으로 정하였다. 몬타누스주의는 AD 150~170년경 소아시아 지역에 성행했다. 성령에 대한 그릇된 사상, 거짓계시 운동, 영적 체험, 시한부 종말론 등을 외쳤다.

몬타누스 추종자들은 어거스틴의 노력으로 정통신앙의 교회 회원으로 돌아오기도 했다. 몬타누스주의는 오늘날의 성령주의운동, 오순절파 운동, 은사주의운동, 방언운동, 기도원운동, 신비주의운동, 극단적 종말론 등에서 왕성하게 부활하고 있다.

13장
개혁주의 신앙의 기초(Basic)

* 이 글은 목회자들과 평신도 지도자들이 갖춰야 하는 최소한의 소양이라고 말할 수 있다. 영적인 지도자라면 여기에서 말하는 기초(Basic)를 가지고 목회에 임해야 한다. 교회의 강단이 인간의 소리로 가득 차서 아무리 들어도 하나님 나라를 볼 수 없고 만질 수 없을뿐더러 결국에는 헛된 신앙으로 구원에 미치지 못할 수 있음을 알아야 할 것이다. 사도 바울과 같은 훌륭한 목회자를 만나서 구원의 길로 잘 안내를 받는다면 그 사람에게는 최고의 복일 것이다.

한국의 개혁주의를 대표하는 장로교회를 보면 알미니안주의신앙으로 심히 오염되어 있다. 기복신앙, 은사주의 신앙, 소위 말하는 관상기도, 렉시오 디비나 QT, CCM교회음악 등 이단적 요소가 이제는 개혁주의 신앙을 내세우는 장로교단 안에까지 깊숙이 들어와 있다. 총회와 노회는 이를 규제할 힘도 없다. 개혁주의 신앙의 순수성을 상실한 병든 장로교가 되었다. 이렇게 된 원인은 장로교의 표준에서 벗어났기 때문이다. 이에 대해서 '개혁주의 신앙의 기초(Basic)'가 무엇인가를 제시하고자 한다.

장로교 목사 가운데 신학교를 졸업했다는 자격 하나로 목사 안수를 받고, 어느 한 교회에 부임해서 예배를 인도하고 설교하는 직무를 수행하는 것으로 자신의 신앙이 온전한 것처럼 알고 있는 목사가 다수 있다. 그에게 맡겨진 신자들은 그 목사를 영혼의 목자로 절대 순종하고 따르고 있다. 겉으로 보면 그 목사가 장로교인이고 한 노회 소속되어 있기 때문에 그 목사에 대해서 의심할 여지가 없다. 목사 자신이 신학교육을 철저히 받았고 복음을 분명히 이해하고 있다면 헌법에 주어진 목사의 양심자유에 의해서 사역할 것이고, 하나님은 그로 하여금 성령으로 충만하게 하셔서 하나님의 교회를 넓혀 가시며, 어떠한 이단의 공격에도 든든하게 서가게 하실 것이다. 그러나 불행하게도 그렇게 되지 못하고 있다. 교회 안에는 고장 난 시계만 많아지고 있다. 고장 난 시계가 10,000개가 있다면 무슨 소용이 있겠는가? 그러하고도 숫자로 부흥했다고 자기 공로를 자랑하며 스스로 위로하고 있다. 장로교라는 이름은 가졌지만 알미니안주의 신앙으로 오염이 되어 신자들의 신앙 스타일이 기독교 다원주의가 되어 있는 것이다. 그 배경에는 목사 자신이 그렇게 오염되어 있다고 볼 수 있지 않은가? 신자 가운데 순복음 스타일로 기복신앙을 추구하는 사람이 있는가 하면 예수님을 영접하면 구원을 받는다는 침례교인과 같이 구별이 되지 않은 신자가 있다. 이런 상태에서 내가 관리하는 신자들이 과연 구원을 받을까 하고 되돌아보면서 생각하지 않을 수 없다. 이들 교파 교회는 알미니안 교회이며 구원을 받지 못하는 이단에 속한 교회이다. 그렇게 빠져 있는데도 내가 목회하는 교회에 출석하니까 모두 구원을 받는다? 이것은 너무 매우 안일한 생각이다. 심판 때 주님은 그 목사에 대해서 책임을 강력하게 물으실 것이다. 주님은 그를 향해서 "나는 너희를 모른다 불법을 행하는 자들아 내게서 떠나라!"라고 하지 않을까? 그 원인은 엡 6:10-17의 말씀에 의한다면 목사 자신이 개혁신앙이라는 전신갑주를 입지 않아서이다. 그러한 면에서 전신갑주에 해당하는 최소한 원칙을 '개혁신앙의 기초'란 이름으로 설명하고자 한다. 여기서 말하는 기초는 단순한 Foundation(토대)의 의미보다 Foundation이면서 최소한으로 요구되는 Basic(기초)의 의미로서 목회자들의 설교의 기초이면서 주님의 양인 모든 신자들이 받아 누리는 복음의 핵심이라고 말할 수 있다.

1. 개혁신앙을 갖는 것은 하나님의 은혜이며 복이다.

이것은 마 13:44의 값진 보화의 비유와 같이 보화를 소유하는 것과 같다. 소유하는 날부터 하나님의 풍성한 은혜 안에 들어가며 계속해서 은혜의 풍성함을 누리기 때문이다. 그렇지 못한 사람은 눅 15:11-32 탕자의 비유에 나오는 둘째 아들이 돼지 먹이인 주엽 열매를 먹는 것과 같으며 계속 채워지지 않는 영적 굶주림에 머물게 되는 것과 같다.

2. 개혁신앙을 아는 것은 오직 하나님의 은혜가 주어지기로 작정된 자만이 가능하다.

선택교리에서 유기(遺棄)된 자는 아예 하나님의 은혜에 접근할 수 없다. 선택함을 받은 자는 하나님께서 성령(보혜사)을 보내시어 부르시고, 듣게 하시며 믿게 하시며 끝까지 견디고 인내하게 하시며 구원을 보증하신다. 하나님의 선택으로 예정 안에 있는 자는 지상에서 부름받아 하나님 나라에 가기까지 지키시고 보호하신다. 이 모든 것은 하나님의 기뻐하신 대로 행하시는 주권으로 되는 것이다. 그러므로 이 사실을 발견하고 은혜를 누린다고 하는 것은 가장 값진 보화를 소유하는 것과 같다.

3. 창세 이전의 하나님의 작정에 대하여

이 시기는 우주가 창조되기 전이고, 그때에 하나님이 구원할 자를 선택하신 것이다(엡 1:4-5). "곧 창세전에 그리스도 안에서 우리를 택하사 우리로 사랑 안에서 그 앞에 거룩하고 흠이 없게 하시려고 그 기쁘신 뜻대로 우리를 예정하사 예수 그리스도로 말미암아 자기의 아들들이 되게 하셨으니"에서 창세전은 영원 전을 말한다. 하나님의 작정은 영원 전에 이뤄졌고, 우리로 하여금 자기의 아들들이 되게 하시기 위해서 미리 정하신 것이다. 더 구체적으로 들어가면 성부와 성자 사이에 속죄언약(구속언약)이 있었는데 이를 '평화의논'(counsel of peace)(슥 6:13)이라고 한다. 이것은 성부와 성자 사이에 맺어진 협약이다. 이는 성부 하나님이 성자 예수님 사이에서 구원할 자를 정하고 그를 성자 예수 그리스도가 구속하신다는 것이다. 이 언약은 성부와 성자 간의 약속이라고 볼 수 있지만 삼위 하나님의 언약이다. 삼위 하나님은 "평화의 의논"을 하셨다(벌콥의 인간론 은혜언약; The covenant of Grace 참고). '구속 언약(속죄언약; The covenant of Redemption)'이란 창조 이전에 혹은 영원 전에 사람의 구원할 대상과 특히 그리스도의 구속 사역에 관하여 삼위 사이에 맺은 영원한 언약이다. 속죄언약의 중요성은 구속언약이 은혜언약의 기초가 되기 때문이다. 구속언약은 신자가 누리는 구원의 확신에 확실한 근거를 제공한다.

구속 언약 안에서 모든 성도는 구원의 확신에 대한 영원히 흔들리지 않는 믿음의 근거를 발견할 수 있기 때문이다. 구속 언약에 따르면 각 신자는 영원 전부터 성부가 그리스도에게 약속한 선택자들 안에 이미 포함되어 있고, 그리스도는 이들을 자신의 양으로 이미 알고 계신다(딤후 2:19; 요 17장).

4. 개혁신앙의 기초는 언약신학이다.

개혁신학을 다른 말로 하나님 나라 신학이라고 말할 수 있다. 하나님 나라는 예수님이 선포하셨다. 칼빈의 종교개혁의 결정체로 기독교강요(Institutes of the Christian Religion)가 개혁신학의 기초라면 개혁신학이 개혁신앙의 기초가 된다. 개혁신앙을 이루기 위해서는 개혁신학으로 무장되어야 한다. 하나님 나라는 구약 성경에 언약하였고 그 언약을 따라서 신약성경에서 설명된 미래에 성취될 나라이기에 매우 중요하다. 먼저 하나님께서 세우신 주요 언약의 핵심을 정리하고 그 언약이 개혁신앙에서 왜 기초가 되는지를 설명하고자 한다.

아담 언약(창 3:15)

아담 언약에서 전통적으로 선악과를 금지하는 행위 언약으로 이해되어 왔다. 아담은 실패함으로 죄에 빠져서 죄인이 되었고 그와 그 후손은 죽을 수밖에 없다. 하나님은 아담에게 새로운 언약으로 메시아 출현을 약속하셨다(메시아 언약). 이것이 아담 언약(Adamic Covenant)의 핵심이다. 범죄 한 아담은 죽을 수밖에 없었지만, 하나님은 여자의 후손을 약속하셨다(창 3:15; 사 7:14; 9:6, 7). 메시아를 보내신다는 약속은 요한계시록 22장에서 완성된 메시아 왕국의 기초가 되는 것이다. 구속사는 작정교리에 의하면 그 시작점이 영원 전이지만 역사 안에서는 아담의 타락이 시작점이 된다. 타락 후에 하나님께서 여자 후손을 약속하신 것은 선택받은 우리에 대한 은혜로운 약속이 되는 것이다. 그런 의미에서 창 3:15는 매우 중요한 출발점이 된다.

아브라함 언약(창 12:1-3, 15:5-6, 17:1-14)

아브라함의 언약은 미래의 하나님 나라에 대한 약속이다. 하나님께서 아브라함을 부르셨을 때 하나님 나라 비전을 보여 주셨고, 아브라함이 큰 자의 아버지(믿음의 조상)로서 하늘의 별과 땅의 모래알을 셀 수 없듯이 아브라함을 인하여(출발하여) 큰 민족을 이루게 되는데 아브라함이 그 시작이 된다. 지금 우리가 아브라함과 언약하신 약속 안에 들어 있는 언약 백성이라는 사실은 놀라운 사실이다. 아브라함에게 약속하신 나라가 메시아가 통치하시는 하나님 나라이다. 하나님은 아브라함과 대화에서 미래의 영원한 나라의 왕인 메시아가 오셔서 통치하시는 하나님 나라(마태복음 표현으로 천국)를 약속하신 것이다. 아브라함은 그 약속을 믿었다. 이때가 하란에서 있었을 때이다(창 11:31-12:4). 그 후 아브라함이 가나안에 도착하여 세월이 오래 흘렀으나 아직 자식이 없어서 후계자를 결정 못하고 있을 때, 하나님께서 아브라함에게 찾아오셔서 "네 몸에서 날 자가 네 후사가 될 것이다"를 약속하시고 밖으로 이끌어 나가서 하늘의 별을 헤아릴 수 있는가, 땅의 모래알을 셀 수 있는가를 말씀하시면서 너희 후손이 이와 같으리라를 말씀하므로 미래의 여호와를 알고 경외하는 백성이 이와 같이 많으리라고 약속하신다. 이에 아브라함이 믿으니 하나님께서 아브라함을 의로 여기셨다(창 15:1-6, 롬 43). 아브라함이 99세 때에 아브라함에게 오셔서 언약을 확인해 주신다(17:1-14). 아브라함은 열국의 아비가 될 것을 말함으로써 언약자손의 시초가 될 것을 암시하신다. 그 증거로 이름을 '아브람'에서 '아브라함'으로 하게 하고, "내가 내 언약을 나와 너와 너의 대대 후손 사이에 세워서 영원한 언약을 삼고 너와 네 후손의 하나님이 되리라"(17:7)고 말씀하신다. 이 언약 안에 영적 후손인 우리에게까지 포함시키신 것이다. 우리는 이 약속에 근거해서 언약 자손 안에 들어 있는 것이다. 언약의 중요성은 우리의 구원의 기초가 되기 때문이다. 하나님은 다시 언약 자손임을 구별하기 위해서 할례를 명하신다(17:10). 이 할례는 언약의 표증이 되는 것이다(17:11). 개혁파에서 유아세례는 할례와 동일하며 언약백성임을 표증으로 시행한다. 유아세례자는 스스로 구원의 확신을 경험하고서 받는 세례를 강조하는 침례파와 그 근원이 다르다. 유아세례자는 언약자손이라는 표증으로 인치는 것과 같다. 유아세례자는 세례 이후 자라는 과정에서부터 평생 살아가는 동안 자신이 언약자손이라는 믿음 가운데서 세상과 구별해서 살아간다. 하나님은 성령으로 우리 마음 안에 "나는 너의 하나님이고 너는 내 백성이다"를 증거하시고, 또한 우리는 그 약속을 붙들고 하나님 나라 백성의 신분으로 사는 것이다. 하나님께서 아브라함과의 언약의 중요함은 미래의 메시아 왕국의 비전을 보여 주셨다는 데 있다. 새로운 큰 민족으로 구약교회와 이방인까지 포함된 신약교회로 구성되는 영적인 이스라엘의 비전을 보여 주신 것이다(롬 11:26). 전도하고 선교하는 것은 아브라함의 언약 안에 있는 택한 백성을 모으는 작업이다.

다윗 언약(삼하 7:11-16)

다윗과 세운 언약의 핵심은 다윗의 후손 가운데서 다윗의 위를 이어 왕위를 계승하는 메시아가 오실 것을 약속하신 언약이다. 마태복음 1장 예수님의 족보는 다윗과 아브라함의 후손으로 나신 예수 그리스도의 족보이다. 하나님은 나단 선지자를 불러 다윗에게 다음과 같이 전할 것을 지시하신다(다윗 언약). 삼하 7:12-13에 "네 수한이 차서 네 조상들과 함께 잘 때에 내가 네 몸에서 날 자식을 네 뒤에 세워 그 나라를 견고케 하리라 저는 내 이름을 위하여 집을 건축할 것이요 나는 그 나라 위를 영원히 견고케 하리라", 7:16에 "네 집과 네 나라가 내 앞에서 영원히 보전되고 네 위가 영원히 견고하리라 하셨다 하라"이다. 이 언약은 장차 다윗의 위를 이을 한 왕을 세우는데 다윗의 후손 가운데서 영원한 왕이 나게 하시고, 그의 왕국(메시아 왕국)은 영원히 보전되며 영원히 견고할 것을 약속하신 것이다. 우리는 이 언약 안에서 메시아 왕국, 우리 주님이 다스리는 영원한 나라의 백성이 되었음을 거저 주시는 하나님의 은혜로 알고 감사하고 기뻐하는 것이다. 이사야는 예수님 탄생의 600여 년 전에 동정녀 몸에서 아기로 오실 메시아와 고난의 종으로 오실 메시아와 메시아 왕국의 통치자로 오실 메시아의 모습을 마치 현장에서 보는 것처럼 묘사하고 있다.

새 언약(은혜언약)

예레미아 선지자의 다음에 나오는 말은 장차 올 세상(종말론적 메시아 시대)이 이르면, 하나님께서 모세에게 주셨던 옛 언약이 완전히 성취될 것을 보여 준다.

"나 여호와가 말하노라 보라 날이 이르리니 내가 이스라엘 집과 유다 집에 새 언약을 세우리라… 나 여호와가 말하노라 그러나 그날 후에 내가 이스라엘 집에 세울 언약은 이러하니 곧 내가 나의 법을 그들 속에 두며 그 마음에 기록하여 나는 그들의 하나님이 되고 그들은 내 백성이 될 것이라"(렘 31:31)

하나님은 예레미아게 새 언약을 약속하신 것과 같이 포로기간에 바벨론에서 에스겔을 통해서 새 언약을 다시 확인해 주시고 있다.

"내가 그들에게 일치한 마음을 주고 그 속에 새 신을 주며 그 몸에서 굳은 마음을 제하고 부드러운 마음을 주어서 내 율례를 좇으며 내 규례를 지켜 행하게 하리니 그들은 내 백성이 되고 나는 그들의 하나님이 되리라"(겔 11:19-20)

"또 새 영을 너희 속에 두고 새 마음을 너희에게 주되 너희 육신에서 굳은 마음을 제하고 부드러운 마음을 줄 것이며… 너희가 거하여 내 백성이 되고 나는 너희 하나님이 되리라"(겔 36:24-28)

새 언약의 핵심은 두 가지로 요약할 수 있다. 하나는 미래에 성취되는 하나님 나라 곧 메시아가 통치하는 완성된 하나님 나라에서 택함을 받은 백성을 죄의 오염에서 굳은 마음을 정결하게 하고 새 영과 새 마음을 두어 새로운 피조물로 재창조하시겠다는 약속이며, 다른 하나는 하나님이 친히 우리를 향하여 '너희는 내 백성이 되고 나는 너희 하나님이 되리라'

고 하신 약속이다. 이것은 구속언약에 기초한 은혜언약인 것이다. 이 언약 안에 있는 사람은 심판대에서 "나는 너를 알고 있다"고 말씀하실 것이지만 언약 밖에 있는 사람(유기된 자)은 주님이 "불법을 행하는 자들아 내게서 떠나라" 하실 것이며 어둠에 처하여 슬피 울며 이를 갈게 될 것이다. 하나님의 '나는 너의 하나님이 되고 너희는 내 백성이 되리라'의 약속은 구약에서는 애굽에서 나온 이스라엘 백성에게 적용하였다(출 6:7, 레 26:12). 그러나 새 언약에 나오는 '나는 너의 하나님이 되고 너희는 내 백성이 되리라'의 약속은 이방인 가운데 택한 백성이 있다는 것을 보여 주시면서 그들에게 동일한 은혜가 있을 것을 말해 주는 것이다. 우리는 영원 전의 평화의논(슥 6:13)에서 성부와 성자 간의 합의 안에 있고, 구속언약 안에 있고, 새 언약 안에 있는 언약백성임을 기뻐하는 것이다.

은혜언약의 본질은 하나님과 하나님 나라 백성의 관계이다. '너는 내 백성이다', '주는 내 하나님이시다'로 표현된다. 창세기 17:1-14에서 하나님께서 아브라함과 약속했던 언약 안에 여호와께서 분명히 관계를 말씀하셨다. "내가 내 언약을 나와 너와 네 후손의 사이에 세워서 영원한 언약을 삼고 너와 네 후손의 하나님이 되리라"(17:7) '네 후손' 곧 아브라함의 후손은 누구를 말하는가? 이것은 '언약 자손'을 말하는 것이다. 이 말씀을 하신 후에 아브라함에게 명하시기를 "그런즉 너는 내 언약을 지키고 네 후손도 대대로 내 언약을 지키라"라고 명하신다(17:9). 이것은 무슨 행함을 요구하는 것이 아니라 이 언약을 기억하라고 하는 것이다. 또한 언약의 표증으로 할례를 명하신다. "너희 중 남자는 다 할례를 받으라 이것이 나와 너희와 너희 후손 사이에 지킬 내 언약이니라 너희는 양피를 베어라 이것이

나와 너희 사이의 언약의 표증이니라"(17:10-11)이다. 이것은 앞으로 전개되는 메시아가 통치하는 하나님 나라 백성으로 아브라함과 언약하신 것으로 언약 안에 들어 있는 백성에게 인치는 것과 같다. 할례는 신약 시대에서 형식으로는 세례의식과 같지만 성령의 내적 증거로서 약속의 성령으로 인치는 것과 같다. 이것은 또한 아브라함의 언약 안에 있는 백성으로 창세전에 선택하신 백성을 구속함으로 영원한 기업을 보증하심을 확인함과 같다(엡 1:13-14). 우리는 하나님께서 세우신 아브라함의 언약 안에서 은혜를 입은 언약백성임을 기억해야 할 것이다. 하나님은 그에게 성도의 견인교리를 적용하심으로 끝까지 지키시고 보호하시고 궁극적으로 구원하시는 은혜를 입게 하신다. 우리가 구원된 것은 무슨 행함이 아니라 영원 전에 하나님의 선택하심에서이다. 예수 그리스도는 언약의 중보자로 오셔서 아브라함과 맺은 언약 안에 있는 백성을 속죄하신 것이다. 그분은 평화의논(슥 6:13)에서 구속언약(속죄언약)의 당사자로서 우리의 구원을 완성하셨고, 성령은 구속된 우리 곧, 언약 자손을 인을 치시므로 하나님 나라 백성임을 확인하신 것이다. 은혜언약 안에 들어 있는 사람만이 "나는 그들의 하나님이 되고, 그들은 내 백성이 되리라"가 적용된다.

5. 신조(The Ecumenical Creeds)와 신앙고백서(Confession)와 교리문답(Catechism)

신조와 신앙고백서와 교리문답서는 개혁신앙의 독트린(Doctrine)으로 변함없는 진리를 정리한 것이다. 그리고 성경에 대한 바른 이해를 갖게 하며 성경을 가르치는 사람들의 신앙 고백적인 일치를 도모하고 거짓

교리를 막아 내는 신앙규범이다. 이것으로 무장할 때만 이단과 사탄의 공격으로부터 우리의 (개혁) 신앙을 지킬 수 있다. 이단에 대한 방어막이 될 뿐만 아니라 방패가 되어 우리 영혼을 보호할 수 있게 된다. 최근에 영적 흐름을 보면 장로교를 비롯한 개혁파 교회가 오순절신앙으로 오염되거나 침례교로 교회를 옮기는 현상으로 나타나고 있다. 이제 우리는 우리의 실패를 돌아보고 그 원인이 어디 있는가를 돌아볼 때다. 우리의 믿음의 선배들이 성령의 간섭 아래에서 이단들이 나타나서 교회를 공격했을 때, 그때마다 회의를 소집해서 신조를 작성하였고, 때로는 오랫동안 회의를 소집하여 신앙고백서와 교리문답서와 예배 모범을 채택함으로 후대에 이어진 언약백성을 지키고자 했다. 이에 벗어난 집단은 이단이며 구원에 이르지 못한다. 알미니안주의는 돌트총회(1618. 11. 13-1619. 5. 09)에서 이단으로 정죄되었음을 강조하고 싶다.

세계신조(개혁주의 신조 - The Ecumenical Creeds)

개혁주의 신조는 사도신경, 니케아 신경, 아타나시우스 신경, 칼케톤 신경이 있다.

(A) 니케아 신경(The Nicene Creed)

니케아 신경(The Nicene Creed)은 the Nicaeno-Constantinopolitan Creed로도 불리는데 초대교회의 Orthodox Faith의 Statement이다. 325년 니케아 회의에서 아리우스파를 정죄하고 삼위일체 하나님을 고백한 신조이다.

(B) 아타나시우스 신경(The Athanasian Creed)

이 신조는 아타나시우스(293-373) 이후에 붙여진 이름이다. 이 신조는 아타나시우스가 작성한 것이 아니다. 삼위일체 교리에 대한 아리우스파의 공격에 맞서 정통파 옹호자가 작성한 것이다. 아타나시우스 후에 부적절하게 붙여진 것이다. 그 이름은 17세기까지 일반적으로 그에게 귀속되었기 때문에 지속되고 있다. 이 신조는 두 분분으로 구성되어 있는데 3-28은 삼위일체의 정통교리를, 29-43은 예수님의 성육신과 양성(신성과 인성)을 주로 다루고 있다. 이 신조는 사도신경, 니케아 신경보다 신학적으로 훨씬 분명하고 진보적이다. 마지막 부분에서 '이것은 공교회의 신앙이다. 누구든지 이것을 확실히 그리고 신실하게 믿지 않으면 구원받을 수 없다'고 명시한다.

(C) 칼케돈 신경(The Chalcedonian Creed)

451년 지금 터어키 지방 칼케돈(Chalcedon) 회의에서 예수 그리스도가 완전한 인간이요 완전한 하나님이심을 고백하는 신조이다. 칼케돈 신조에 예수가 신성을 지닌 채 태어났다는 의미인 '테오토코스'라는 단어를 넣음에 따라, 예수 그리스도의 신성과 인성이 분리될 수 없음을 강조하는 테오토코스를 정통 교리로 재확인하였다. 칼케돈 공의회의 정통교리 확립으로 유티키안주의, 콥트 교회 등 단성설을 따르는 교회나 그리스도의 인성을 강조하는 네스토리우스파 교회는 이단으로 단죄되었다. 칼케돈 회의는 이미 죽은 네스토리우스와 유티케스를 정죄한 것이다.

* 테오토코스 - **테오토코스**, 또는 **데오토코스**(그리스어: Θεοτόκος, 라

틴어: Deipara, Dei genetrix)는 예수 그리스도의 신성을 즉, 예수는 사람이 된 하나님이라는 그리스도론을 강조하기 위한 목적으로, 마리아를 통해 예수 그리스도가 인성(人性)과 함께 신성(神性)을 지닌 존재로 태어났다는 것을 의미하는 '신성 출산'을 의미하는 기독교의 용어이다. 즉, 교회에서 심각한 문제를 일으켰던 초기 기독교 영지주의의 가현설과 네스토리우스학파의 주장을 신학적으로 대응하기 위해서 예수 그리스도가 몸을 입은 인간이었으며, 동시에 신성을 지닌 존재라는 중요한 기독론의 교리 용어이다.

(D) 사도신경(The Apostles Creed)

사도신경은 사도들의 자신들의 고백도 아니고 그들의 가르침의 요약을 포함한 것도 아니다. 이 교리는 숭고한 단순함, 비교할 수 없을 만큼 간결함, 아름다운 질서, 전례적 엄숙함으로 사도들의 교리를 제시한다. 이것은 4세기 이전에 만들어진 것이다.

이상 신조는 간단하고 단순하지만 삼위일체 하나님에 대한 신앙고백을 담고 있다. 역사적으로 사탄의 지배를 받는 이단들은 예수님의 인성을 부인하기도 하고, 신성을 부인하기도 하고, 양성을 부정하여 단성을 주장함으로 예수님의 하나님 되심을 파괴해 왔으며 예수님은 언약의 중보자로 오셔서 택한 백성을 속죄하시는 구속 사역을 파괴하므로 구원에 이르지 못하도록 방해해 왔었다. 이 신조들은 사탄의 공격으로부터 택자를 보호하기 위한 Doctrine으로 의미가 있다.

신앙고백서, 교리 문답서(Reformed standards(the Three Forms of Unity and the Westminster Standards).

개혁주의 신앙을 말할 때 장로교와 개혁파 교회를 두고 말한다. 이 두 교파는 칼빈의 기독교강요에 근거한 개혁된 교회로 발전해 왔으며 개혁주의 신앙 노선에 있기 때문이다. 대륙에서는 개혁파로, 영국 섬나라에서는 청교도와 장로교로 이어져 내려오고 있었다. 이민자들로 구성된 미국에서는 이 두 교파가 개혁주의 교회로 존재한다. 신앙고백서와 교리문답은 이를 작성한 선배들의 전통에 의해서 다르지만 그 중심 신앙은 일치함으로 모두 교육이 되어야 한다. 목회자와 교회 지도자들은 반드시 두 교파에서 작성된 표준문서를 같이 사용해서 완전하고 철저한 교회 교육이 되기를 바란다. 두 교파의 표준문서는 신앙의 가이드 북(Guide BooK)과 같다. 누가 교리에 대해서 질문한다면 사전(辭典)처럼 활용해야 한다. 다른 교파의 교리나 주장하는 특정한 형식(예; 침례, 방언, 영적인 현상)에 대해서는 이단으로 규정해서 멀리해야 한다.

(A) 장로교회: 웨스트민스터 표준문서(The Westminster Standards) - 영국교회

웨스트민스터 신앙고백서(the Westminster Confession of Faith), 웨스트민스터 소 교리문답(the Westminster Shorter Catechism), 웨스트민스터 대 교리문답(the Westminster Larger Catechism), 예배 모범(the Directory of Public Worship), 교회정치(the Form of Church Government)

1643년 영국 의회가 당시 국왕이던 찰스 1세와 의회와의 내란(청교도

혁명) 중에 영국 교회가 공통으로 따를 수 있는 전례, 교리, 권징 등의 기준을 수립할 필요를 느끼고 회의를 소집하였다. 당시 영국과 스코틀랜드의 교회 대의원들과 의원, 정치인 등으로 구성된 "학식 있고 거룩하며 분별력 있는 신학자들"이 성공회 교회인 웨스트민스터 대성당에 모였고, 이 회의는 5년 동안(1643년 7월 1일-1649년 2월 22일) 지속되었다.

웨스트민스터 신앙고백서는 소집된 신학자들의 총회에서 스코틀랜드와 잉글랜드와 아일랜드 교회의 통일된 신앙고백서로 작성되었다. 그 회의는 1,163회 회집되었다. 거기에 참여한 121명의 목사, 20명의 하원의원, 10명의 상원의원 총 151명이다. 스코틀랜드 교회 총회는 33장의 신앙고백서를 1647년 에든버러에서 모인 영국교회 총회에서 승인되었고 1649년 영국 의회에서 인준되었고 1690년에 재확인되었다. 또한 에든버러 총회는 1648년 7월 20일에 196 문답의 대요리문답을, 7월 28일에 107 문답의 소요리문답을 승인했다. 총회는 "이 두 요리문답서는 하나님 말씀과 일치하며 공인된 교리, 예배, 교회 정치에 위배됨이 거의 없다"라고 선언하였다. 웨스트민스터 신앙고백서, 대, 소요리문답, 공중예배 지침서, 장로회 정치체제는 세계 장로교회의 헌정(憲章)이나 다름없다.

(B) 개혁파 교회: 하나 되는 세 형태의 고백서(The Three Forms of Unity) -대륙(유럽)교회

하나 되는 세 형태의 고백서는 하이델베르크 요리문답(the Heidelberg Catechism), 벨직 신앙고백서(the Belgic Confession), 돌트 신경(the Canons of Dort)을 포함하는 교리적 선언문 모음이다.

하나 되는 세 형태의 고백서는 개혁파 교회의 표준문서이다. 그러므로 개혁파교회 책임자는 벨직 신앙고백서, 하이델베르크 요리문답, 돌트 신경에 반드시 서명해야 한다. 이것은 하나 되는 세 형태의 고백서를 받아들이고 그대로 가르치겠다는 서약을 말한다. 그러므로 개혁파에서는 매 주일 오후예배에서 어린이부터 장년에 이르기까지 하이델베르크 요리문답 129 문답을 52주로 편성해서 매년 반복 교육하는 전통을 갖고 있다. 주일 공예배는 어린이와 함께 가족 단위로 앉아서 드린다. 예배와 교육을 표준화시켜서 교리에서 벗어나지 않는 것이 특징이다. (한국 교회는 예배를 주일학교별로 나누어서 담당 교역자가 예배를 인도하고 공과 공부를 분반으로 해서 교사가 읽어 주는 식으로 진행한다.)

(a) 하이델베르크 요리문답(the Heidelberg Catechism) 1563
하이델베르크 요리문답(1563)은 지금까지 쓰인 요리문답 중 가장 소중히 여겨지는 것 중 하나이다.

이 작품은 1559년부터 1576년까지 독일의 영향력 있는 속주인 팔츠 지방을 통치했던 선제후(Elector) 프리드리히 3세의 요청으로 하이델베르크에서 작성되었다. 팔츠 지방은 당시 독일의 루터교와 로마 가톨릭 영토 중 칼빈주의 신앙을 품은 몇 안 되는 지역 중 하나다. 그 당시에 자카리아스 우르시누스(Zacharias Ursinus)와 카스파르 올레비아누스(Caspar Ole-vianus)는 전통적으로 새 교리문답의 공동 저자로 간주된다. 칼빈과 멜란히톤의 제자이자 하이델베르크 대학의 신학 교수인 우르시누스(1534-83)는 자신의 Summa Theologicae(323개 문항)를 통해 교리문답의 초기

초안을 제공한 공로를 종종 인정받았다. 카스파르 올레비아누스(Caspar Olevianus, 1536~87)는 칼빈과 베자의 제자였으며 하이델베르크 성령교회의 목사로 섬겼다.

하이델베르크 요리문답은 1563년 1월 하이델베르크에서 열린 팔츠 회의에서 승인되었고 2월 선제후에 의해 위에 언급된 서문과 함께 인쇄되었다. 약간의 추가 사항이 포함된 독일어 제2판과 제3판과 라틴어 번역판이 같은 해 하이델베르크에서 출판되었다. 곧 교리문답은 52개 부분으로 나누어져 연속적인 주의 날에 그 일부를 강단에서 해설할 수 있었고, 1년 안에 교리문답을 모두 끝낼 수 있다.

1618~19년 돌트 총회에서 하이델베르크 요리문답이 승인되었고, 이 요리문답은 곧 개혁주의 교리문답과 신앙고백 중 가장 에큐메니칼적인 것이 되었다. 실제로 이 교리문답은 종교개혁 시대에 가장 널리 사용되고 가장 따뜻하게 칭찬받은 교리서였다.

(b) 벨직 신앙고백서(The Belgic Confdssion) 1561

벨직 신앙고백은 세 가지 형태의 일치 중 가장 오래된 것이다. 16세기에 신앙고백서가 처음 작성되었을 때 "벨기에"는 남북의 네덜란드 전체를 지칭했으며, 오늘날 네덜란드와 벨기에로 나누어져 있다. 이 고백서의 주요 저자는 네덜란드 개혁교회 설교자인 귀도 드 브레(Guido de Brès)이다. 16세기에 이 나라의 교회들은 로마 가톨릭 정부에 의해 극심한 박해를 받았는데 이 잔인한 탄압에 항의하고, 개혁신앙의 지지자들이 비난

받은 대로 반역자가 아니라 오히려 성경에 따라 참된 기독교 교리를 고백하는 법을 준수하는 시민임을 박해자들에게 증명하기 위해 귀도 드 브레는 이렇게 말했다. "이 고백서는 1561년에 준비되었다. 다음 해에 청원인들은 모든 합법적인 일에 있어서 정부에 복종할 준비가 되어 있지만 등을 채찍질에, 그들의 혀를 칼에 바치겠다"라고 선언하는 성명서와 함께 사본을 필립 2세에게 보냈다. "입에 재갈을 물리고 온몸을 불에 태워라"라고 주장하기보다는 이 고백에 담긴 진실을 부인하는 것이다. 귀도 드 브레스의 고백서 사본은 거의 모두 공식 명령에 의해 파기되었다(현재는 두 사본만 존재한다). 1567년에 귀도 드 브레스는 그가 묘사한 것과 같은 순교의 죽음을 겪었다.

박해로부터의 자유를 확보하려는 즉각적인 목적은 달성되지 않았고 수천 명이 목숨을 바쳐 신앙을 봉인했지만 귀도 드 브레의 활동은 지속되었다. 벨직 신앙고백은 네덜란드 교회의 교리적 표준이 되었다. 이 신앙고백서의 본문은 1566년 앤트워프에서 열린 지역 대회에서 개정되어 채택되었다. 본문에 대한 개정은 돌트 총회(1618-1619)에서 다시 이루어졌으며, 개정된 본문은 네덜란드 개혁 교회의 모든 직분자들이 동의해야 하는 교리적 표준 중 하나로 채택되었다.

(c) 돌트신경(the Canons of Dort)

'네덜란드 분쟁의 다섯 가지 주요 교리에 관한 돌트 총회 결정'은 돌트 신조로 널리 알려져 있다. 이 책은 1618-1619년 도르드레흐트 시에서 열린 돌트 대회에서 채택된 교리 선언문으로 구성되어 있다. 비록 이 대회는 네덜란드 개혁교회의 전국 대회였지만, 외국 8개국에서 온 26명의 대표자들이 참여했기 때문에 국제적인 성격을 띠고 있다. 알미니안주의의 발흥으로 인해 네덜란드 교회에 발생한 심각한 논쟁을 해결하기 위해 돌트 총회가 열렸다.

돌트신경은 전적 부패, 무조건적인 선택, 제한된 속죄, 저항할 수 없는 은혜, 성도의 견인이라는 슬로건에 불편하게 들어맞는다.

네 부분으로 나누어진 Canon의 다섯 가지 "머리"(주제)는 (1) "신성한 선택과 유기", (2) "그리스도의 죽음과 그것을 통한 인간 구원", (3-4) "인간 부패, 하나님께로의 개종과 그것이 일어나는 방식", (5) "성도의 견인"이다.

6. 개혁주의 구원 교리(TULIP)

우리 주변에 대부분의 교회들이 (장로교를 불문하고) 막연하게 '예수믿으면 구원을 받는다'고 가르치므로 교회만 출석하고 직분으로 행사하면 다 구원을 받는 줄 알고 있다. 그리고 복음주의, 신복음주의에 속한 교파와 선교단체에서 "예수를 나의 구주 나의 하나님으로 영접하면 구원을 받는다"라고 가르치며, 예수님을 고백하고 영접했다는 사실로 구원을 받는다고 말한다. 어떤 사람은 이것을 값싼 구원이라고 말한다. 그렇다면 구원을 받는데 무슨 대가를 지불해야 하는가? 이러한 이유로 행위구원을 말하고 있다. 지금까지 교회 역사에서 대부분의 이단과 문제를 일으킨 사람들이 그릇된 교부의 가르침과 펠라기우스 이후 자유 의지를 전제로 강조하고, 행위 구원을 말하는 알미니안주의 교파에서 은사주의, 성결주의, 경건주의를 내세우며 어떤 증거를 내세워서 그러한 표징이 있는 사람이 구원을 받는다고 가르쳐 왔다. 현재 우리 상황은 어떤가? 이러한 그릇된 신앙의 가르침에 의해서 기독교인(대부분의 알미니안주의 신자)이 구원에 관해서 막연한 도덕적 인간으로 발전하고 교회 출석하며 무슨 선한 일을 해야만 구원을 받는다고 하는 미신적인 신앙을 가지고 있다. 최근 한국 장로교에서는 이름만 장로교이지 오순절 교파가 되었다고 말한다. 우리 개혁파 입장에서는 행위구원을 말하지 않고, 도덕적 성결을 내세우지 않는다. 개혁주의 구원론은 칼빈을 비롯하여 어거스틴은 하나님의 은혜와 예정을 말한다. 이것은 변함없는 진리이며, 그 외에 다른 가르침은 이단에 속한다. 이에 대한 개혁주의 구원은 TULIP(개혁주의 5대 교리)이 표준이며 그 이상도, 그 이하도 조건이 될 수 없다. 참고로 도르트 총회(1618.11.13-1619.5.09)에서 거의 6개월에 걸쳐서 항론파(알미니안)의 문제 제기로 긴 토론을 걸쳐서 도르트 신경을 채택했다. 이것을 요약한 것이 TULIP이다.

도르트 총회는 1619년에 알미니안주의를 이단으로 정죄했다. 그러므로 개혁파 입장에서 알미니안에 속한 교파 교회는 이단으로 여겨야 한다(예: 순복음교단, 감리교, 성결교, 침례교, 그 외 교파들).

네덜란드는 튤립의 나라이고 세계에 튤립을 수출하는 화훼의 나라다. 네덜란드 국화(國花)가 튤립이다. 우연일지 모르지만 그 배경에는 개혁주의 5대 교리를 강조하기 위해서가 아닌가라고 내 개인적으로 생각해 본다. 처음에 화초의 이름을 튤립(TULIP)이라 하였고, 튤립을 수출하는 나라가 되었고, 튤립을 국화로 지정하지 않았을까? 지금의 네덜란드는 개혁주의 신앙이 퇴색하고 타락한 나라가 되었다고 한다.

한국장로교회가 초교파로 부활절 연합예배를 비롯해서 각종 대회를 연합으로 시행했던 결과로 장로교인이라는 정체성을 상실하고 마음대로 교회를 바꾸거나 교파교회를 넘나드는 기현상이 나타나게 된 것이다. 지금이라도 깨끗한 교회로 만들기 위해서는 지도자들의 잘못된 신앙을 스스로 걸러내고, 교회 교육을 개혁주의 표준문서를 가르치고 설교해야 할 것이다. 주님의 재림이 가까워졌음을 보고 설교 강단에서나 교단(敎壇)에서 주력해서 교리교육이 이루어지기를 바라마지 않는다.

7. 개혁주의 입장에서 구원론은 무엇인가?

오직 은혜로 구원을 받는다.

개혁주의 핵심 사상 5 Sola 가운데 하나인 '오직 은혜'(Sola Gratia)는 영혼 구원에 있어서 구원의 기준이 된다. 구원은 창세전에 선택한 자들에게만 주어지는 하나님의 선물이며, 측량할 수 없는 하나님의 은혜와 하나님의 무한한 사랑의 표현으로 주어진다(엡 2:8). 하나님 은혜는 선택을 받은 사람에게 있어서는 저항할 수 없다. 구원받은 조건은 하나님의 선택이다. 구원은 100% 하나님의 은혜로 받게 된다. 0.001% 인간의 행위도 허용될 수 없다.

인간의 어떠한 행위가 구원의 원인이나 조건이 될 수 없다.

흔히 착각하기 쉬운 것이 인간의 어떤 행위가 있어야 구원된다고 믿는 것이다. 우리 주위에 이와 같은 사람들이 많이 있다. 예를 들면 선한 생활, 선한 행위, 구제하고 사랑을 베푸는 행위, 종교적인 직무 수행으로 목사, 장로, 권사, 집사, 교사 등등의 경력, 종교적인 열심과 봉사, 기도생활, 40일 금식기도의 경험, 교회를 몇 십년을 다녔고, 헌금을 많이 바쳤으며, 그 외의 종교적인 행위로 세례를 받았고 예수님을 구주로 영접했기 때문에 자신이 구원을 받았다고 믿는 것이다. 이러한 행위가 남보다 많았기 때문에 아니면 남보다 뛰어나기 때문에 구원을 받았다고 하는 것이다. 이것은 행위 구원을 말하며, 행위 구원은 성경에서 말하는 하나님의 은혜를 대적하는 것이 된다. 이와 같은 것은 알미니안주의에서 말하는 자신의 자유의지로서 내가 선택한 행위의 결과라고 말하는 것이다. 알미니안주의에서는 하나님의 은혜를 말하면서 인간의 행위를 동시에 언급하는데, 이것은 소위 말하는 신인협동설이다. 개혁주의에서는 인간이 전적으로 타락했고 부패했기 때문에 인간은 선을 행할 능력을 상실했으므로 인간의 어떤 행위도 구원받는 조건이 될 수 없다고 말한다.

하나님이 선택하시고 미리 아신 자를 구원하는 것이다(롬 8:29-30).

이것은 선택교리와 제한속죄 교리에 근거한다. 성자 예수님께서 십자가에서 속죄하심이 창세전에 선택하신 자만을 위한 것이며, 성령을 통해서 부르심도 창세전에 선택하셨고 미리 아신 자로 제한하셨다는 것이다. 다시 말하면 창세전에 선택을 받지 못한 사람은 구원을 받지 못한다고 하는 것이다. 우리가 말하는 TULIP(개혁주의 5대 교리)이 이에 대해서 잘 설명하고 있다.

8. 개혁주의 목회 방향

1) 개혁신앙이란 무엇인가?

* 개혁신앙은 하나님의 절대 주권을 강조한다. (The absolute sovereignty of God) - 하나님 주권

* 개혁신앙은 성경을 교회의 유일무이한 하나님의 말씀으로 믿는다. (The Infallible Scripture) - 성경의 권위

* 개혁신앙은 역사적으로 입증된 순전하고 바른 교리들을 신앙고백으로 받아들인다. (The pure and right Confessions)

* 개혁신앙은 하나님 얼굴 앞에서 온전하게 살아가는 신앙이다. (Coram Deo) - 성경이 생활의 규범

* 개혁신앙은 성경적 교회를 형성하는 신앙이다. (King Christ and New Covenant Church) - 하나님 나라 건설

2) 개혁주의 신앙의 핵심 사상(5 Sola)

* 오직 성경(Sola Scriptura)

* 오직 그리스도(Solus Christus)

* 오직 믿음(Sola Fide)

* 오직 은혜(Sola Gratia)

* 오직 하나님께만 영광(Soli Deo Gloria)

3) 개혁주의 구원관(TULIP)

* 인간의 완전 타락(Total Depravity)

* 무조건적 선택(Unconditional Election)

* 제한적 속죄(Limited Atonement)

* 불가항력적 은혜(Irresistible Grace)

* 성도의 견인(Perseverance of the Saints)

4) 개혁신앙의 원칙

* 하나님의 절대 주권을 믿는다.

* 성경의 절대적 권위를 믿는다.

* 성경을 절대적으로 생활화한다.

5) 세계교회 신조(The Ecumenical Creeds): 사도신경. 니케아신경. 아타나시우스신경. 칼케돈신경

6) 개혁주의 표준문서: 웨스트민스터 신앙고백서. 대, 소 요리문답. 하이델베르크 요리문답. 벨직고백서. 돌트신경

* 5. 6은 교회 안에서 반드시 교육이 되어야 한다. 개혁파 교회에서는 하이델베르크 요리문답을 매년 반복해서 오후 예배에서 교육한다.

〈참고 자료〉

NAPARC NORTH AMERICAN PRESBYTERIAN AND REFORMED

COUNCIL(북미주 장로교, 개혁파교회 협의회)

The thirteen-member churches of NAPARC confess Jesus Christ as the only Savior and the Sovereign Lord over all of life and are fully committed to the Bible in its entirety as the Word of God written, without error in all its parts, and to its teaching as set forth in the historic Reformed standards (the Three Forms of Unity and the Westminster Standards).

NAPARC의 13개 교회는 예수 그리스도를 유일한 구세주이자 모든 삶의 주권자로 고백하며, 성경 전체를 기록된 하나님의 말씀으로, 모든 부분에 오류가 없고, 그 가르침에 전적으로 헌신합니다. 역사적인 개혁 표준(통일의 세 가지 형태와 웨스트민스터 표준)에 명시된 바와 같습니다.

Confessing Jesus Christ as only Savior and Sovereign Lord over all of life, we affirm the basis of the fellowship of Presbyterian and Reformed Churches to be full commitment to the Bible in its entirety as the Word of God written, without error in all its parts and to its teaching as set forth in the Heidelberg Catechism, the Belgic Confession, the Canons of Dort, the Westminster Confession of Faith, and the Westminster Larger and Shorter Catechisms. That the adopted basis of fellowship be regarded as warrant for the establishment of a formal relationship of the nature of the council, that is, a fellowship that enables the constituent churches to advise, council, and cooperate in various matters with one another and hold out before each other the desirability and need for organic union of churches that are of like faith and practice.

예수 그리스도를 유일한 구세주이자 삶 전체의 주권자라고 고백하면서, 우리는 장로교와 개혁교회의 친교의 기초가 모든 부분에 오류가 없이 기록된 하나님의 말씀인 성경 전체에 대한 온전한 헌신임을 확언합니다. 하이델베르크 요리문답, 벨직 신앙고백, 도르트 신조, 웨스트민스터 신앙고백, 웨스트민스터 대소요리문답에 명시된 가르침에 따릅니다. 채택된 친교의 기초는 협의회 성격의 공식적인 관계, 즉 구성 교회들이 다양한 문제에 대해 서로 조언하고 의논하고 협력할 수 있도록 하는 친교를 확립하기 위한 보증으로 간주됩니다. 동일한 신앙과 실천을 지닌 교회들의 유기적인 연합이 바람직하고 필요하다는 점을 서로 앞에서 강조합니다.

NAPARC member church.

1. The Associate Reformed Presbyterian Church(ARPC)

2. The Canadian Reformed Churches(CanRC)

3. The Reformed Church of Quebec(ERQ)

4. The Free Reformed Churches of North America(FRCNA)

5. The Heritage Reformed Congregations(HRC)

6. The Korean American Presbyterian Church(KAPC)

7. The Korean Presbyterian Church in America(Kosin)(KPCA)

8. The Orthodox Presbyterian Church(OPC)

9. The Presbyterian Church in America(PCA)

10. The Presbyterian Reformed Church(PresRC)

11. The Reformed Church in the United States(RCUS)

12. The Reformed Presbyterian Church in North America(RPCNA)

13. The United Reformed Churches in North America(URCNA)

14장

개혁주의(칼빈주의) 5대 교리 핵심

개혁주의(칼빈주의) 5대 교리는 한마디로 개혁주의 입장에서의 구원론이다. 이 교리는 구약과 신약 성경 전체에 흐르고 있는 하나님의 작정과 섭리에 관한 핵심이다. 다시 말하면 구원 교리에 대해서 행함으로 받느냐 아니면 믿음으로 받느냐를 말하고, 믿음이란 신념(의지)을 말하느냐 아니면 하나님으로부터 오는 신앙을 말하느냐를 말한다. 종교적인 행함, 종교적인 신념은 그럴듯한 구원의 조건으로 보인다. 그러나 성경을 자세히 살피면 개혁주의(칼빈주의) 5대 교리가 정답이다. 행위(행함)는 나의 공로로 구원을 찾아가는 조건이 된다. 그러나 성경은 구원이 하나님의 선물이라고 말한다. 그리고 100% 하나님 은혜로 구원된다고 말한다. 이 놀라운 사실을 발견하기를 바란다.

1. 이 교리가 나오게 된 배경

라이덴 대학교의 신학 교수인 제이콥 아르미니우스(Jacob Arminius)는 여러 가지 중요한 점에 관해 칼빈과 그의 추종자들의 가르침에 의문을 제기했다. 아르미니우스가 죽은 후, 그의 추종자들(항론파)은 1610년 항의

(Remonstrance) 또는 "저항"에서 이러한 요점 중 다섯 가지에 대한 자신들의 견해를 제시했다. 이 문서와 이후의 보다 명시적인 저술에서 아르미니우스주의 자들은 부분적 타락, 예견된 신앙에 기초한 선택, 보편적이고 부분적인 속죄, 저항할 수 있는 은혜, 그리고 은혜로부터의 이탈 가능성을 제시하였다. 이에 네덜란드 정부는 알미니안주의의 발흥으로 인해 네덜란드 교회의 심각한 논쟁을 해결하기 위해서 도르트레흐트시에서 국제적인 종교회의를 네덜란드 의회에 의해서 총회를 소집하였다.

도르트총회는 1618년 11월 13일에 시작이 되어, 154번의 회의를 계속한 후에 1619년 5월 9일에 끝났다. 102명의 네덜란드 정통 칼빈주의자들은 외국에서 온 28명의 칼빈주의 대표자들과 함께 회의의 공식적인 구성원이었다. 아르미니안의 대표자들은 13명이 참석했으나 그들은 국가의 죄수들이었다. 교회와 국가의 전 영역에 대한 항거와 그들의 신학적 입장 때문에 그들은 반역죄를 선고받았으며, 따라서 그들은 발언권과 선거권을 가지지 못했다. 그 결과 만장일치로 칼빈주의의 주요 5대 교리가 공식적인 칼빈주의의 입장으로 선포되고, **아르미니안의 주장은 이단으로** 선포되었다. 항론파의 주장을 대항해서 채택한 주요 5대 교리의 핵심 타이틀은 전적부패(**Total Depravity**), 무조건적 선택(**Unconditional Election**), 제한속죄(**Limited Atonement**), 불가항력적 은혜(**Irresistible Grace**), 성도의 견인(**Perseverance of the Saints**)이다. 다섯 개의 교리 첫 글자를 모아서 TULIP이라고 부른다.

2. 5대 교리의 알미니안주의자들이 주장하는 것은 무엇인가?

1) 자유의지 혹은 인간의 능력

비록 인간의 본성이 타락의 영향을 심각하게 받았다 하더라도 인간은 전적인 영적 무기력의 상태에 처해진 것은 아니다. 하나님은 은혜스럽게도 모든 죄인으로 하여금 회개하게 하며 믿게도 하지만 인간의 자유를 간섭하지 않는 범위내에서 하신다. 모든 죄인들은 각각 자유의지를 가지는데 그의 영원한 운명은 그가 어떻게 자유의지를 사용하느냐에 달렸다. 인간의 자유는 영적인 문제에 있어서 악에 대하여 선을 선택할 수 있는 능력에 있다. 인간의 의지는 인간의 죄를 가지고 있는 본성에 종속되어 있지 않다. 죄인은 하나님의 성령과 협동하여 중생이 되든가 아니면 하나님의 은혜를 거부하여 멸망하든가 하는 선택의 자유라는 능력을 가지고 있다. 유기된 죄인은 성령의 도움을 필요로 하지만 그가 믿을 수 있기도 전에 성령에 의하여 반드시 중생 되어져야 하는 것은 아니다. 왜냐하면 믿음은 인간의 행위이며 중생에 선행하기 때문이다. 믿음은 하나님에 대한 죄인의 선물이며 그것은 구원을 위한 인간의 공헌이다.

2) 선택적 조건

하나님이 세상을 창조하시기 전에 구원을 위하여 특정한 개인들을 선택하신 것은 그들이 하나님의 소명에 응하실 것이라는 것에 대한 하나님의 예지(豫知)에 근거를 두고 있다. 하나님은 누가 스스로 자유롭게 복음을 믿을 자들이 될 것인지를 미리 아셨는데, 그러한 자들만 선택하셨다. 그러므로 선택은 인간이 무엇을 하느냐에 따라 결정되며 또한 제약된다.

하나님이 예지하시고 선택의 근거로 삼은 믿음은 하나님에 의해서 죄인에게 주어지는 것이 아니라 오직 인간의 의지의 결과일 뿐이다. 누가 믿을 것인가는 전적으로 인간의 자유의지에 달려 있다. 그러므로 인간들 가운데 누가 구원을 위하여 선택될 것인가의 문제도 인간에게 달려 있다. 하나님은 스스로의 자유의지에 의하여 그리스도를 선택할 자들을 미리 아셨으며 또한 그러한 자들만 선택하셨다. 이처럼 하나님이 죄인을 선택하는 것이 아니라 죄인이 그리스도를 선택하는 것이다. 그리고 인간의 이러한 선택은 구원에 대한 궁극적인 원인이 되고 있다.

3) 보편적 구속 혹은 일반적 속죄

그리스도의 구속 사역은 모든 사람들로 하여금 구원받는 것을 가능케 했으나 실제적으로 모든 사람의 구원을 획득하신 것은 아니었다. 비록 그리스도가 모든 사람을 위하여 각 개개인을 위하여 죽었지만 오직 그를 믿는 자들만 구원받는다. 그의 죽음은 하나님으로 하여금 믿는다는 것을 조건으로 하여 죄인들을 용서할 수 있도록 하였지만 그러나 그것은 실제적으로 모든 사람의 죄를 물리친 것은 아니었다. 그리스도의 구속은 인간이 그것을 받아들이고 선택할 때에만 유효하게 된다.

4) 성령을 실제로 거스릴 수 있다.

성령은 복음에의 초대에 의하여 외적으로 부르심을 받은 모든 자들을 내적으로 부르신다. 성령은 구원으로 죄인들을 데려갈 수 있는 모든 것을 하신다. 그러나 인간은 그가 자유하는 그만큼 또한 성령의 부르심을 성공적으로 거스릴 수 있다. 성령은 죄인이 믿을 때까지 그를 중생시킬 수 없다. 믿음(인간의 기여인)이 선행하여 중생을 가능케 한다. 이와 같이 인간의 자유의지는 그리스도의 구속 사역의 적용에 있어서 성령을 제한한다. 성령은 그로 하여금 그들과 더불어 그의 길을 취하게 하는 자들만 그리스도에게로 이끄실 수 있다. 죄인이 응하기 전에는 성령은 생명을 줄 수 없다. 그러므로 하나님의 은총은 거스릴 수 없는 것이 아니다. 그것은 인간에 의하여 거스러지고 방해받을 수 있으며 또한 가끔 그렇게 되었다.

5) 은총으로부터의 타락

믿어서 참으로 구원받은 자들은 그들의 믿음 등을 유지하지 못함으로 그들의 구원을 잃을 수도 있다. 알미니안주의자들 모두가 이 점에 일치하지 않았다. 어떤 사람들은 신자들은 그리스도 안에서 영원히 안전하다고 주장하는데, 이것은 죄인이 일단 중생되었으면 결코 유기(遺棄)되지 않는다는 것이다.

알미니안주의에 의하면:

구원은 (주도권을 가지신) 하나님과 (반드시 응답해야만 하는) 인간의 노력이 결합됨으로써 완성된다(신인협동설). 여기서 인간의 반응은 결정적인 요소가 된다. 하나님은 모든 사람들을 위해 구원을 제공하셨지만, 그의 구원에 대한 준비는 스스로 자유의지를 가지고 하나님과 협력할 것을 선택해서 하나님의 은총의 제안을 받아들이는 자에게만 효력을 미치는 것이다. 인간의 의지는 결정적인 점에서 결정적인 역할을 한다. 그러므로 하나님이 아니라 인간이 구원의 선물을 받을 자를 결정하게 된다.

* 이 교리는 도르트회의에서 거부됨

이것은 비록 그 5대 교리가 이러한 순서로 처음에 나열된 것은 아니지만 그것은 알미니안주의자들에 의해서 채택되었다. 그러나 1610년 도르트회의에서 비성경적이라는 이유로 거부되었다.

3. 5대 교리의 개혁주의(칼빈주의) 자들이 주장하는 것은 무엇인가?

1) 인간의 전적 무능 혹은 전적 부패

타락으로 말미암아 인간은 스스로가 복음을 믿어 구원을 얻지 못한다. 죄인은 하나님의 일들에 대하여 죽은 상태이며, 장님이며, 귀머거리이다. 그의 마음은 속이는 것이 가득 차 있으며 절망적으로 부패했다. 인간의 의지는 자유하지 않으며 악과 본성의 종이다. 그러므로 인간은 영적인 영역에 있어서 악에 대하여 선을 선택하지 않는다. 사실은 할 수 없다. 결과적으로 죄인을 그리스도에게로 이끄는 데는 영의 도움 이상을 필요로 한다. 그것은 성령이 죄인을 살게 하고 또 새로운 본성을 주는 중상을 필요로 한다. 믿음은 인간이 구원을 위하여 기여하는 어떤 것이 아니라 그 자체가 하나님의 구원의 은총이다. 그것은 하나님이 죄인에게 주신 은총이다.

2) 하나님의 무조건적 선택

세상을 창조하시기 전에 구원을 위하여 특정한 개인들을 하나님이 선택하심은 다만 그 자신의 주권적 의지일 뿐이다. 특정한 죄인들에 대한 하나님의 선택은 믿음, 회개 등과 같은 이런 예지된 반응이나 또는 그들편에서 나타나는 순종에 근거를 둔 것이 아니다. 반대로 하나님은 그가 선택하신 각 개인에게 믿음과 회개를 주신다. 이러한 행위들은 하나님의 선택의 결과이지 원인이 아니다. 그러므로 선택은 인간에게 있는 어떤 덕성이나 예지된 행위에 의해서 결정되거나 제약되는 것이 아니다. 하나님은 그가 주권적으로 택하신 자들을 성령의 능력을 통하여 자발적으로 그리스도를 받아들이게 한다. 이와 같이 하나님이 죄인을 택하신 것이지 죄인이 그리스도를 선택한 것이 아니다. 그리고 하나님의 그 선택이 바로 궁극적인 구원의 원인이다.

3) 특별한 구속 혹은 제한적 속죄

그리스도의 구속 사역은 택자들만 구원하려는 것이며 또한 실제적으로 그들만이 구원을 획득하였다. 그리스도의 죽으심은 어떤 특정한 죄인들 대신에 당하신 형벌에 대한 대속의 인내였다. 그리스도의 구속은 자기 백성들의 죄를 사하시는 것에 부가해서 자기와 그들을 연합하는 믿음을 포함하여 그들의 구원에 필요한 모든 것을 획득하셨다. 믿음의 은총은 성령에 의하여 그리스도가 위해서 돌아가신 모든 자들에게 빠짐없이 적용되며 그럼으로 해서 그들의 구원을 보증하신다.

4) 성령의 효과 있는 부르심 혹은 불가항력적 은총

복음을 듣는 모든 사람들에게 하시는 구원을 위한 외적 소명에 부가해서 성령은 택자들을 필연적으로 구원에 이르도록 하는 특별한 내적 소명을 계속하신다. 외적 소명(구별 없이 모든 사람들에게 하시는)은 거부될 수 있고 또 종종 그렇게 되었다. 그러나 한편 내적 소명(오직 택자에게만

하시는)은 거부되어질 수 없다. 그것은 항상 회개를 초래한다. 이러한 특별한 소명에 의하여 성령께서 죄인들을 그리스도에게로 인도하신다. 그는 인간의 의지에 구원을 적용시키시는 사역에 있어서 제한을 받지 않으며 또한 성공을 인간의 협동에 의존하지도 않으신다. 성령께서는 은혜스럽게도 택한 죄인을 협동하게 하시며, 믿게 하시며, 회개시키시며, 자유롭게 그리고 기쁜 마음으로 그리스도에게로 오게 하신다. 그러므로 하나님의 은혜는 도무지 거부할 수 없으며, 또한 그것이 미쳐지는 사람들의 구원을 반드시 이루신다.

5) 성도의 견인(堅忍)

하나님에 의해서 택정되고 그리스도로 말미암아 구속함을 받고 성령으로부터 믿음을 얻은 자는 모두 영원토록 구원을 받는다. 그들은 전능하신 하나님의 능력으로 믿음을 유지하여 끝까지 인내한다.

칼빈주의에 의하면,

구원은 삼위일체 하나님의 전능한 능력으로 말미암아 성취된다. 성부께서 자기 백성을 택하셨고, 성자는 그들을 위하여 죽었고, 성령은 택한 자들을 믿음과 회개에 이르게 하심으로 그리스도의 죽음을 효능 있게 하시고, 또 그렇게 하심으로 그들로 하여금 기쁜 마음으로 복음에 순종하도록 하신다. 모든 과정(선택, 구속, 중생)은 하나님의 사역이며 오직 은혜에 의한 것이다. 이처럼 인간이 아니라 하나님이 구원의 은총을 받을 자를 결정하신다.

택함을 받은 자는 그리스도로 말미암아 구속을 받고 성령에 의해서 중생을 입을 뿐만 아니라 하나님의 전지전능하신 능력으로 인하여 신앙을 지킨다.

성도의 견인교리는 기독교 신앙을 가졌다고 [고백하는] 모든 사람에게 천국이 보장되었다는 것을 의미하지는 않는다. 성도들-성령으로 구별된 자들-은 끝까지 견인하는 자이다. 믿는 자들-그리스도를 참으로 믿고 살아 있는 신앙을 가진 자들-은 그리스도 안에서 궁극적인 구원과 안전이 보장되어 있는 자들이다.

믿는다고 고백하던 많은 사람들이 타락했지만 그들은 결코 은혜 안에 있었던 자들이 아니기 때문에 그들이 은혜에서 떨어진 것은 아니다. 참된 믿는 자들도 시험에 빠지며 슬픈 죄를 범하기도 한다. 그러나 이러한 죄들이 그들을 그들의 구원에서 영원히 떠나게 하는 것은 아니며 그들을 그리스도에게서 완전히 분리시키지도 못한다.

웨스트민스터 신앙고백서는 이 교리를 다음과 같이 말하고 있다.

"하나님께서 자기의 사랑하시는 자 안에서 용납하시고 실제로 부르시고 또한 성령으로써 거룩하게 하신 자들은 은혜의 자리에서 전적으로 또는 최종적으로 타락할 수는 없다. 그들은 마지막 날까지 그 상태에 있을 것이며 또한 영원히 구원을 받을 것이다."

이러한 교리는 다음과 같이 성경적 지지를 받고 있다:

이사야 43:1-3, 이사야 54:10, 예레미야 32:40, 마태복음 18:12-14, 요
한복음 3:16, 요한복음 3:36, 요한복음 5:24, 요한복음 6:35-40, 요한복음
6:47, 요한복음 10:27-30, 요한복음 17:11, 12, 15, 로마서 5:8-10, 로마서
8:1, 로마서 8:29, 30, 로마서 8:35-39, 고린도전서 1:7-9, 고린도전서 10:13,
고린도후서 4:14, 17, 에베소서 1:5, 13, 14, 에베소서 4:30, 골로새서 3:3,
4, 데살로니가전서 5:23, 24, 디모데후서 4:18, 히브리서 9:12, 15, 히브리
서 10;14, 히브리서 12:28, 베드로전서 1:3-5, 요한일서 2:19, 25, 요한일서
5:4, 11-13, 20, 유다서 1, 유다서 24, 25.

* 도르트회의에서 재확인됨

이 신학체계는 1619년 도르트회의에서 성경에 담겨 있는 구원 교리로
재확인되었다. 그 당시 그 체계는 5대 교리로 구성되었는데 (알미니안주
의자들에 의해서 제출된 5대 교리에 답변하기 위하여) 그 후로 칼빈주의
5대 교리로 알려졌다.

4. 교리적으로 기독교는 둘로 나뉘어져 있다.

지상의 모든 기독교는 교리적으로 둘로 나누어진다. 어느 교파든지 이
둘 중 하나에 속하다. 알미니안주의이냐 아니면 개혁주의이냐이다.

개혁주의 신앙에 속한 교회는 개혁주의 신앙을 받아들이는 장로파와
유럽 개혁파가 있으며, 유럽의 침례파와 로이드 존스가 속한 영국교회이

다. 그러나 최근에는 장로교회라고 할찌라도 복음주의 노선으로 돌아선 교회들이 많이 있다. 엄밀히 말한다면 이들은 개혁주의라고 말할 수 없다. 그 외의 교파에 속한 교회들이 알미니안주의 신앙에 속한다. 웨슬리안파, 미국 침례파, 오순절파, 복음주의와 신복음주의 신앙을 따르는 교회들이다.

5. 알미니안주의 신앙과 개혁주의 신앙의 차이는 무엇인가?

a) 알미니안주의는 자유의지에 따라서 인간의 선택으로 신앙할 수 있다. 그러나 개혁주의는 철저하게 하나님의 주권과 은혜를 강조한다. 구원은 내가 결정하는 것이 아니고 하나님의 영원전에 선택으로 하나님이 이미 결정하신 것이다.

b) 알미니안주의자들은 구원을 자유의지에 기반을 둔 행위신앙에 둔다. 봉사, 헌신, 열심, 공로, 체험, 은사체험, 기도생활 등 종교적인 행위를 중요시한다. 그러나 개혁주의자들은 하나님의 은혜(은총)로 된다고 믿는다. 구원은 하나님의 선물이지 나의 어떤 행위와 업적과 공로로 되는 것이 아니다. 100% 전적인 하나님의 은혜와 0% 나의 행위이다.

c) 알미니안주의자들은 종교적인 의식과 침례와 같은 형식를 중요시한다. 개혁주의자들은 하나님의 언약을 중요시한다. 이 언약은 아브라함과 맺은 언약이며, 신약 성도들에게는 모든 민족에게가지 확대되는 은혜언약이다. 신앙은 이 언약을 받아들이며, 은혜 언약 안에 거하는 것이다.

d) 알미니안주의자들은 은혜체험을 감정에 둔다면 개혁주의자들의 은혜체럼은 은 하나님의 약속에 의한 성령의 확신에 둔다. 성령이 말씀을 조명함으로 말씀 안에 나타난 하나님의 무한한 영광과 계시를 발견하고 나 자신에 대한 하나님의 인도하심을 보게 됨으로 감사와 찬송과 영광을 표현하게 된다.

e) 알미니안주의자들은 행위와 종교적 행함과 하나님의 도우심으로 구원을 얻는다는 신인협동을 강조한다. 개혁주의자들은 천지 창조 이전에 하나님의 선택과 은혜를 강조한다.

15장
복음이란 무엇인가?

우리는 '복음'이라는 말을 평생 들어 왔고 '복음을 전한다'라는 말을 많이 한다. 그러나 막상 그 누구에게 "복음이 무엇인가를 설명하시오" 하면 복음을 정확히 설명하는 사람이 많지 않다. 정통 기독교인이라면 본인의 신앙을 위해서 '복음'을 어느 정도 정확히 알아야 할 필요가 있다. 목회를 하시는 사역자들은 더 말할 필요가 없이 복음을 말할 수 있어야 한다. 그다음에 주님의 증인으로 전도자의 삶을 사는 것이 순서일 것이다. 현재 교회에서 직분을 행하는 사역자들, 직임을 가진 신자들, 전도인으로 사는 신자들, 해외 선교를 나가서 복음을 전하는 선교사님들은 복음이 무엇인가를 설명할 수 있어야 한다. 앞의 13장에서 '개혁주의 신앙의 기초'에 대해서 설명하였는데 최소한으로 이 내용을 이해를 했다면 복음을 설명할 수 있을 것이다. 이 장에서 초신자가 아니고 현재 교회를 정기적으로 출석하고 신앙생활을 하시는 성도들이 반드시 알아야 할 복음을 말하고 있다. 이 복음이 이해가 되지 않으면 본인의 구원에 대해서 의심을 해야 할 것이다. 아직 정리가 되지 않은 분들에게 복음을 상기시키기 위해서 복음의 내용을 소개한다. 심오한 진리가 있기에 처음에는 이해하기가 어려울 수 있다. 그렇지만 반복해서 읽으면서 정리해 가시기 바란다.

1. 복음에 대한 다양한 정의들

A) 개혁주의 신학자 김홍전 박사는 저서 《복음이란 무엇인가》에서 복음을 소개 할 때 고린도전서 15:3-4를 중심으로 성경대로 그리스도께서 우리 죄를 위하여 죽으시고 장사 지낸 바 되었다가 성경대로 사흘 만에 다시 살아나심이라고 말한다. 그리고 이 복음을 굳게 지키고 헛되이 아니 하였으면 이로 말미암아 구원을 얻으리라고 말한다. 김홍전 박사가 말하는 복음의 핵심은 그리스도의 십자가와 그리스도의 부활이다. 예수님 십자가 사건 안에 내포하고 있는 복음과 부활 사건 안에 내포하고 있는 복음을 설명하면서 굳게 지킬 것을 말한다.

B) 복음을 '기쁜 소식' 혹은 '좋은 소식'이란 개념으로 아직 복음을 듣지 못한 사람들에게 전한다. 여기서 말하는 기쁜 소식과 좋은 소식은 무엇을 말하는가? 그것은 "예수께서 우리 죄를 위해서 십자가에서 피를 흘리심으로 우리 죄가 사해졌고, 우리 죄를 사해 주신 예수님을 구주로 영접하면 구원을 받는다"이다. 우리가 전도할 때 이 방법을 많이 사용한다. 복음을 제시하고, 믿게 하고, 예수님을 구주로 나의 하나님으로 영접하게 한다. 사영리나 전도폭발의 교재가 이 내용으로 전한다. 이것은 처음으로 기독교에 입문하는 사람이 기독교 신앙의 출발선에서 소개받는 가장 간결하고 요약된 복음이다. 전도를 통해서 예수님을 구주로 영접한 것이 신앙의 완성이 아니고 출발이다. 이제 영적으로 갓 태어난 갓난아이 신자에 불과하다. 갓난아이를 영아(嬰兒)라고 하듯이 전도를 통해서 갓 태어난 신자를 영신자(嬰信者)라고 한다. 영신자는 좋은 지도자 밑에서 성경을 잘 배

우고 바른 신앙인으로 자라 가야 한다.

C) 사도 바울은 복음을 자신의 언어로 다음과 같이 표현했다. "내가 복음을 부끄러워하지 아니하노니 이 복음은 모든 믿는 자에게 구원을 주시는 하나님의 능력이 됨이라 먼저는 유대인에게요 그리고 헬라인에게로다 복음에는 하나님의 의가 나타나서 믿음으로 믿음에 이르게 하나니 기록된 바 오직 의인은 믿음으로 말미암아 살리라 함과 같으니라"(롬 1:16-17), "나의 달려갈 길과 주 예수께 받은 사명 곧 하나님의 은혜의 복음 증거하는 일을 마치려 함에는 나의 생명을 조금도 귀한 것으로 여기지 아니하노라"(행 20:24)이다. 이 말씀에서 복음을 부끄러워하지 않고, 복음을 전하는 일이라면 생명을 조금도 귀하게 여기지 않을 만큼 복음의 위대한 가치가 있음을 말한다. 그 이유는 복음이 모든 믿는 자에게 구원을 주시기 때문이다. 그리고 복음 안에 하나님의 의가 나타나서 믿음에 이르게 하기 때문이다. 바울이 말하는 복음은 독수리의 시각으로 보아서 하나님의 심오한 의미가 담겨 있는 복음을 말한다.

바울에게는 무엇이 복음이었을까? 바울의 개인적인 상황에서 그가 말하는 복음이 무엇인가를 알 수 있다. 바울은 혈통으로는 베냐민 지파에 속한 아브라함의 자손이다. 그는 모세의 율법에 능한 바리새인이었으며, 유대교를 가장 열심히 신봉했던 사람이다. 그에게 있어서 신흥 종교인 갈릴리 사람 나사렛 예수를 믿는 사람들은 이단이었고, 그들을 박해하고 죽이는 열심이 하나님을 향한 최고의 신앙이라고 믿었다. 그는 그 열심으로 스데반 집사를 순교하게 하였으며, 그는 그 후 시리아 다메섹에 있는 예수 그리스도의 도를 따르는 남녀 신자들을 잡아서 예루살렘으로 데려오고자 대제사장의 공문을 가지고 가던 길에서 예수님을 만났다. 하늘에서 나는 예수님의 음성을 듣고 주님을 만났던 사울이라는 이름을 가진 사람이었다. 그는 자기가 가장 미워했고 박해했던 '나사렛 예수'가 곧 구약시대 여러 선지자들이 예언을 했고, 그분이 오실 '메시아(그리스도)'라는 사실을 알게 된다. 예수님이 곧 메시아 라는 사실을 알았던 바울은 스스로 "헬라인이나 야만인이나 지혜 있는 자나 어리석은 자에게 다 내가 빚진 자라 그러므로 할 수 있는 대로 로마에 있는 너희에게도 복음 전하기를 원하노라"(롬 1:14-15)를 외쳤다. 바울에게 있어서 '복음'은 무엇인가? 바울에게 있어서 복음은 '예수가 그리스도(메시아)이시다'이다. 바울은 '우리가 죽인 나사렛 예수가 곧 기다렸던 그리스도이시다. 그가 십자가에서 자기 백성을 구원하시기 위해서 성경대로 죽으시고 성경대로 사흘 만에 다시 살아나셨으며, 주와 그리스도가 되셨다'를 복음이라고 말한 것이다. 예수님을 구주와 주님과 하나님으로 영접한 사람은 누구나 바울이 말한 복음을 가져야 한다. 바울에게 있어서 '복음'은 한마디로 말하면 '예수 그리스도'이다. 그는 말하기를 골로새서 1:26-28에서 "이 비밀은 만세와 만대로부터 감추어졌던 것인데 이제는 그의 성도들에게 나타났고 하나님이 그들로 하여금 이 비밀의 영광이 이방인 가운데 얼마나 풍성한지를 알게 하려 하심이라 이 비밀은 너희 안에 계신 그리스도시니 곧 영광의 소망이니라 우리가 그를 전파하여 각 사람을 권하고 모든 지혜로 각 사람을 가르침은 각 사람을 그리스도 안에서 완전한 자로 세우려 함이니"라고 한다. 그는 여기서 '그리스도가 만세와 만대로부터 감추어졌던 비밀이었고', '그의 성도들에게 나타나셨다'를 말한다. 바울에게 나타나셨던 분이 복음

(그리스도)이고, 바울이 그 복음(그리스도)을 전파한다고 말한다. 바울은 각 사람에게 그리스도(복음)를 전파하고, 지혜로 각 사람을 가르치는 것은 각 사람이 그리스도 안에서 성도로 완전하게 자라고 세움을 위해서라고 말한다. 우리가 예수 그리스도를 안다고 말하지만 과연 메시아로서 예수를 알고 있는가? 아니면 인본주의자들이 말하는 예수를 알고 있는가? 인본주의자들이 말하는 '예수'는 소위 말하는 해방자로서 인간 예수를 말한다. 그리고 일반 신자들이 복을 기원하는 기복신앙과 축복을 강조하는 부흥사들의 영향을 받아서 잘되고 성공하는 이야기가 복음이 되었다. 그 결과 예수님을 해방자로 알게 되고 나의 삶을 도와주시는 조력자로만 알게 된다. 이것이 헛된 믿음(신앙)이다. 이는 사탄이 예수님의 신분을 흐리게 하는 것이다. 바울이 전한 복음은 예수가 그리스도이시고, 그 예수는 영원 전부터 성자로 계셨고, 자기 백성을 죄와 사망에서 구원하기 위해서 이 땅에 오셨고, 십자가에서 자신의 피를 가지고 자기 백성을 속죄하셨으며, 구약 시대 선지자들이 예언했던 오실 메시아였으며, 재림하셔서 심판하시며, 그 이후에는 구원된 자기 백성과 함께 영원한 나라에서 통치하시는 왕이 곧 예수 그리스도이다. 바울은 이 복음(예수 그리스도)을 아시아와 유럽에서 자기 동족 유대인들에게 전하였고 로마에 있는 이방인들에게까지 전파하였다.

2. 성경에 나타난 복음은 무엇인가?

우리의 믿음을 견고하게 하고 신앙을 지키게 하기 위해서 복음과 복음의 특징을 소개하고자 한다. 모든 신자들이 지금부터 소개하는 내용을 알면 복음을 아는 것이다. 구약성경에 나타난 복음은 구속사적으로 하나님께서 아브라함과 약속한 우주적인 약속인 아브라함 언약과 예레미아와 에스겔에게 말씀하신 새언약이다. 신약 성경에서 나타난 복음은 예수님이 제자들에게 가르치셨던 '하나님 나라'가 복음이고, 바울 서신에서 바울이 전하는 '하나님의 은혜'가 복음이다. 이 복음이 교회 안에서 가르쳐져야 하고 모든 성도들이 알아야 하는 매우 중요한 신앙의 요소이다. 이것들을 알지 않고는 복음을 안다고 말할 수 없다.

1) 아브라함 언약(창 12:2-3, 17:7)이 복음이다.

이 언약에 대해서는 앞 13장에서 '개혁주의 신앙의 기초'에서 설명하였다. 이 언약이 중요한 이유는 아브라함 언약이 우리의 신앙의 뿌리가 되기 때문이다. 아브라함을 믿음의 조상(롬 4:16)이라고 부르는 이유는 성경이 아브라함을 모든 믿는 자의 조상이라고 말하기 때문이다(갈 3:6-9). 여기에 비록 이방인일지라도 아브라함 언약 안에 들어 있는 언약백성이라면 유대인이나 이방인이 차별이 없다(롬 10:10-11). 아브라함에게 하나님은 "내가 너로 큰 민족을 이루고 네게 복을 주어 네 이름을 창대케 하리니 너는 복의 근원이 될지라 땅의 모든 족속이 너를 인하여 복을 얻을 것이니라"(창 12:2-3), "내가 내 언약을 나와 너와 네 대대 후손의 사이에 세워서 영원한 언약을 삼고 너와 네 후손의 하나님이 되리라"(창 17:7)라고 말씀하셨다. 성경은 아브라함과 우리와 관련이 있으며, 그는 너희의 조상이라고 말한다. 그러면 무엇이 우리가 아브라함과 관련이 있으며 아브라함은 왜 나의 조상이 되는가이다. 우리가 믿음으로 말미암는 자들이기 때문이다. 바로 그 믿음이 우리와 아브라함을 연결시켜 주는 고리가 되며,

내가 비록 유대인이 아님에도 불구하고 나는 아브라함의 후손이라고 말할 수 있으며, 그는 나의 조상이 되는 것이다. 그럼 여기서 아브라함을 나의 조상이 되게 하는 믿음이란 무엇을 의미하는 것인가? 여기서 믿음이라고 하는 것은 내가 아브라함과 색깔이 같은 믿음과 같은 믿음의 방식을 가지고 있으며, 그것이 아브라함이 최초라는 것이며, 시작이기 때문에 나는 아브라함과 같은 믿음을 가지고 같은 방식으로 의롭게 되는, 즉 구원을 얻었기 때문에 그러한 차원에서 아브라함은 나의 믿음의 시조가 되며, 조상이 되는 것이고, 나는 그와 같은 믿음을 따라 그와 같은 방식으로 의롭게 되며, 그와 같은 방식으로 구원을 받았기 때문에 그의 후손이 되는 것이다. 개혁주의는 선택교리에 근거해서 영원 전에 하나님의 택하심을 받은 자라야 아브라함의 자손이 되는 것이라고 말한다. 하나님이 택하심은 받은 자가 성령의 인도로 이 은혜에 도달하게 된다. 독자 여러분 한 분 한 분이 아브라함의 언약 안에 포함되기를 기도한다.

2) 새언약(예레미아 31:31-34, 에스겔 36:24-28)이 복음이다.

새 언약을 다른 말로 '은혜언약'이라고 말한다. 새 언약에 대해서 앞의 13장 "개혁주의 신앙의 기초'에서 설명하였다. 옛 언약은 모세에게 약속한 언약으로 이스라엘 백성이 율법을 지킴으로서 하나님과 관계(너희는 내 백성이되고 나는 너희 하나님이 되리라)가 이루어지는 것이라면, 새 언약은 영원 전에 하나님이 선택한 백성이 이스라엘 백성이 아닌 이방인이라도 새 영을 넣어서 "나는 그들의 하나님이 되고 그들은 내 백성이 되리라"라고 약속한 언약이다. 이 언약 안에는 예수 그리스도의 십자가에서 구속하는 은혜가 포함된다. "맑은 물로 너희에게 뿌려서 너희로 정결케 하되 곧 너희 모든 더러운 것에서와 모든 우상을 섬김에서 정결케 하며"(겔 36:24-25)는 십자가에서 구속하심을 말한다. 새롭게 하시는 역사로 우리 마음에 죄로 오염되고 굳어 있는 옛 습관을 제하시고 성령을 두신다고 하는 것이다. "또 새 영을 너희 속에 두고 새 마음을 너희에게 주되 너희 육신에서 굳은 마음을 제하고 부드러운 마음을 줄 것이며, 또 새 신을 너희 속에 두어 너희로 내 율례를 행하게 하리니 너희가 내 규례를 지켜 행할지라. 내가 너희 열조(조상)에게 준 땅에 너희가 거하여 내 백성이 되고 나는 너희 하나님이 되리라"(겔 36:26-28)는 하나님이 영세 전에 선택하셨고, 아브라함의 언약 안에 있는 언약백성에게 주신 약속이다. 이 언약은 모세에게 약속했던 옛 언약에서의 이스라엘 백성에서 이방인을 포함해서 구원하시겠다는 약속이다. 그 대상은 아브라함의 언약 안에 들어 있는 언약백성으로 선택된 백성이다. 이것을 발견한 사람은 하나님의 은혜를 입은 사람이다. 구원은 전적으로 하나님의 은혜에 의한 것이다. 그리스도의 구원을 받는 방편인 믿음조차도 결코 은혜 언약의 조건이 아니다. 그 까닭은 믿음이 성령 하나님께서 주시는 선물이기 때문에 믿음은 은혜 언약을 받는 조건이 아니라 은혜 언약이 약속하는 은혜의 선물일 뿐이기 때문이다. 독자 여러분이 이 언약 안에 있는 언약백성이기를 바란다.

3) 복음서에서 말하는 '하나님 나라(천국)'가 복음이다.

마태복음에서 '천국(the kingdom in heaven)'으로, 마가복음, 누가복음, 요한복음에서는 '하나님의 나라(the kingdom of God)'로 기록되었지만 같은 말이며 표현이 다를 뿐이다. 이 왕국은 예수님이 왕이시고 영원히 통치하시는 왕국을 말하고 있다. 세례 요한이 광야에서 제일 먼저 외친 말이 "회개하라 천국(하나님 나라)이 가까왔다"(마 3:2, 막 1:15)이다. 예수님이 광야에서 처음 전파하신 말씀이 "회개하라 천국(하나님 나라)이 가까이 왔느니라"(마 4:17)이다. '하나님 나라'가 복음이다. 신자는 구원받은 그 순간부터 하나님의 나라(메시아 왕국)의 백성이 된다. 아직 복음을 듣지 못한 사람에게는 하나님 나라가 바로 눈앞에 있다. 복음을 듣고 거듭난 사람은 이미 하나님 나라 안에 들어와 있고 하나님 나라 시민이다. 마태복음 13장에 나오는 비유 중 밭에 감추인 보화 비유에서 하나님 나라를 발견한 사람은 밭에 감추인 보화를 발견하고 자기 전 소유 재산을 팔아서 밭을 사서 보화를 자기 소유로 캔 사람과 같다고 말한다. 또 진주를 구하는 장사 비유에서 진주를 구하는 장사가 가장 값진 진주를 만나서 자기 전 소유를 팔아서 그 진주를 샀다고 말한다. 이 두 개의 비유에서 말하는 것은 하나님의 나라는 이 세상에서 그 어떤 가치가 있는 것보다 더 가치가 있다고 하는 것이다. 우리가 4개 복음서를 여러 차례 반복해서 읽지만 아직 하나님 나라를 발견하지 못했다면 매우 불행한 일이다. 마태복음을 읽으면서 그 안에 나오는 기적을 보면서 예수님이 하나님이시고, 예수님이 하나님 나라의 왕이심을 보지 못하고, 하나님 나라를 발견하지 못했다면 아직 구원받지 못한 불행한 사람이다. 실제로 교회를 몇십 년을 다녀도 아직 하나님 나라를 발견하지 못한 사람이 대부분이다. 그중에 독자 여러분이 그 한 사람일 수 있다. 마태복음 전체가 하나님 나라에 관한 이야기로 채워진 복음서이다. 그 안에서 윤리나 도덕적 실천이나 어떤 교훈을 보면서 하나님 나라를 보지 못한다면 불행한 일이다. 마태복음 5장, 6장, 7장에 나오는 산상보훈은 하나님 나라의 기본적인 윤리를 말한다. 산상보훈을 실천하고 지켜서 천국 시민이 되는 것이 아니라 천국 시민이 된 사람이 산상보훈을 실천할 수 있다는 것을 보여 주는 것이다. 그러므로 요한복음 3장 3절과 5절에서 말하는 '거듭난자'가 되는 것이 우선이다. 거듭나지 못하면 하나님 나라를 볼 수도 없고, 들어갈 수도 없다. 마태가 전한 복음서에서 예수님은 천국 복음을 전하시고 마지막에 제자들에게 증인(전도자)이 되어서 '하나님 나라'를 전하라고 명령하신 것이다(마 28:18-20). 그러므로 '하나님 나라'가 복음이다. 전도자가 되기 이전에 먼저 복음인 '하나님 나라'를 발견하기를 바란다. 독자 여러분은 예외 없이 하나님 나라를 발견하고 그 안에 사는 천국 시민이기를 기도한다.

4) 하나님 은혜가 복음이다.

성경에서 '은혜'란 말을 많이 보게 된다. 바울은 자신의 복음을 '은혜의 복음'(행 20:24)이라고 말한다. 하나님만 사랑할 수 있고, 하나님의 사랑 안에 거하는 사람만이 사랑할 수 있는 사랑을 '아가페'라고 말하는 것처럼, 하나님만이 베풀 수 있는 유일하고 고유한 은혜가 있다. 그것을 '하나님의 은혜'라고 말한다. 여기서 말하는 은혜는 생활 속에서 사용하는 은혜와 같은 정도의 은혜를 말하는 것이 아니다. 하나님이 영원전에 선택한 백성에게 베푸시는 특별한 은혜를 말한다. 바울은 다시 말하기를 '지극히 풍성한 은혜(엡 2:7)'라고 했으며, '그 은혜를 인해서 믿음으로 구원을 얻었다'고 말한다(엡 2:8). 여기서 말하는 은혜는 앞에서 언급한 밭에 감추인 보화와 같으며, 구하고자 하는 지극히 값진 진주와도 같다. 이 은혜를 보는 눈이 복이 있고, 이 은혜가 무엇인지를 깨달은 사람은 복을 받은 사람이다. 어거스틴은 '은총론'을 저술하였는데, 그는 하나님 은혜가 왜 복음이며 중요하는가를 말한다. 당대에 이단인 펠라기우스와 논쟁에서 어거스틴은 오직 하나님 은혜로만 구원을 얻는다고 주장한다. 반면에 펠라기우스는 하나님의 은혜가 아니라 행위(행함)로 구원된다고 하면서 선행을 강조하고 인간의 자유 의지를 주장했다. 이것은 오늘날의 개혁주의 구원과 알미니안주의 구원 논쟁의 시작이라고 볼 수 있다. 우리 가운데 어떤 사람은 '구원을 받기 위해서 무엇인가 주님을 위해서 해야 하지 않겠는가'라고 말하는 사람이 있다. 또 신앙 생활의 기본적인 기준을 이웃을 위해서 사랑을 실천해야 하고, 교회 봉사를 해야 하고, 개인적으로 기도생활을 하고, 전도생활을 하고, 헌금을 최선을 다해서 바치고, 등등의 어떤 종교적인 행위를 해야 한다고 말한다. 그러한 행위는 구원을 받는 조건이 될 수 없다. 그러한 행함은 구원받은 은혜가 주어져서 하나님께 영광과 감사함을 드리는 표현일 뿐이다. 알미니안주의 신앙인은 나 자신을 하나님께 보이기 위해서, 그리고 무슨 공을 내보이기 위해서 하는 행위를 강조하고, 그로 인해서 믿음의 생활을 했다고 여긴다. 그럴지라도 구원은 100% 하나님 은혜로 받는 것이다. 이 은혜는 하나님의 택한 백성에게 주어지는 선물이다. 하나님의 은혜를 사모하며, 그 은혜 안에 거하는 자는 하나님의 은혜를 입은 자이다. 독자 여러분은 예외 없이 이 은혜 안에 거하는 은혜를 입은 자이기를 기도한다.

이상 우리가 반드시 알아야 할 복음에 대해서 최소의 4가지를 소개하였다. 아브라함 언약, 새 언약(은혜언약), 하나님 나라, 하나님의 은혜에 대해서 간략하게 요약해서 정리한 것이 왜 복음인가를 깨닫게 되기를 기도한다. 이 복음을 모르면 영적 소경으로 남을 것이다. 그리고 형식적인 그리스도인으로 남아서 구원에 도달하지 못할 수 있다. 이 4가지 외에도 더 첨가할 것이 있다. 그것은 믿음의 선배들이 요약 정리한 개혁주의 구원론의 집약이라고 말할 수 있는 개혁주의 5대 교리(TULIP)이다. 곧 인간의 전적 부패, 하나님의 무조건적 선택, 예수님의 제한 속죄, 하나님의 불가항력적 은혜, 성도의 견인 교리다. 모든 인간은 아담과 하와가 선악과를 먹었을 때 죄가 되어 완전히 죽었고(인간의 전적인 부패), 하나님께서 그 중에서 구원할 자를 선택하셨으며(무조건적 선택), 성자 예수님이 선택을 받은 사람만 십자가에서 구속하셨으며(제한속죄), 택한 자에게 부어 주시는 하나님의 은혜를 거부할 수 없으며(불가항력적 은혜), 한번 택함을 받은 사람은 하나님이 끝까지 지키시고 보호하심으로 구원에서 탈락되지 않는다(성도의 견인)고 하는 다섯 가지 교리이다. 이 교리를 비판한 사람은 알미니안주의자들이다. 그들은 행위가 우선이기 때문이다. 영혼 구원에 있어서 우리는 행위보다 믿음이며, 이 믿음은 하나님 예비하신 우주적인 은혜를 내 소유로 삼는 것이다. 개혁주의 5대 교리는 성경 전체 복음을 집약한 것이다. 이 교리를 이해하기 위해서는 하나님의 은혜가 주어져야 하고 성령의 인도하심이 있어야 한다. 지식을 동원하고 신념을 내세워서 이해가 되는 것이 아니다. 성령의 도우심이 있기를 바란다. 이 교리가 이해되는 사람은 하나님의 택하심을 받은 사람이며 은혜로운 복을 받은 사람이다. 독자 여러분은 5대 교리(TULIP)를 이해하시며, 그 안에 적용되어 그 은혜 안에 들어 있기를 기도한다.

16장

제한속죄(Limited Atonement)냐? 아니면 보편속죄(Universal Atonement)냐?의 문제

1. 하나님께서 참으로 인류 전체를 구원하기를 원하셨는가, 아니면 인류 중 일부 즉 그가 영원 전에 선택하신 자들만을 구원하기를 원하셨는가? 예수 그리스도께서는 인류 전체를 위해서 즉 인류 전체의 죄책과 죄의 형벌을 담당하시기 위해서 돌아가셨는가? 아니면 오직 하나님의 택하신 자들의 죄만을 위해 돌아가셨는가? 이것은 기독교 신자들의 구원의 보장(保障)의 문제와도 관계되며, 또 전도할 때 전도자의 실제적 마음가짐에도 관계된다. 그러나 좀 더 중요한 문제는, 구원이 오직 사람 자신의 결심에 달려 있는가, 혹은 하나님의 은혜이며 성령을 통하여 인도하심인가이다. 또 나 자신은 어디에 속하는가? 제한 속죄의 범위 안에 있는가, 아니면 보편적인 속죄 안에서 열심히 신앙 생활을 함으로서 구원을 받아들일 것인가는 매우 중요한 문제가 된다.

2. 알미니안주의교파는 그리스도의 속죄가 보편적(Universal)이라고 주장한다. 그들의 견해대로 하면, 이것은 모든 사람이 다 구원받는다는 것을 뜻하지 아니하고 다만 그리스도의 속죄 사역을 완수함에 있어서는 어떠한 예외도 없이 그들 전부를 다 구원하는 것이 그리스도를 보내신 성부

의 뜻이요, 그리스도의 뜻이다는 것을 의미한다는 것이다.

3. 개혁주의파 교회는 그들과는 달리하여 제한속죄(Limited Atonement)를 믿는다. 하나님이 영세 전에 선택하신 자만을 구원하는 것이 성부와 성자의 의도였으며, 또한 실제적으로 성취될 목적이었다고 주장한다. 그러나 보편속죄 옹호자들(알미니안주의자)은 그리스도는 모든 사람을 위하여 구원을 가능케 하셨다는 것이며, 그리고 그들의 사실상 속죄는 그들 자신의 자유선택에 달려 있다고 주장하고 있다. 한편 제한속죄의 옹호자들(개혁주의자)은 그리스도께서 위하여 자신의 생명을 버리신 영원 전에 선택한 사람들만을 사실상 구원하신다고 주장한다. 대가(代價)가 지불된 사람들 중 어느 한 사람도 마침내 구원에서 제외되지 않는다고 주장한다. 개혁주의 신학자 루이스 벌코프는 제한속죄 이론에 관계해서 평화의논(스가랴 6:13)을 말한다. 이 이론은 영원전에 성부 하나님과 성자 예수님 사이에 속죄언약(구속언약)을 세우셨는데 이 언약 안에 구원받을 자를 선택하여 그 사람을 위해서 십자가에서 구속한다는 이론이다. 다시 말하면 누구를 선택해서 구원할 것인가를 의논하셨다는 것이다.

4. 성경은 분명히 그리스도의 사역의 효과가 속죄를 가능케 할 뿐만 아니라 인간으로 하여금 하나님과 더불어 화목케 하며, 또한 영원한 구원을 실제적으로 얻게 한다는 것을 가르치고 있다(눅 19:10, 롬 5:10, 고후 5:21, 갈 1:4, 3:13, 엡 1:7). 더욱이 성경은 여러 가지 방법으로 그리스도가 어떤 제한된 수를 위하여, 곧 자기 백성(마 1:21), 자기 양(요 10:11, 15), 교회(행 28:28, 엡 5:25-27), 그리고 선택을 받은 자(롬 8:32-35)를 위하여 자

기 생명을 버리셨다는 것을 말하여 주고 있다. 만일 모든 사람을 구원하는 것이 하나님의 목적이었다고 하면(보편속죄설), 인간이 그 신적 목적을 좌절시킨다는 결론에 도달하게 될 것이다. 그러나 이것은 전혀 불가능한 일이다.

제한속죄설(Limited Atonement)

제한속죄설(Limited Atonement)은 주로 개혁주의(칼빈주의) 신학에서 강조되는 교리로, 예수 그리스도의 속죄가 모든 인류를 위한 것이 아니라, 창세전에 하나님께서 특별히 택하신 자들만을 위한 것이라는 주장을 담고 있다. 천하 만민이 다 구원을 받는 것이 아니고 오직 택하심을 받은 사람만이 구원을 받는다는 교리로서 구원 받는 사람은 제한돼 있다고 하는 것이다.

이 교리는 다음과 같은 주요 논점을 포함한다.

1. 대상: 예수님의 속죄가 창세전에 하나님께서 특별히 택하신 자들만을 대상으로 한다고 주장한다.

2. 성경적 근거: 요한복음 10장, 에베소서 1:4-5 등에서 예수님이 자신의 양들을 알고, 그 양들이 그의 음성을 듣고 따른다는 구절을 인용한다. 그리스도 안에서 택하셨고, 예수 그리스도로 말미암아 하나님의 아들들이 되게 하셨다고 하는 것이다. 요한복음 17:9 "내가 그들을 위하여 비옵나니

내가 비옵는 것은 세상을 위함이 아니요 내게 주신 자들을 위함이니이다"
와 같은 구절을 인용하여, 예수님의 속죄가 특정한 사람들을 위한 것임을
강조한다.

3. 구원의 조건: 예수님의 속죄는 선택된 자들에게만 효과적으로 적용
되며, 그들의 구원은 하나님의 계획에 따라 확실히 이루어진다고 본다.

4. 결과: 선택된 자들만이 구원을 받으며, 이는 하나님의 주권과 전능하
심을 강조한다.

제한속제 이론은 다음과 같은 주장을 한다.

1. **특별한 구속**: 제한 속죄설에 따르면, 예수님의 속죄는 선택된 자들만
을 위한 것이다. 이는 예수님의 죽음이 모든 인류의 죄를 속죄하기에 충
분하지만, 실제로는 선택된 자들만을 위해 효과적으로 적용된다는 것이
다.

2. **하나님의 주권**: 제한속죄설은 하나님의 절대적인 주권을 강조한다.
하나님은 자신의 뜻에 따라 구원받을 자들을 미리 정하셨으며, 그들의 구
원은 하나님의 계획에 따라 확실히 이루어진다는 것이다.

3. **성경적 근거**: 제한속죄설을 지지하는 학자들은 요한복음 10장과 같
은 구절을 인용한다. 예수께서 자신의 양들을 알고, 그 양들이 그의 음성

을 듣고 따른다는 내용은 예수님이 선택된 자들만을 구원하신다는 것을 보여 준다고 해석한다.

4. **구원의 확실성**: 제한속죄설은 예수님의 속죄가 선택된 자들에게만 적용되기 때문에, 그들의 구원은 확실하다고 주장한다. 이는 하나님의 구원 계획이 실패하지 않음을 의미한다.

제한속죄설은 하나님의 주권과 선택의 중요성을 강조하며, 구원이 인간의 신앙이나 행위에 의존하지 않는다고 본다. 이 교리는 알미니안주의자들이 주장하는 보편속죄설과 대조적으로, 예수님의 속죄가 모든 인류를 대상으로 하지 않는다고 주장한다. 알미니안주의자들은 신앙의 기준을 하나님의 선택보다 기독교라는 종교 안에서 신앙적인 행위, 종교적 신념을 구원받은 증거로 말한다. 속죄 사역의 효과와 그 대상은 하나님의 계획에 따라서 "예정을 입은" 자들에게(엡 1:11) 제한이 된다. 그리스도께서는 자신의 속죄사역을 통해서 구원에 이르게 될 자들이 "아버지께서 아들에게 주신 모든 사람들"(요 17:2, 7)임을 아셨으며, 또한 그들만을 위하여 자신을 내어 주셨다.

제한적인 범위를 가리키는 구절들 - 사 53:12; 마 20:28; 요 6:37, 39, 44; 10:15; 11:52; 15:13; 17:2, 9, 20; 롬 8:33; 엡 1:4, 7; 5:25; 계 5:9; 14:4

"아들을 낳으리니 이름을 예수라 하라 이는 그가 자기 백성을 그들의 죄에서 구원할 자이심이라 하니라."(마1:21) - 자기 백성은 제한된 사람, 곧 영원 전에 택한 사람을 말한다.

예수 그리스도의 제한적 속죄의 근거는 다음 3가지 요점으로 설명할 수 있다. 구원은 하나님께 달려 있다. 구원은 내가 선택하거나 결정해서가 아니고 하나님의 절대 주권에 있다.

1. 예수 그리스도의 제한적 속죄는 구원이 하나님께 달려 있다는 사실에 근거한다. 성경은 하나님의 절대 주권을 밝히 가르치며 또 구원이 하나님께 달려 있음을 가르친다.

시편 3:8, "구원은 여호와께 있사오니."

요나 2:9, "구원은 여호와께로서 말미암나이다."

마태복음 19:24-26, "다시 너희에게 말하노니 약대가 바늘귀로 들어가는것이 부자가 하나님의 나라에 들어가는 것보다 쉬우니라 하신대 제자들이 듣고 심히 놀라 가로되 그런즉 누가 구원을 얻을 수 있으리이까? 예수께서 저희를 보시며 가라사대 사람으로는 할 수 없으되 하나님으로서는 다 할 수 있느니라."

요한복음 6:44, "나를 보내신 아버지께서 이끌지 아니하면 아무라도 내게 올 수 없으니"

로마서 9:16, 18, "그런즉 원하는 자로 말미암음도 아니요 달음박질하는 자로 말미암음도 아니요 오직 긍휼히 여기시는 하나님으로 말미암음이니라."

"하나님께서 하고자 하시는 자를 긍휼히 여기시고 하고자 하시는 자를 강퍅케 하시느니라."

야고보서 4:12, "[하나님께서는] 능히 구하기도 하시며 멸하기도 하시느니라."

마태복음 16:17, "바요나 시몬아, 네가 복이 있도다. 이를 네게 알게 한 이는 혈육이 아니요 하늘에 계신 내 아버지시니라."

사도행전 11:18, "하나님께서 이방인에게도 생명 얻는 회개를 주셨도다."

사도행전 16:14, "주께서 그 마음을 열어 바울의 말을 청종하게 하신지라."

신명기 29:4, "그러나 깨닫는 마음과 보는 눈과 듣는 귀는 오늘 날까지 여호와께서 너희에게 주지 아니하셨느니라."

요한복음 6:39, "하나님의 뜻은 내게 주신 자 중에 내가 하나도 잃어버리지 않고 마지막 날에 다시 살리는 이것이니라."

요한복음 10:26, "너희가 내 양이 아니므로 믿지 아니하는도다."

사도행전 13:48, "이방인들이 듣고 기뻐하여 하나님의 말씀을 찬송하며 영생을 주시기로 작정된 자는 다 믿더라."

이런 모든 말씀들을 볼 때, 사람의 구원이 오직 자신의 결심(회개와 믿음)에 달렸다고 생각해서는 안 되며, 또 사람의 구원에 있어서 하나님의 능력을 부정하거나 제한해서도 안 될 것이다. 만일 하나님께서 인류 전체를 구원하시려고 뜻하셨다면, 인류 전체를 구원하실 능력이 하나님께 있다. 하나님께는 능치 못하시는 일이 없다. 그러므로 하나님의 구원은 제한적이다.

2. 예수 그리스도의 제한적 속죄는 하나님의 구원 의지와 그 행위가 제한적이라는 사실에 근거한다. 성경은 인류 전체와 구별하여 하나님께서 구원하실 자기 백성, 자기 사람들, 자기 양들에 대해 분명히 증거한다.

마태복음 1:21, "아들을 낳으리니 이름을 예수라 하라. 이는 그가 자기 백성을 저희 죄에서 구원할 자이심이라."

요한복음 6:37, "아버지께서 내게 주시는 자는 다 내게로 올 것이요."

요한복음 10:15, "나는 양을 위하여 목숨을 버리노라."

요한복음 10:26, "너희가 내 양이 아니므로 믿지 아니하는도다."

요한복음 17:9, "내가 비옵는 것은 세상을 위함 이 아니요 내게 주신 자들을 위함이니이다."

하나님께서 구약시대에 이스라엘 백성을 이방 민족들과 구별하여 사랑하심도 하나님의 구원의 제한성을 증거한다.

호세아 11:8, "에브 라임이여, 내가 어찌 너를 놓겠느냐? 이스라엘이여, 내가 어찌 너를 버리겠느냐? 내가 어찌 너를 아드마같이 놓겠느냐? 어찌 너를 스보임같이 두겠느냐? 내 마음이 내 속에서 돌아서 나의 긍휼이 온전히 불붙듯하도다."

그리스도께서 '우리를' 위하여 죽으셨다는 말씀도 구원의 제한성을 암시한다.

이사야 53:5, 6, 8, "그가 찔림은 우리의 허물을 인함이요 그가 상함은 우리의 죄악을 인함이라. 그가 징계를 받음으로 우리가 평화를 누리고 그가 채찍에 맞음으로 우리가 나음을 입었도다. 우리가 다 양 같아서 그릇 행하여 각기 제 길로 갔거늘 여호와께서는 우리 무리의 죄악을 그에게 담당시키셨도다. 그 세대 중에 누가 생각하기를 그가 산 자의 땅에서 끊어짐은 마땅히 형벌받을 내 백성의 허물을 인함이라 하였으리요."

고린도후서 5:21, "하나님이 죄를 알지도 못하신 자로 우리를 대신하여 죄를 삼으신 것은 우리로 하여금 저의 안에서 하나님의 의가 되게 하려 하심이니라."

갈라디아서 3:13, "그리스도께서 우리를 위하여 저주를 받은 바 되사 율법의 저주에서 우리를 속량하셨으니."

또한 그리스도께서 '많은' 사람을 위하여 죽으셨다는 말씀도 구원의 제한성을 암시한다.

이사야 53:11-12, "나의 의로운 종이 자기 지식으로 많은 사람을 의롭게 하며 또 그들의 죄악을 친히 담당하리라. 실상은 그가 많은 사람의 죄를 지며."

마태복음 20:28, "자기 목숨을 많은 사람의 대속물로 주려 함이니라."

마태복음 26:28, "이것은 죄사함을 얻게 하려고 많은 사람을 위하여 흘리는 바 나의 피 곧 언약의 피니라."

3. 예수 그리스도의 제한적 속죄의 가장 중요한 근거는 속죄의 본질적 성격에 있다. 속죄란 그리스도께서 실제로 우리의 죄책과 형벌을 담당하신 것을 말한다. 예수 그리스도께서는 실제로 우리의 죗값을 지불하고 사셔서 우리를 구원하셨다.

고린도후서 5:21, "하나님이 죄를 알지도 못하신 자로 우리를 대신하여 죄를 삼으신 것은."

갈라디아서 3:13, "그리스도께서 우리를 위하여 저주를 받은 바 되사."

사도행전 20:28, "주 하나님께서 자기 피로 사신 교회를."

예수 그리스도의 피 공로는 결코 헛될 수 없다. 다시 말해, 예수께서 어떤 사람을 위해 속죄의 피를 흘리셨는데 그가 멸망한다는 것은 있을 수 없는 불가능한 일이다.

예수께서는 아버지께서 그에게 주신 자들, 영원 전에 선택된 자들, 곧 그의 양들을 위하여 속죄의 피를 흘리셨고, 아버지께서 그에게 주신 그들, 바로 그가 피 흘려 사신 자들을 하나도 잃어버리지 않고 다 구원하신다. 만일 예수 그리스도께서 세상의 모든 사람들의 죄를 대속하셨다면, 멸망 받을 죄인이 세상에 한 사람도 남지 않아야 하고 모든 사람이 다 구원받아야 할 것이다. 그것이 논리적이다. 왜냐하면 속죄의 본질적 성격상 핏값을 주고 사신 자들은 다 구원을 받아야 하기 때문이다.

그 맥락에서 예수께서는 "나는 선한 목자이다. 나는 내 양을 알고 내 양도 나를 안다. … 나는 양들을 위하여 내 목숨을 버린다"고 말씀하시고, 바리새인들에게 "그들이 [그의] 양 떼에 속하지 않기 때문에 믿지 않는다"고 말씀하신다. 예수께서는 "내 양들은 내 음성을 듣고 나는 그들을 알고 그들은 나를 따른다. 나는 그들에게 영생을 주노니 그들은 결코 멸망하지 아니할 것이요 아무도 그들을 내 손에서 빼앗지 못하리라"고 말씀하신다.

또한 요한복음 17장 대제사장의 기도에서 예수께서는 자신을 믿는 사람들의 보호와 거룩함을 위해 기도하셨으며, 모든 사람을 위해 기도하는 것을 명확히 배제하셨다. "나는 세상을 위해 기도하는 것이 아니라 당신이 내게 주신 사람들을 위해 기도합니다. 그들은 당신의 것입니다."

4. 바울은 구원할 자를 미리 정했다는 말을 반복한다. 로마서 8:29-30에 "하나님이 미리 아신자들로 또한 그의 아들의 형상을 본받게 하기 위하여 미리 정하셨으니… 또 미리 정하신 그들을 또한 부르시고 부르신 그들을 또한 의롭게 하시고 의롭다 하신 그들을 또한 영화롭게 하셨느니라"를 인용한다. 구원의 대상을 창세 전에 하나님이 택하시므로 미리 정하였다고 말한다(엡 1:3-4). 미리 정한 자들을 예수님께서 그의 피로 구속 죄를 사하셨고(엡 1:7), 성령께서 구속한 그들에게 진리의 말씀을 듣게 하시고 믿게 하시고 인을 치신 것이다(엡 1:13). 여기서도 하나님께서 구원할 자들을 선택하고 미리 정하셨다는 것은 제한속죄를 증명하는 것이다.

보편속죄설(Universal Atonement)

보편속죄설은 예수님의 속죄가 모든 인류를 대상으로 한다고 주장하며, 이를 뒷받침하는 성경 구절로 요한복음 1:29, 3:16, 요한일서 2:2, 4:14 등을 제시한다. 보편속죄설의 주요 논지는 예수님의 속죄가 모든 인류를 대상으로 하지만, 구원이 신앙을 조건으로 하기 때문에 현실적으로 구원받지 못하는 자들이 생긴다는 것이다. 보편속죄설은 예수 그리스도께서 세상의 모든 사람들의 죄를 대속하셨다고 보는 견해이다. 이런 견해는 하나님께서 세상의 모든 사람을 구원하기를 원하신다는 것과 구원이 궁극적으로 사람의 결정에 달려 있다는 것을 전제한다. 알미니안주의는 이런 견해를 가진다.

1. 대상: 예수님의 속죄가 모든 인류를 대상으로 한다고 주장한다.

2. 성경적 근거: 요한복음 3:16, 요한일서 2:2, 디모데전서 2:5-6 등에서 예수님이 '세상'과 '모든 사람'을 위해 죽으셨다는 구절을 인용한다.

3. 구원의 조건: 예수님의 속죄는 모든 사람에게 제공되지만, 구원은 신앙을 통해서만 얻어진다고 본다. 구원은 믿음에 달려 있다고 본다.

4. 결과: 모든 사람이 구원을 받을 가능성이 있지만, 실제로는 신앙을 가진 자들만 구원을 받는다고 주장한다.

요한일서 2장 2절 본문은 예수님이 세상 모든 사람들을 위해서가 아니라 창세전에 특별히 택하신 자들만을 위해 죽으셨다는 예수님의 제한속죄(制限贖罪)를 반대하여 보편 속죄설을 주장하는 학자들이 자신들의 주장에 대한 강력한 증거로 제시하는 유명한 구절이다.

이에 보편속죄설이 과연 성경의 주장과 일치하고 있는지, 또 본질이 과연 그들의 주장을 뒷받침하고 있는지에 대해 살펴보도록 하겠다.

1) 보편속죄설의 논지

먼저 여기에서 주의할 것은 보편속죄설은 예수님의 구속 사역으로 모든 인류가, 즉 복음을 믿지 않는 자들까지도 결과적으로 모두 구원을 받게 된다는 만인 구원설(Universalism)과는 전혀 다른 것이다. 보편속죄설은 예수님의 속죄의 대상은 모든 인류이며, 또 예수께서 그들 모두를 위해 죽으셨다는 주장이다. 그리고 현실적으로 구원 받지 못하는 자들이 생겨나는 것은 예수님의 속죄가 신앙을 조건으로 하고 있는데, 사람들이 신앙으로 복음을 받아들이지 않고 그릇 행하여 각기 제 갈길로 갔기 때문이라고(시 53:6) 주장한다. 그리고 자신들의 주장을 뒷받침하는 성경 구절로서 예수님이 '세상'을 위하여 죽으셨다고 가르치는 구절들(요 1:29, 3:16, 요일 2:2, 4:14), 그리고 예수가 모든 사람들을 위하여 죽으셨다고 가르치는 구절들(롬 5:18, 고전 15:22, 고후 5:14, 딤전 2:4, 6, 히 2:9, 벧후 3:9)을 제시한다.

성경에서 보편속죄를 지지하는 구절로 자주 인용되는 성경 구절은 다음과 같다.

요한복음 1:29 "이튿날 요한이 예수께서 자기에게 나아오심을 보고 가로되 '보라! 세상 죄를 지고 가는 하나님의 어린 양이로다!'"

요한복음 3:16 "하나님이 세상을 이처럼 사랑하사 독생자를 주셨으니 이는 저를 믿는 자마다 멸망치 않고 영생을 얻게 하려 하심이니라."

요한일서 2:2 "저는 우리 죄를 위한 화목 제물이니 우리만 위할 뿐 아니요 온 세상의 죄를 위하심이라."

디모데전서 2:5-6 "하나님은 한 분이시요 또 하나님과 사람 사이에 중보도 한 분이시니 곧 사람이신 그리스도 예수라 그가 모든 사람을 위하여 자기를 속전으로 주셨으니 기약이 이르면 증거할 것이라."

히브리서 2:9 "오직 우리가 천사들보다 잠간 동안 못하게 하심을 입은 자 곧 죽음의 고난 받으심을 인하여 영광과 존귀로 관 쓰신 예수를 보니 이를 행하심은 하나님의 은혜로 말미암아 모든 사람을 위하여 죽음을 맛보려 하심이라."

그 외 요 6:33, 51; 롬 5:18; 11:12, 15; 고전 15:22; 고후 5:14, 19; 딤전 2:4; 딛 2:11; 벧후 3:9

이 구절들은 예수님의 속죄가 모든 인류를 대상으로 한다는 보편속죄설을 지지하는 데 사용된다.

이러한 이해의 차이가 나타나는 이유는 성경에 그리스도께서 세상 또는 모든 사람을 위해 죽으셨다는 보편적인 범위를 가리키는 구절들의 해석의 차이 때문이다.

보편속죄설을 지지하는 듯한 구절들

에스겔 18:23, "나 주 여호와가 말하노라. 내가 어찌 악인의 죽는 것을 조금인들 기뻐하랴 그가 돌이켜 그 길에서 떠나서 사는 것을 어찌 기뻐하지 아니하겠느냐"(에스겔 33:11도 비슷한 말씀임)

이 말씀은 하나님의 심판의 공평함과 의로움을 강조하시면서 하신 말씀이다. 하나님께서 악인의 멸망을 기뻐하시지 않기 때문에 그들에게 회개를 촉구하셨다. 이것은 하나님의 율법에 나타난 하나님의 일반적 의지이다. 그러므로 하나님의 심판은 의롭고 공평하다. 그러나 모든 사람에게 의롭게 살라고 명하시는 하나님의 일반적 의지가 그가 세상 모든 사람들을 구원하기를 원하신다는 그의 적극적 의지를 뜻하는 것은 아니다. 왜냐하면 이제까지 위에서 언급된 성경 진리들, 특히 선택에 관한 성경의 진리가 분명하기 때문이다.

요한복음 1:29, "이튿날 요한이 예수께서 자기에게 나아오심을 보고 가로되 보라, 세상 죄를 지고 가는 하나님의 어린양이로다."

'세상 죄를 지고 간다'는 표현은 예수께서 세상 사람들의 모든 죄를 짊어지신 대속 제물로 오셨고, 죽으신 하나님의 어린양인 것처럼 보이게 만든다. 그러나 실제로 예수께서 세상 모든 사람들의 모든 죄들을 짊어지신 대속 제물이셨다면, 모든 사람은 다 구원에 이르러야 하고 마지막 심판과 지옥 형벌은 없어야 할 것이다. 왜냐하면 성경에 의하면, 속죄는 실제로 죄인들의 죗값을 담당하는 것이기 때문이다. 그러나 모든 사람이 구원을 얻는다는 보편구원론은 성경의 진리가 아니라는 것은 너무 명백하고 또 알미니우스주의자들도 긍정하는 바일 것이다. 그러므로 이 구절은 하나님의 선택의 진리와 예수 그리스도의 제한속죄를 증거하는 성경의 다른 구절들에 비추어 해석해야 한다. 그러므로 이 구절에서 '세상'은 대략적인 의미로 해석해야 한다. 실상, 하나님의 택하신 사람들은 온 세상, 온 인류를 대표한다.

요한복음 3:16, "하나님이 세상을 이처럼 사랑하사 독생자를 주셨으니 이는 저를 믿는 자마다 멸망치 않고 영생을 얻게 하려 하심이니라."

이 구절도 알미니우스주의적으로 해석될 수 있다. 이 구절은 누구든지 예수 그리스도를 믿을 수 있음을 증거하는 것처럼 해석될 수 있을 것이다. 그러나 성경의 전체적 맥락 아래서 볼 때, 이 구절은 예수님을 믿는 자가 멸망치 않고 영생을 얻음을 증거할 뿐이며, 모든 사람이 믿을 수 있다는 것에 대해 증거하는 것이 아니다. 사실, 성경은 사람의 전적 부패성에 대해 너무 분명하게 증거한다. 그러므로 이 구절도 사람의 전적인 부패와 무능력, 하나님의 선택, 그리스도의 제한적 속죄 등의 분명한 성경 진리의 빛 아래 해석해야 한다.

디모데전서 2:4, "하나님은 모든 사람이 구원을 받으며 진리를 아는 데 이르기를 원하시느니라."

이 구절은 하나님의 보편적 구원의 의지를 보이는 듯하다. 그러나 과연 그러한가? 만일 이 구절의 뜻이 그러하다면, 이것은 하나님의 구원 의지의 제한성을 보이는 구절들, 특히 선택의 진리의 구절들과 모순될 것이다. 그러므로 우리는 이 구절도 다른 구절들과 조화시켜 해석되어야 한다고 본다. 즉 성경의 어떤 구절의 의미가 성경의 다른 구절들의 명백한 진리와 모순될 때, 우리는 그 구절에 대한 가능한 다른 해석이 있는지 생각해야 한다. 이 구절에 대해서는 다음과 같이 세 가지의 가능한 해석이 있다.

1. 이 구절은 에스겔 18:23과 비슷하게 율법에 나타난 하나님의 일반적 의지를 나타낸다고 볼 수 있다. 그러나 율법에 나타난 하나님의 일반적 의지가 곧 그의 적극적 구원 의지와 동일하지는 않다.

2. '모든 사람'이라는 말이 대략적 의미를 가지고 있을지도 모른다. 성경에서 특히 디모데전후서에서 '모든'이 대략적 의미로 사용된 예들이 많다. 디모데전서 2:1, "모든 사람을 위하여 간구[하되]." 디모데전서 4:15, "너의 진보를 모든 사람에게 나타나게 하라." 디모데전서 5:20, "범죄한 자들을 모든 사람 앞에 꾸짖어." 디모데후서 1:15, "아시아에 있는 모든 사람이 나를 버린 이 일을 네가 아나니." 디모데후서 4:16, "내가 처음 변명할 때에 나와 함께한 자가 하나도 없고 다 나를 버렸으나."

앞에 인용한 구절에서 '모든'이라는 말은 이 세상의 모든 사람을 가리킨다고 볼 수 없고 대략적인 의미로 해석해야 한다.

3. '모든 사람'이라는 말이 '선택된 자들 모두'라는 제한적 의미를 가질 수도 있을 것이다. 요한복음 12:32, "내가 땅에서 들리면 모든 사람을 내게로 이끌겠노라." 하나님의 선택하신 모든 사람들은 하나도 빠짐이 없이 다 구원을 얻을 것이다. 디모데전서 2:6, "그가 모든 사람을 위하여 자기를 속전으로 주셨으니." 이 구절은 예수 그리스도께서 하나님의 택하신 자들을 위해서가 아니고 이 세상 모든 사람의 죗값을 지불하시기 위해 자신을 주셨다고 말하는 것처럼 보이기도 한다. 즉 예수 그리스도의 죽음이 세상 모든 사람들을 위한 죽음이었다는 근거 구절로 인용될 수 있어 보인다. 그러나 이 구절도 역시 예수 그리스도의 제한적 속죄를 믿어야 할 이유들과 조화시켜 이해해야 할 것이다. 위에서 언급한 바와 같이, '모든 사람'은 대략적 의미 혹은 제한적 의미를 가질 수 있을 것이다. 그러므로 '모든 사람'은 엄격히 말해서 하나님께서 택하신 모든 사람을 가리킨다고 볼 수 있을 것이다.

베드로후서 3:9, "주의 약속은 어떤 이의 더디다고 생각하는 것같이 더딘 것이 아니라 오직 너희를 대하여 오래 참으사 아무도 멸망치 않고 다 회개하기에 이르기를 원하시느니라."

하나님께서 "아무도 멸망치 않고 다 회개하기에 이르기를 원하신다"는 말씀은 에스겔서의 말씀들과 비슷한 뜻으로 이해할 수도 있으나, 이 구절에서 '너희'는 이미 예수 그리스도를 믿는 신자들을 가리킨다고 볼 수 있으므로 문제 될 것이 없을 것이다.

2) 보편속죄설의 비판

보편속죄설이 가지는 결정적인 오류는 다음과 같은 몇 가지 사실에 있다.

1. 이것은 모든 사람을 구원하시려는 여호와의 계획이 인간의 불신앙 때문에 좌절된 것으로 만든다. 이것은 곧 여호와의 주권과 전능하심에 절대 배치되는 것이다(시 62:11, 계 4:8).

2. 이것은 여호와가 예지(豫知)의 능력에 의해 어떤 부류의 사람들이 복음을 받아들이지 않을 것을 미리 아시고 계시면서도 그들을 위하여 예수님을 죽게 하신 모순을 가져온다(시 139:1-6, 히 4:13 등).

3. 이것은 예수께서 구속사역의 부분적으로 실패한 것으로 만든다. 또한 보편속죄를 주장하는 학자들의 견해대로 예수의 속죄는 다만 구원을 가능하게 하는 것이고 인간의 신앙에 의해서만 구원이 확실시되도록 한 것이라고 할 때, 그것은 예수의 속죄 사역 자체를 불완전한 것으로 만들고 있다. 한편 보편속죄설을 주장하는 학자들의 주장처럼 성경에서 예수께서 세상을 위하여 죽으셨다고 말할 때 '세상'은 모든 사람을 가리키지 않는다. 그것은 택함을 받고 구원 받을 성도가 특정한 한 지역이나 민족에 국한되어 있지 않고 세계 만인에 편만해 있음을 의미한다. 그리고 예수께서 모든 사람을 위하여 죽으셨다고 할 때에 '모든'(all)이란 말도 개개인 모두가 아니라 택함받은 자들 전체를 가리키는 것이다. 이상의 사실에서 우리는 보편속죄설은 많은 자체 모순을 가질 뿐 아니라 성경의 지지도 받지 못함을 알 수 있다.

요한복음 6장에서 우리는 예수님이 "나를 보내신 아버지께서 이끌지 아니하시면 아무도 내게 올 수 없으니"(요 6:44)라고 말씀하셨는데, 여기서 "이끌지(draws)"로 번역된 단어는 엄밀하게 말하면 "끌어오다, 강요하다"를 의미한다. 또한 예수님은 이 장에서 "아버지께서 내게 주시는 자는 다 내게로 올 것이요"(요 6:37)라고 말씀하셨다. 예수님이 말씀하시는 요점은 아버지께서 자기 아들에게 오도록 계획하신 모든 사람은 올 것이며 다른 사람은 오지 않으리라는 것이다. 따라서 우리의 구원은 처음부터 끝까지 하나님의 주권적 작정에 달려 있다. 다시 말하면 내가 선택한 것이 아니라는 것이다. 하나님은 은혜 가운데 우리에게 긍휼을 베풀기로 하셨는데, 그것은 하나님이 우리 안에서 무언가를 보셨기 때문이 아니라 사랑 때문이다. 내가 왜 그리스도인이 될 수 있었는지에 대한 유일한 이유는 내가 한 일이나 할 수 있었던 일 때문이 아니라, 아버지께서 나를 선택하셨고 아들에게 맡겨 주셨기 때문이다.

제한속죄에 대한 보편속죄자들의 반대 의견

제한속죄교리에 대하여는 약간의 반대가 야기되었다. 그중 다음과 같은 것들이 가장 중요하다.

1) 그리스도가 '세상'을 위하여 죽으셨다고 가르치는 성구들이 있다(요 1:29, 3:16, 요일 2:2, 4:14).

반대자들은 이 여러 구절의 '세상'이라는 말이 항상 세계를 구성하는 개인들을 의미한다고 가정하였다. 그러나 이 말은 언제나 이러한 의미를 갖는 것이 아니다. 이에 대하여 언급한 그 여러 구절에서는, 그리스도는 유대인을 위해서만이 아니라 세계 모든 사람들을 위해서 죽으셨다는 것을 지시하고 있을 뿐이다.

2) 또한 그리스도는 모든 사람을 위하여 죽으셨다는 구절들이 있다(롬 5:18, 고전 15:22, 고후 5:14, 딤전 2:4, 6, 딛 2:11, 히 2:9, 벧후3:9).

그러나 '모든'이라는 말은 성경에서 때때로 제한된 의미를 가지고 있어서, 어떤 때는 특수계급의 전수(全數)를 가리키고(15:22, 엡 1:23), 또 어떤 때는 모든 종류의 계급의 사람을 지시하기도 한다(딛 2:11). 만일 이 말이 반대자가 취하는 구절들의 절대적인 의미에서 해석된다고 하면, 이 구절들의 얼마는 모든 사람이 실제로 구원 받게 된다는 것을 가르치게 될 것이다. 그러나 그들 자신도 믿지 못할 사실일 것이다(롬 5:18, 고전 15:22, 히 2:9-10).

3) 마지막으로 말씀의 선교에 있어서의 구원의 보편적 제공은 보편속죄를 전제하는 것이라고 말한다.

만일 그리스도가 모든 사람을 위하여 죽지 않으셨다고 하면, 구원의 제공은 선한 신앙을 가진 모든 사람에게 미칠 수 없을 것이라고 한다. 그러나 구원의 보편적 제공이라는 것은 그리스도께서 모든 개인을 속죄하셨다는 선언을 내포하고 있는 것이 아니다. 더욱이 그것은 성령의 역사에 의해서만 마음속에서 일으켜질 수 있는 신앙과 회개에 의하여 이루어지는 것이다. 선택을 받은 자만이 그 요구에 응할 수 있으며, 그리하여 그들만이 구원의 축복을 받게 되는 것이다.

칼빈주의에 반대하는 사람들은 종종 아래와 같은 구절들을 인용하여 제한된 속죄와 명백히 모순된다고 믿는다.

예수께서는 그를 믿는 사람은 누구나 영생을 얻는다고 약속하신다(요 3:16).

베드로는 예수를 부르는 모든 사람이 구원받을 것이라고 선포한다(행 2:21).

하나님께서는 모든 곳에 있는 모든 사람에게 회개하라고 부르신다(행 17:30, 벧후 3:9).

하나님께서는 모든 사람이 구원받기를 원하신다(딤전 2:4).

예수께서는 모든 사람을 위한 대속물이다(딤전 2:6).

예수께서는 "우리 죄를 위한 화목 제물이시요, 우리의 죄만을 위한 것이 아니요 온 세상의 죄를 위한 화목 제물이시다."(요일 2:2)

복음전도는 예수님이 주신 명령이다.
(하나님이 구원할 자를 선택했다면 전도할 필요가 없지 않은가?)

마지막으로, 제한속죄의 진리는 어떤 이들이 오해하듯이 전도의 필요성을 약화시키지 않는다. 전도와 양육의 중요함을 말한다. 하나님의 구원의 방법은 선택과 속죄뿐 아니라, 또한 전도를 통해 예수 그리스도를 믿는 것이다. 그러므로 전도는 죄인을 구원하는 필수 과정이다. 그것은 하나님의 죄인을 구원의 방법이다. 그러므로 우리는 하나님의 선택과 그리스도의 제한적 속죄를 믿는 동시에 복음을 전해야 하고, 바로 그러한 진리들을 믿기 때문에 오히려 더욱 담대히, 낙심치 말고 전할 수 있는 것이다. 성경은 전도를 명령하고 있다(마 28:18-20). 구약 성경에 하나님께서 선지자들에게 이스라엘 백성이 하나님 앞에 돌아오도록 외치라고 명하신다. 예수님께서 승천하시는 자리에서 제자들에게 "성령이 너희에게 임하시면 권능을 받고 땅끝까지 내 증인이 되리라"고 말씀하셨다(사도행전 1:8). 이것은 하나님 나라의 복음은 반드시 전파되어야 하고, 전파할 때 성령의 도우심으로 하나님의 사랑하심과 구원을 선물로 받게 된다. 이때 하나님이 구원하기로 작정된 사람은 받아들일 것이고 그렇지 못한 사람은 거부할 것이다. 복음 전도는 순전히 하나님의 인도하심이 따르기 때문에 대형 전도집회, 부흥집회, 개인 전도에 의해서 복음을 듣고 믿게 된다. 이것은 개인이 복음을 들을 기회가 되는 것이다. 전도의 수단으로는 누구의 안내로 교회 출석을 함으로 교회에서 제공하는 프로그램에 참여할 때 복음을 들을 수 있다. 그 외에도 4영리 전도법이나, 전도폭발 교재에 의해서 주님을 영접하게 하는 것이 사용될 수 있다. 그러는 가운데 하나님이 구원하시기로 예정된 사람은 신앙으로 인도될 것이다. 바울이 유대 회당에서 선교를 할 때도 그 장소에 참석한 사람들 모두가 복음을 받아들이지 않았으며 바울의 전도를 거부하기도 했다. 일생을 살아가면서 대부분의 사람들은 한 번쯤은 복음을 들을 기회가 주어진다. 하나님의 예정 가운데 구원하기로 선택된 자들은 구원의 복음을 받아들일 것이며, 유기(遺棄)된 자(선택받지 못한 자)들은 어떤 핑계로든지 복음을 거부할 것이다. 바울은 전도의 중요함을 로마서 10:13-18에서 말한다. "누구든지 주의 이름을 부르는 자는 구원을 얻으리라 그런즉 저희가 믿지 아니하는 이를 어찌 부르리요 듣지도 못한 이를 어찌 믿으리요 전파하는 자가 없이 어찌 들으리요 보내심을 받지 아니하였으면 어찌 전파하리요 기록된바 아름답도다 좋은 소식을 전하는 자들의 발이여 함과 같으니라 그러나 저희가 다 복음을 순종치 아니하였도다 이사야가 가로되 주여 우리의 전하는 바를 누가 믿었나이까 하였으니 그러므로 믿음은 들음에서 나며 들음은 그리스도의 말씀으로 말미암았느니라 그러나 내가 말하노니 저희가 듣지 아니하였느뇨 그렇지 아니하다 그 소리가 온 땅에 퍼졌고 그 말씀이 땅끝까지 이르렀도다 하였느니라"이다. 그러므로 전도를 소홀히 할 수 없다는 것을 확인했다. 교회의 사명 가운데 목양의 중요성이 있다. 바울은 고린도전서 3:5-8에서 전도와 양육의 중요함을 말한다. "그런즉 아볼로는 무엇이며 바울은 무엇이뇨 저희는 주께서 각각 주신 대로 너희로 하여금 믿게 한 사역자들이니라 나는 심었고 아볼로는 물을 주었으되 오직 하나님은 자라나게 하셨나니 그런즉 심는 이나 물주는 이는 아무것도 아니로되 오직 자라나게 하시는 하나님뿐이니라 심는 이와 물주는 이가 일반이나 각각 자기의 일하는 대로 자기의 상을 받으리라"이다. 이 말씀은 충성하는 사역자의 모습과 그들이 하나님의 집에 사환의 직무에 대한 하나님의 보상을 말하고 있다. 제한속죄는 하나님의 주권 안에서 성부와 성자의 사역이지만, 복음 전도는 듣지 못한 자에게 하나님 나라를 선포하는 것이며, 하나님의 집의 사환의 신분으로 마땅히 마땅히 충성해야 하는 것이다.

17장

재림의 시기와 천년 왕국에 대한 견해

성경에 예수님의 재림이 있을 것이라고 말하고 있다. 그러나 그 시기는 하나님만 아신다고 말한다. 다만 재림이 가까워지고 세상 종말에 있게 되는 전조 현상에 대해서 기록되어 있다. 예수께서 그 징조로 전쟁이 있고, 기근과 지진이 있을 것이며, 환난과 박해가 있고, 거짓 선지자가 나타나서 이단사상을 가지고 미혹할 것을 말씀하시고 미혹되지 않도록 주의하라고 말씀하셨다. 실제로 우리가 살고 있는 현시대에 자연 재해로 폭염과, 산불, 홍수와 지진이 있으며, 불법이 나타나는데 동성애와 성전환이 이루어지고 있다. 캘리포니아에서는 성정체성을 스스로 결정해야 하며, 이에 대해서 부모가 개입을 못하도록 규정하고 있다. 교회는 하나님 나라의 사명을 버리고 세상 문화를 받아들이면서 하나님의 진리를 떠나서 배도(배교)의 길을 걷고 있고, 이단 사상이 교회 안에 깊숙이 침투해 있는데도 분별하지 못하고 있다. 동시에 바른 신앙을 제시하는 진리가 무엇인지를 알 수 없는 상태가 되어 있다. 이러한 현상으로 인해서 많은 기독교인들이 앞으로 전개될 주님의 재림과 종말적인 사건에 대해서 관심을 그 어느 때보다 나타내고 있는 것이다. 이에 대해서 본장에서 교회 내에서 주장하는 천년왕국설을 살펴보고자 한다. 그리고 개혁주의 입장에서 어느 설을 지지할 것인가를 말하고자 한다. 천년설은 전천년설, 후천년설, 무천년설을 말하는데 전천년설은 다시 역사적 전천년설과 세대주의적 전천년설로 구분이 된다. 요한계시록 20장 2절, 3절, 6절, 7절에 있는 천년에 대한 해석과 예수님의 재림과의 관계에서 예수님의 재림이 천년왕국 이전이면 전천년설, 천년왕국 이후이면 후천년설, 천년왕국을 상징으로 해석하여 없다고 하는 무천년설로 나눈다.

1. 전천년설

전천년설(Premillennialism)은 문자 그대로 예수께서 천년왕국 이전에 재림하신다는 설이다. 초기 기독교의 교부인 저스틴(Justin)과 사도 요한의 직제자인 이레니우스(Irenaeus)는 전천년설을 지지하였다. 세상은 점점 평화로워지는 것이 아니라 타락해 간다. 결국 예수님께서 재림하시고, 재림 후에 신실하게 신앙을 지킨 성도들과 함께 천년 동안 세상을 다스린다는 주장이다. 전천년설은 대환난을 기준으로 삼아 대환난 후 재림론으로 역사적 전천년설과 대환난 전 재림론으로 세대주의적 전천년설로 나누어진다. 전천년설은 예수님의 재림이 먼저 있고 그다음에 요한계시록 20장 1절~3절이 말하는 대로 문자적으로 사탄이 무저갱에 천년 동안 갇힌다고 한다. 그다음에 순교자들이 살아난다(계 20:4). 이것은 문자적으로 풀이하면서 이를 몸의 부활이라고 본다. 순교자들의 몸이 부활하여 그들이 정확히 천년 동안 이 땅에서 왕 노릇 할 것이라고 해석한다. 예수님이 재림하고, 사탄이 천년 동안 결박되고, 죽은 자들이 부활하여 이 땅에서 천년왕국을 누릴 것이라고 믿는다.

1) 역사적 전천년설

역사적 전천년설에 의하면, 그리스도께서는 천년왕국 전에 지상에 한 번 재림하신다. 교회는 유대인이나 불신자들과 함께 환난을 통과하며, 그 환난 후에 주께서 재림하시고 성도들은 그를 영접하기 위해 휴거되며 함께 지상에 내려온 다음에 천년왕국이 어떤 변형된 세계에서 이루어질 것이라고 본다.

역사적 전천년설은 세대주의 주장과 같은 배경을 갖고 있기 때문에 유사한 부분이 있음은 당연한 것이다. 그렇다면 두드러지게 다른 것은 무엇인가? 그것은 7년환난과 공중휴거를 주장하는 세대주의에 반하여 교회가 환난을 당하냐? 당하지 않느냐? 이 부분이 가장 큰 차이점이다. 세대주의 전천년설은 환난 전 공중휴거 하므로 교회가 환난을 당하지 않는다는 것이고, 역사적 전천년설은 교회가 환난을 피하는 것이 아니라 환난을 극복하는 것이라는 주장이 다르다.

역사적 전천년설에 따르면 환난 기간에 대다수의 유대인들은 회개하고 예수를 그리스도로 믿어 구원을 얻는다. 그리스도의 재림이 있고 연이어 천년왕국이 지상에서 이뤄지고 신자들은 모두 왕 노릇 한다. 천년왕국 시기에도 죄와 죽음은 존재하지만 악은 미미하며 의가 온 세계를 지배한다. 천년기가 끝날 무렵 결박되어 있던 사탄이 풀려나고 나라들을 미혹한다. 사탄은 반역하는 나라들을 모아들여 곡과 마곡의 전쟁을 일으키고 성도들의 진을 공격한다. 그러나 사탄은 하늘로부터 내려오는 불로 심판을 받고 소멸되어 지옥에 던져진다. 그 후에 죽었던 신자들이 부활하고 최후의 심판이 이루어진다. 이때 하늘의 생명책에 녹명(錄名)된 자들은 천국에 들어가고 그렇지 못한 자들은 영원한 지옥으로 들어간다. 풀러신학교의 조지 엘돈 래드(George E. Ladd, 1911-1982)는 역사적 전천년설을 주장하고 환란 후 재림설을 발전시킨 신약신학자로 유명하다.

2) 세대주의적 전천년설

세대주의적 전천년설에 의하면, 그리스도께서는 공중에 비밀 재림하시고 그때 신자들은 휴거되어 공중에서 7년간 혼인 잔치를 하며, 그동안 지상에 남아 있는 유대인들과 불신자는 7년 대환난을 통과하고, 이 환난을 통해 유대인들은 대규모로 회개할 것이다. 이 7년이 끝나면 주님은 성도들과 함께 지상에 재림하여 천년왕국을 건설하신다. 대표적인 인물은 할린제이(Hal Lindsey, 11.23.1929-11.25.2024)이다.

세대주의 교리의 기본 원리는 두 가지이다. 첫째는 성경의 예언에 대한 철저한 문자적 해석이다. 세대주의적 전천년설은 대 환난이 시작되기 전에 믿는 자들이 휴거한다. 예수님의 재림은 시대적 징조가 없이 급작스럽게 이뤄진다. 예수님의 재림 전에 구약성경 시대의 성도들을 제외한 모든 참신자의 부활과 더불어 생존한 신자들이 변화하고 휴거가 이뤄진다. 이 신자들은 하늘에서 7년 동안 그리스도의 심판석에서 신부 단장을 한다. 이때 다니엘서 예언에 나타난 70주의 마지막 70번째 주에 대한 예언이 성취된다. 교회가 하늘에 머무는 7년 동안 지상에 대환난이 찾아온다. 적그리스도가 잔인한 통치를 시작하고 땅에는 무서운 재앙이 임한다. 동시에 복음이 전파되며 이스라엘의 남은 자들이(천년왕국에 들어갈 유대인 14

만 4천 명)과 뒤늦게 회개하고 돌이킨 이방인들이 예수 그리스도에게 돌아온다. 그리고 땅의 왕들과 짐승들의 군대와 거짓 선지자들이 함께 모여 하나님의 백성들을 대적하며 아마겟돈 전쟁을 벌인다. 7년 동안의 대 환란의 기간이 끝날 때 그리스도는 교회와 더불어 영광 중에 재림한다. 이것이 두 번째 재림인 귀환이다. 이때 그리스도는 땅에 내려와 원수들을 멸하고 아마겟돈 전쟁을 종식시킨다. 그리고 이스라엘은 믿음으로 그리스도께 돌아오게 되고 재규합되어 팔레스틴으로 모인다. 마귀는 결박되어 무저갱 속에 천년 동안 갇히게 된다. 또한 방금 끝난 7년 환난기 동안 죽은 성도들은 일으킴을 받는다. 이와 함께 구약 시대의 성도들도 드디어 부활하며 모두 천상의 교회에 합류한다. 그 뒤에는 살아 있는 이방인들과 이스라엘에 대한 심판이 이뤄지며, 심판을 통과한 자들은 천년왕국의 통치에 들어가 복을 누린다. 천년왕국 기간이 끝날 무렵 사탄의 반란이 있지만 사탄은 진압되어 지옥에 들어가게 된다. 이 주장은 역사적 전천년설과 마찬가지이다. 그리고 천년기가 끝날 때, 천년기 동안 죽은 모든 신자들은 부활하고, 모든 믿지 않고 죽은 자들도 부활하여 백보좌 앞에서 심판을 받는다. 이것이 두 번째 사망이다.

2. 후천년설(Postmillennialism)

후천년설은 천년왕국 후 예수재림설이다. 후천년설은 복음의 전파와 과학의 발달로 인하여 세상이 점점 살기 좋은 평화로운 시대를 맞게 된다는 주장이다. 평화로운 천년시대를 지난 후에 예수께서 재림한다는 주장이다. 세상의 종말, 즉 명확하지는 않으나 문자적 천년보다 훨씬 긴 세월 동안 복음이 전 세계에 전파되어 결국 이 세상은 자동적으로 이상적인 낙원이 되고 상징적 의미의 천년왕국이 이 땅 위에 건설된다는 것이다. 즉 그리스도의 재림 이전에 인류의 대부분이 복음을 받아들임으로 말미암아 여호와를 아는 지식이 세상에 충만케 되고 복음이 세상을 지배하게 된다고 주장한다. 이들은 마태복음 28:18에 언급된 복음 전파를 위해 그리스도께서 하늘과 땅의 모든 권세를 다 받으셨다는 말씀과 인간 역사 속에 메시야 시대가 올 것이라는 구약성경의 많은 예언들(사 2:2-4; 단 2:44)을 그 근거로 삼고 있다. 그들은 이 천년왕국이 성령의 초자연적 역사로 실현되거나 아니면 복음 전파가 점차적으로 확산되어 마침내 올 것이라고 생각한다. 무천년설이 '1,000'이라는 숫자를 완전히 상징적으로 해석하여 그리스도의 초림과 재림 사이를 천년왕국이라고 생각하는 반면, 후천년설은 천 년을 문자적으로 생각하여 천년왕국이 있을 것이라고 말한다.

후천년설은 기독교인이 복음을 전하여 세상에 하나님의 공의가 이루어지고 또 사회개혁이 일어나서 세상이 점점 좋아지는 가시적인 천년왕국이 임한 뒤에 예수님의 재림이 있다고 본다. 따라서 후천년설이 정당성을 확보하려면 우리의 세상이 실제로 좋아져야 한다. 악이 줄어들고 공의로운 사회로 발전해야 한다. 후천년설의 또 다른 전제는 예수님의 재림 전에 이 세상이 점점 좋아진다는 것이다. 후천년주의자들은 죽은 자들의 부활도 몸의 부활이 아니라 죽은 영혼들의 영적 부활로 이해한다. 거듭남 또는 중생을 의미하는 것으로 해석한다.

3. 무천년설(Amillennialism)

　무천년설은 전천년설에 비하여 재림 후 지상 천년왕국과 같은 천년은 없다는 말이다. 즉 재림하시면 그 순간부터 영원한 천국의 시작이다. 그렇다면 성경에서 언급하는 천년을 믿지 않는 것인가? 그렇지 않고, 예수님의 초림부터 재림까지의 기간을 상징하는 숫자로 믿는다. 문자적 천년을 부정하고 상징적 또는 영적으로 해석하는 입장이다. 천년을 문자적으로 보지 않고 완전한 기간, 즉 그리스도의 초림으로부터 재림 사이의 전체 기간을 상징한 것으로 보는 견해이다. 이 무천년설은 지상에서 실제로 천년왕국이나 혹은 전 세계적인 평화와 의의 시기가 도래하지 않는다는 주장으로 천년왕국을 부인하고 이것을 상징적 또는 우화적인 것으로 처리해 버린다. 이들에 의하면, 본장에 언급된 사탄의 결박은 그리스도의 보혈에 의한 성도들의 구원을 의미하며, 본서에 기록되어 있는 사탄의 사역의 역사적 진행들은(12:10; 13:1-18; 14-17장; 19:11-21) 한 사건, 즉 그리스도의 십자가에 의한 사탄의 패배만을 계속적으로 반복 강조한 것이라고 주장한다. 천년왕국을 상징적인 의미로 해석한다. 우리의 시간에 따른 정확한 천년기간이 아니라 일련의 종말론적 사건과 기간을 의미하는 것으로 이해한다. 후천년설과 무천년설은 모두 예수님이 십자가에서 죽으심으로 말미암아 사탄이 치명타를 입었다고 해석한다.

　한편, 무천년설은 천년왕국을 눈으로 볼 수 있는 가시적인 왕국으로 이해하지 않는다. 무천년설은 '천년왕국이 없다'는 것을 의미하지 않는다. 다만 문자적인 천년왕국이 실재하지 않는 것으로 본다. 곧 천년왕국을 상징적인 표현으로 해석하는 이론이다. 하나님의 나라가 세상 사람들의 눈에 보이는 형태로 이 세상에 임하는 것이 아니며, 교회와 성도들의 마음속에 그리고 때로는 죽은 성도들이 하늘나라에서 예수 그리스도의 통치를 받음에 대한 상징적인 표현이라고 해석한다. 무천년주의자들은 이 세상이 점점 정의롭고 선해진다고 생각하지 않는다. 이 세상에는 예전과 마찬가지로 여전히 선과 악이 공존하며, 불의와 폭력과 비정의가 존재한다고 본다. 그렇지만 예수를 믿는 자들의 마음속에 그리고 교회에 그리스도의 통치가 이루어진다고 생각한다.

무천년설은 예수님의 초림과 재림 사이의 교회의 역사 전체가 천년왕국에 속한다고 본다. 오늘날 가장 널리 받아들여지는 천년왕국 이론은 무천년설이다. 어거스틴이 이 이론을 주창한 이래 종교개혁자 마르틴 루터와 존 칼빈도 이 견해를 지지했다. 렌스키(Lenski), 카이퍼(A. Kuyper) 등의 견해는 종말에 극도로 타락한다는 점과 하나님을 대적하는 사탄의 세력이 등장한다고 주장한 점에 있어서는 전천년설과 일치하며, 천년의 기간이 재림 전에 있다고 주장한 점에서는 후천년설과 일치한다.

4. 우리 입장에서 천년 왕국설을 어떻게 받아들일 것인가?

요한계시록 20장에 나온는 '천년왕국'이 실제로 존재하는가? 그리고 4가지 설 중에서 어느 설을 지지할 것이가? 라는 입장에 다다르게 된다. 난해한 성경 구절에 대해서는 억지로 해석하지 말 것을 권하고 있다. "또 그모든 편지에도 이런 일에 관하여 말하였으되 그중에 알기 어려운 것이

더러 있으니 무식한 자들과 굳세지 못한 자들이 다른 성경과 같이 그것도 억지로 풀다가 스스로 멸망에 이르느니라"(벧후 3:16). 일반적으로 정리한다면 알미니안주의 자들은 '세대주의적 전천년설'을 지지한다. 그러나 개혁주의에서는 역사적 전천년설을 지지하는 분들도 있지만 대체적으로 무천년설을 지지한다. 우리가 경계해야 할 부분은 음모론이다. 최근에 "covid-19 백신 주사는 짐승의 표를 받는 것이다". 또 "베리칩(생체에 심는 전자 신분증)은 666 짐승의 표다"에 대한 말이 있다. 실제로 팬데믹 기간에 백신을 맞지 않은 사람이 있다. 그리고 미국의 경우 차량관리국(D.M.V)에서 지문을 찍거나 사진을 찍어서 생체 정보를 수집하고 있다. 이러한 것은 정부가 통제하기에서라기보다 범죄 사건을 해결하기 위해서 또한 백신은 국민 건강 관리를 위해서 관리 수단으로 실시하는 것이다. 이러한 사실을 음모론에 적용할 필요가 없다. 대체적으로 음모론에 취약한 사람들은 알미니안주의 신앙에 속한 사람들이다. 우리가 구원되는 것은 하나님의 선택을 받아 구원하기로 예정이 되었으면 받는 것이다. 그러므로 개혁주의 신앙을 발견하고 하나님의 은혜 안에 거한다는 것은 복중의 복이 된다.

마치는 말

예수님이 이 땅에 오신 것은 택한 백성을 구속하여 하나님 나라를 이루기 위해서이다. 예수님은 지상에서 이루어질 나라가 아니라 영적인 왕국으로 메시아가 통치하는 영원한 나라를 세우시기 위해서 오셨다. 지상의 교회로 말하면 잠시 존재하는 하나님 나라 일부이지만 이 땅 지구 위에 세워진 가시적인 나라가 아니다. 하나님 나라는 여기 있다 저기 있다가 아니라 하나님의 택하신 백성 안에 이루시는 것이다. 주기도문에 나오는 '나라이 임하옵시며'는 '택한 백성 안에 이루어지는 하나님 나라가 우리 안에서 이루어지게 하소서'이다. 이러한 하나님 나라 백성의 수가 차기까지 계속 복음이 전파될 것이며, 이 일이 완성되면 예수님께서 재림하실 것이다. 여기에 들어가는 사람은 마태복음 13장 11절 "천국의 비밀을 아는 것이 너희에게는 허락되었으나 저희에게는 아니되었나니"에서 말하는 '너희'에 해당하는 사람이다. 무조건 아무 교파 교회에 출석하는 신자를 말하는 것이 아니다. 하나님의 택한 백성이 따로 존재한다. 이 말은 아무 교파 교회에 출석하는 신자는 모두 구원을 받는다고 하는 것이 아니다 라고 하는 것이다. 역사적으로 헤아릴 수 없이 수 많은 이단들이 출현해 왔고, 이들은 모두 교회 회의에서 정죄되었다. 1618년 돌트 총회에서 알미니안주의 자들을 정죄한 사실을 유의하기를 바란다. 이 말은 알미니안 신앙으로는 구원을 받지 못한다는 것이다. 그러면 알미니안주의를 따르는 교파 교회는 무엇인가를 아는 것이 중요하다. 그리고 개혁파 교회일지라도 WCC, WEA, WCRC, 로잔 위원회에 들어 있다면 경계해야 할 것이다. 개혁파와 장로교파에도 알미니안주의 신앙으로 가는 교회가 있기 때문에 장로교인이라면 개혁신앙을 바로 알고 개혁주의 신앙 노선에 있는 교회를 찾아가야 할 것이다. 말세를 맞아 우리의 구원을 보증하기 위해서 개인적으로 개혁신앙을 가지는 것과 개혁신앙을 가지고 잘 가르치는 교회와 지도자를 만나는 것은 복중의 복이 아닐 수 없다. 장로교와 개혁파 교회는 개혁주의(칼빈주의) 신앙에서 출발하였지만 오늘날 개혁신앙을 버리고 알미니안주의 신앙으로 변질된 교회가 많아졌다. 좋은 교회와 좋은 목사를 만나는 것은 하나님의 은혜를 받은 것과 같다.

본서 〈좁은 문 영생의 길〉에서 독자들에게 기독교의 현실을 보여 주었고 바른신앙이 무엇인가를 제시했다. 부제목으로 올린 '사탄이 이미 삼켰을지 모르는 당신의 영혼 구원을 점검하라'는 먼저 자신이 가고 있는 신앙이 올바른 신앙인가를 점검하게 하고 아직 지상에 살아 있는 동안 바른신앙으로 수정할 수 있는 기회를 갖게 한다. 특히 복음주의 노선에 속한 알미니안주의 계통의 교회에 속한 분들은 사탄에게 점령당했을 수 있다. 과연 내 자신이 구원을 받았을까? 점검하기를 바란다. 진정한 회개란 매일 매일 실수한 것을 고백하고 용서를 비는 것이 아니라 개혁신앙이 아닌 다른 신앙에서 개혁신앙으로 돌아 오는 것이다. 개혁신앙이 좁은 문이고 좁은 길이다. 생명으로 인도하는 문은 좁고 협착하여 찾는 이가 적다(마태 7:14). 현재 복음주의 노선의 신앙은 넓은 길이다. 그러므로 많은 교파들, 특히 알미니안주의에 속한 교회들이 복음주의로 모이고 넓은 길을 이루고 있다. 예수님이 가르치신 주기도에 '나라이 임하옵시며(마태 6:10)'는 막연한 지상 나라가 하나님 나라가 이루어지게 하는 기도가 아니라 각자 본인의 영혼 안에 '하나님의 임재와 함께 하나님이 통치하시는 나라가 임하게 하옵소서'를 기도하는 것을 말한다. 그리고 "이 반석 위에 내 교회를 세우리니 음부의 권세가 이기지 못하리라(마태 16:18)는 베드로처럼 성육신하여 앞에 계신 예수님을 '주는 그리스도시요 살아계신 하나님의 아들이시니이다'라고 고백한 사람 곧, 지식이나 자기 수단과 같은 혈육이 아니라 순전히 하늘에 계신 하나님 아버지께서 성령을 보내시어 영혼의 눈을 열어서 알게 하시므로 예수님을 그리스도(메시아)와 하나님 아들로 고백한 사람이 곧 교회이다. 그리고 이 사람에게는 하나님이 견인하게 하시므로 음부의 권세(사탄의 세력)가 침략하지 못하게 된다는 말씀이다. 내 안에 하나님 나라가 임하고 교회가 세워진 사람은 심판을 받지 아니하고 영생을 누릴 것이다. 이것은 내가 결정하거나 선택해서 구원되는 것이 아니고 순전히(100%) 하나님의 은혜로 되는 것이다. 그러므로 하나님의 선택 안에 있어야 하고, 성부와 성자 사이의 협약인 평화 의논(슥 6:13) 안에 있어야 하고, 성자의 십자가 구속에서 제한속죄 범위 안에 있어야 하며, 성도로 부르심을 받았고, 내 안에 그리스도가 살아 계시며, 성령의 인도로 매 순간 순간마다 외부의 세력인 사탄의 공격으로부터 승리하게 되는 하나님의 은혜가 주어져야 한다. 그리고 개인적으로 첫째, 개혁신앙을 소유하라. 둘째, 내가 속한 교회가 음녀 교회인 로마 가톨릭교회, WCC, WEA, WCRC, 로잔운동과 관계를 하고 있는가를 살펴보라. 셋째, 내가 속해 있는 교회가 개혁교단에 소속이 돼 있는가 아니면 알미니안주의교단에 소속되어 있는가를 보라, 넷째, 교회 목사나 지도자가 개혁주의 신앙을 가지고 있는가를 보라, 이것은 설교를 통해서 알 수 있다. 개혁주의에 속한 분은 하나님의 언약과 하나님 나라와 하나님의 은혜를 성경 안에서 설교한다. 다섯째, 개혁주의 교회와 개혁신앙을 가진 지도자를 만나기를 위해서 기도하고 찾으라. 끝으로 하나님의 은혜와 사랑이 여러분의 가정에 임하기를, 그리고 좁은 길인 개혁주의 신앙을 발견하고 그 안에 거하기를 기도한다.

설교 1

아브라함과 다윗의 자손 예수 그리스도의 세계라

본문 : 마태복음 1:1-16

1. 본문은 '아브라함과 다윗의 자손 예수 그리스도의 세계라'로 시작하여 "야곱은 마리아의 남편 요셉을 낳았으니 마리아에게서 그리스도라 칭하는 예수가 나시니라"로 끝난다. 육신적으로 아브라함의 후손으로, 그리고 유다 지파에 속한 다윗의 후손으로 나신 그리스도(메시아)라 칭하는 예수님의 족보로 소개되고 있다. 이 족보는 무엇을 설명하기 위해서 마태가 복음서를 기록할 때 맨 첫 부분에 기록했을까?

2. 이 족보에서 중심 인물은 예수 그리스도이다. 예수 그리스도의 탄생 경위를 담고 있는 것이다. 마태는 예수가 그리스도이심을 분명하게 드러내기 위해서 1절과 16절에 '그리스도'란 말을 사용한다. '그리스도'란 말은 헬라어 표기로 χριστός(기름 부음을 받은 자)를 말한다. 히브리어로는 '메시아'이다. 메시아는 히브리인들이 오랜 세월 동안 기다리는 미래 왕국의 왕을 말하기도 한다. 구약 성경에는 '기름 부은자'(시 2:2, 18:50, 20:6, 45:7, 89:20, 단 9:26, 26)로 표시된다. 특히 다니엘서 9장 25절에 '기름 부은자 곧 왕'이라 표현으로 장차 한 왕이 오실 것을 말하고 있다. 유대인들은 위대한 왕인 메시아를 대망하였고, 기다리고 기다렸던 것이다. 그러므

로 세례 요한이 광야에 있을 때, 유대인들이 대제사장과 레위인들을 요한에게 보내어 "네가 오실 그이냐? 말하라" 하니 요한은 그들에게 "나는 그리스도가 아니라"(요 1:19-20)고 말한다. 이와 같이 그들은 세례 요한이 메시아인줄 착각할 정도로 메시아를 기다렸던 것이다. 마태는 예수가 곧, 메시아라는 것을 유대인에게 설명하기 위해서 마태복음을 기록했던 것이다.

3. 예수 그리스도는 육신으로는 아브라함과 다윗의 후손으로 오신 분이지만 성령으로 잉태되어 이 땅에 오신 하나님이신 것이다. 아브라함과 다윗은 구속사에서 언약적인 면에서 특별한 의미를 가진 인물이다. 하나님께서 아브라함에게 미래의 한 나라와 왕을 보여 주셨다. 창세기 17:6-7에 "내가 너로 심히 번성케 하리니 나라들이 네게로 좇아 일어나며 열왕이 네게로 좇아 나리라 내가 내 언약을 나와 너와 네 대대 후손의 사이에 세워서 영원한 언약을 삼고 너와 네 후손의 하나님이 되리라"고 약속하신다. 여기서 아브라함의 후손은 육신의 이스라엘 백성을 말하는 것이 아니라 언약백성 곧 믿음의 자손인 영적인 이스라엘 자손을 말한다. 그리고 여기서 왕은 미래의 영원한 왕인 메시아를 말한다. 다윗은 구속사 안에서 하나님이 이스라엘 나라를 세우시고 친히 세우신 왕이다. 다윗의 위를 계승하여 한 왕을 세우시는데, 그가 다윗의 후손 가운데서 나실 것을 말씀하신다(삼하 7:12-13). 그러므로 마태가 1:1에 "아브라함과 다윗의 자손 예수 그리스도"라고 한 것과 16절에 "마리아에게서 그리스도라 칭하는 예수가 나시니라"라고 기록한 것은 예수 그리스도가 하나님께서 아브라함과 다윗 사이에 언약하신 메시아로 오시는 왕이시라는 것을 강조하기 위해서였다.

4. 저와 여러분이 하나님 나라에서 어떤 존재인가를 확인하는 것은 매우 중요하다. 다시 말하면 하나님 나라, 곧 메시아 왕국의 왕이신 예수 그리스도와 어떤 관계인가를 확인하는 것이다. 예수님께서 마지막 날 밤에 제자들의 발을 씻기시면서 "내가 너를 씻기지 아니하면 네가 나와 상관이 없느니라"(요 13:8) 고 하셨다. 제자들의 발을 씻기신 것은 다음 날 있을 십자가에서 피를 흘리시므로 영원 전에 택한 자기 백성을 속죄하심을 미리 보여주시기 위함이었다. 우리가 구원을 받기 위해서는 예수님과 나 사이에 상관(相關)이 있어야 한다. 목자 예수님과 그의 양이라는 관계이다. 확대하면 메시아 왕국에서 왕이신·예수님과 그의 백성의 관계이다. 가장 확실한 것은 예수님이 나를 알아 보는 것이다. 요한복음 10:27 에 "내 양은 내 음성을 들으며, 나는 저희를 알며, 저희는 나를 따르느니라"에서 목자이신 예수님께서 자기 양을 아신다고 했다. 예수님이 나를 아신 것은 내가 예수님을 주님으로 영접해서가 아니다. 영원 전에 하나님께서 자기 백성으로 선택하셨고 예수님 자신이 십자가에서 속죄하셨기 때문이다.

5. 예수님은 요한복음 15:1-8의 '포도나무와 가지' 비유에서 예수님이 포도나무이며, 우리는 가지라고 말씀하신다. 여기서 말하는 것은 예수님과 우리가 생명의 관계라는 것을 설명하기 위해서이다. 생명의 관계를 갖게 하기 위해서는 가지가 원 나무에 붙어 있어야 한다. 그 표현을 예수님이 "너희가 내 안에, 내가 저안에 있으면"(5절), "너희가 내 안에 거하고 내 말이 너희 안에 거하면"(7절)이라고 하셨다. 가지가 나무에 붙어 있어야 잎이 무성하고 열매를 맺지만 붙어 있지 않으면 그 가지는 말라 죽는다. 믿음의 족보로 말한다면 나 자신이 아브라함의 후손 안에 들어 있는 언약자

손이고 하나님 나라 백성임을 믿음으로 받아들이는 것이 필요하다. 그리고 하나님의 은혜언약 안에 부름 받은 하나님의 백성, 하나님의 자녀임을 인정하는 것이다. 그것이 포도나무와 가지처럼 생명의 관계를 갖는다는 것이다.

6. 하나님께서 아브라함과 세운 언약은 창세 전에 성부 하나님과 성자 예수님간에 세운 구속언약(평화의논)과 연결이 된다. 구속언약(평화의논) 안에는 아브라함과 함께 우리 이름이 들어 있으며, 하나님께서 우리의 대표자로서 아브라함과 언약하신 것이 곧 아브라함 언약이다. 우리 구원의 출발은 아브라함 언약에서 부터이다. 창세 전에 하나님께서 자기 백성을 선택하셨고, 선택한 백성을 성자 예수님이 십자가의 피로 구속하신 것이다. 우리의 이름은 하나님이 그리스도 안에서 택하실 때 이미 생명책에 녹명(錄名)이 된 것이다. 우리가 예수님을 구주로 영접했기 때문에 구원을 받아 하나님이 자녀가 되고, 그 다음에 생명책에 녹명된 것이 아니다. 언약 안에서 아브라함-다윗-예수-나의 관계가 이루어진다. 마태복음 1:1-16의 예수님의 족보는 1:21에서 말하는 자기 백성과 연결이 되고, 자기 백성 안에 우리가 들어 있는 것이다. 그러므로 우리는 아브라함과의 약속 안에 있는 언약백성임을 기억하자. 이 언약에 근거해서 열 처녀 비유에서 신랑이 신부를 알아 보듯이, 미래의 심판 자리에서 나를 알아 보시는 관계를 이루기를 기도한다. 이 족보는 아브라함을 조상으로 하는 나의 족보이기도 한다. 이 사실은 영적인 비밀인데 이 비밀을 깨닫는 자는 복을 받은 자이다.

설교 2

심령이 가난한 자는 복이 있나니 천국이 저희 것임이요

본문 : 마태복음 5:3

1. 신약 성경의 원어는 Μακάριοι οἱ πτωχοὶ τῷ πνεύματι, ὅτι αὐτῶν ἐστιν ἡ βασιλεία τῶν οὐρανῶν. (Blessed are the Poor in Spirit, for theirs is the kingdom of heaven) 이다.

우리 말 번역은 '심령이 가난한 자는 복이 있나니 천국이 그들의 것임이요'이다. 어떤 번역본은 spirit 을 '마음'으로 번역한 경우도 있다. 원어가 기준이라면 번역 과정에서 번역자의 신앙과 영적인 상태에 따라서 번역이 달라지게 된다. 원어의 본 뜻은 문맥에 따라서 spirit을 '영', 또는 '심령'으로 번역함이 옳다.

2. 그러면 '심령이 가난한 자'는 어떤 사람인가? 예수님께서 세례를 받으시고 광야에서 외치셨던 첫 일성이 '회개하라 천국이 가까이 임했다'이다. 그리고 몰려오는 군중들을 행해서 산상보훈을 설교하셨다. 산상보훈을 설교하신 목적이 천국(하나님 나라)이 어떤 나라인가를 군중들로 하여금 알게 하는 것이었다. 어떤 사람은 이 설교가 우리에게 어떤 교훈을 가르치고 지상에서 살 때 세상에서 정의로운 삶을 살게 하기 위해서라고 말

한다. 그러나 예수님은 자신이 메시아이시고 하늘 왕국의 왕으로 하나님 나라가 어떻게 이루어지는가를 알리고 어떤 나라인가를 알리기 위해서 설교하신 것이다. 심령이 가난한자가 무엇인가를 알기 전에 '심령이 가난하다'라는 의미를 정리할 필요가 있다. 몇 가지로 정리한다면, 첫째, 영적으로 전무하다(제로)라는 말로 해석할 수 있다. 인간은 타락한 후 완전히 부패했기 때문에 영적으로 죽어 있는 상태다. 그 상태에서는 하나님 나라를 볼 수도 없고 알 수가 없는 것이다. 하나님 나라(천국)을 알고 보게되기 위해서는 필요 조건이 거듭나야 하는 것이다. 예수님께서 요 3:3, 5에서 "사람이 거듭나지 않으면 하나님 나라를 볼 수 없느니라", "물과 성령으로 나지 아니하면 하나님 나라에 들어갈 수 없느니라"라고 분명하게 말씀하셨다. 그러므로 심령이 가난한 자는 거듭남으로 시작된다. 반드시 성령이 찾아 오심으로(성령은 택자에게 찾아 오심) 거듭나게 하시고 천국을 소유할 수 있게 되는 것이다. 둘째는 영적으로 갈급하고 사모하다라는 말이다. 성령이 천국을 사모하게 하시며, 하나님 나라에 대해서 더욱 갈급하게 하신다.

3. 심령이 가난한 자는 하나님 나라를 간절히 사모하고 구하는 자이다. 심령이 가난하다는 말은 이 세상의 어떤 삶과 부귀 영화보다 장차 이루어지는 하나님이 통치하는 메시아 왕국을 간절히 기다리고 사모하는 것을 말한다. 마음의 상태가 세상에 대해서 0이고 예수님이 통치하는 하늘 왕국에 대한 소망으로 100을 말한다. 예수님이 말씀하신 '너희는 그의 나라와 그의 의를 구하라'는 말씀은 하나님 나라와 하나님의 의와 거룩하심과 하나님의 사랑과 하나님의 은혜를 사모하라는 말이다. 이러한 사람에게

돌아오는 복은 천국(하나님 나라)을 소유하게 된다는 것이다. 8복 중에서 '심령이 가난한 자의 복'을 제일 먼저 말씀하신 것은 이 복이 모든 복의 출발점이 되기 때문이다.

4. 지금까지 우리가 추구하고 구했던 것이 무엇이었던 것인가? 지상에서 사는 동안 기독교라는 종교 생활을 열심히 하고, 하나님의 은혜를 입어서 계획했던 모든 일이 성공하기를 기도하고, 건강하고 만사가 잘되기를 구했지 않았는가? 다시 말하면 하나님의 의보다 자기 자신의 의를 구했던 것이다. 소위 말하는 기복신앙이 신앙 생활의 중심이었고, 지역의 한 교회에 소속이 되어서 기독교인이라는 신분으로 살면서 구원을 받았고 사후에 천국에 간다고 막연하게 믿는 기독교 칼라의 종교인으로 살고 있는 것이다. 이러한 생각과 신앙은 하나님의 성령의 인도하심이 아니고 순전히 자기 자신의 육적인 관념에 사로잡혀서 신념으로 이끌림을 받았기 때문이다. 오늘날 이러한 가짜 신앙이 교회 안에 널리 퍼져 있는 것이다. 이러한 사람을 향해서 심판 때, 주님은 "나는 너희를 도무지 알지 못하노라"라고 하실 것이다(마 7:33). 그 때 나는 "주님 왜 나를 모르신고 하십니까? 나는 분명히 세례를 받았으며, (직분)으로 (어느)교회에서 (몇) 년 동안 열심히 봉사 했는데요" 항의 할 것인가?

5. 심령이 가난한자, 곧 하나님 나라를 사모하고 갈급한 사람에게 반드시 주어지는 복은 천국(하나님 나라)을 소유하는 것이다. 마태복음 13장 비유에서 '밭에 감추인 보화를 발견하고 밭을 사서 보화를 캔 사람', 그리고 '좋은 진주를 구하는 장사가 극히 값진 진주를 만나 자기 소유를 다 팔

아서 진주를 산 사람'이 심령이 가난한 사람의 샘플이다. 천국(하나님 나라)를 소유하는 것은 가장 값진 복일 것이다. 지금 우리도 마찬가지 이다. 찬란한 세상 문화보다 하나님 나라에 들어가기를 소망하면서 성경 안에서 삼위 하나님과 매 순간 교제하고, 일상 생활에서 성령의 인도를 받으며, 거룩한 삶을 추구하는 분들에게는 하나님 나라(천국)가 복으로 주어질 것이다. 우리가 마지막 심판대에 서 있을 때, 보좌로부터 나오는 "그 때에 임금이 오른편에 있는 자들에게 이르시되 내 아버지께 복 받을자들이여 나아와 창세로부터 너희를 위하여 예비된 나라를 상속하라"(마 25: 34)의 선언의 말씀이 여러분의 것이길 기도한다.

6. 어떤 사람이 심령이 가난한 자인가? 한 마디로 말한다면 시편 23편처럼 사는 사람이다. 주님과 깊은 교제가 있는 사람이다. 그리고 시편 1편처럼 세상에 머물러 있지 않고 하나님 말씀을 묵상하는 사람이다. 여기서 '복있는 사람은 악인의 꾀를 좇지 아니하고, 죄인의 길에 서지 아니하고, 오만한 자리에 앉지 아니하고 오직 여호와의 율법(성경)을 즐거워하며 그 율법을 주야로 묵상하는 자로다'라고 규정하고 있다. 삶 자체가 세상과 구별된 사람이다. 찬송가의 작사자로 소경으로서 8,000곡 이상을 작사한 Fanny Jane Crosby(1820-1915)의 일생을 그려 본다. 우리 찬송가 안에 '너의 죄 흉악하나', '예수로 나의 구주삼고', '주가 맡긴 모든 역사', '오 놀라운 구세주', '나의 갈길 다가도록' 외에 17곡이 수록 되어 있다.

매일 성경을 읽는 생활을 하는 사람은 하나님의 천지 창조 현장에 있기도 하고, 에덴동산에서 아담이 타락한 현장도 보게 되며, 노아의 홍수 현장도 방문하게 되고, 아브라함이 이삭을 번제로 드리는 현장도 방문하게 될 것이다. 모세와 같이 광야 생활 현장도 같이 가게 되고, 신약 성경에서 예수님의 설교 현장도 방문할 것이다. 그리고 성경을 읽는 동안은 하나님과 만나고 하나님과 대화하게 된다. 그러다 보면 어느새 이 세상의 환난을 통과하고 미래의 새 하늘과 새 땅을 바라보게 된다. 세상은 요란하지만 우리는 성경 안에서 날마다 하나님의 음성을 들으면서 하나님과 함께 기쁨을 안고서 순례자로서 천성을 향해서 걸어가는 것이다. '날 구속하신 은혜를 늘 찬송하겠네'의 찬송을 마음으로 부르면서 사는 이것이 심령이 가난한 자의 모습이다.

좁은 문 영생의 길

ⓒ 김영렬, 2025

초판 1쇄 발행 2025년 2월 24일

지은이   김영렬
펴낸이   이기봉
편집   좋은땅 편집팀
펴낸곳   도서출판 좋은땅
주소   서울특별시 마포구 양화로12길 26 지월드빌딩 (서교동 395-7)
전화   02)374-8616~7
팩스   02)374-8614
이메일   gworldbook@naver.com
홈페이지   www.g-world.co.kr

ISBN   979-11-388-4013-2 (03230)

- 가격은 뒤표지에 있습니다.
- 이 책은 저작권법에 의하여 보호를 받는 저작물이므로 무단 전재와 복제를 금합니다.
- 파본은 구입하신 서점에서 교환해 드립니다.